DES TERROI
AUX INDUSTRIES DE POINTE

On dit souvent que, dans un mariage, l'un des deux prend souvent le dessus sur l'autre. Alors, qu'en est-il de la Bourgogne-Franche-Comté? Il semble que l'adage ne se confirme pas, sans doute la force de l'habitude, car ce n'est en réalité pas la première fois que les deux régions, associées en 2016, sont liées. Dijon – Besançon, un axe historique, donc, qui constitue un véritable carrefour d'idées, de culture et d'identités entre France, Allemagne, Suisse et Italie.

Un axe qui cultive surtout les paradoxes: première région industrielle de France avec une densité de population moitié moins importante que dans le reste du territoire; des vins mondialement connus basés sur des productions XS; une industrie horlogère en pleine renaissance (grâce à quelques doux dingues) versus des clusters high-tech en pleine effervescence; un patrimoine architectural laïque et religieux faisant de grands écarts stylistiques, de la basilique Sainte-Marie-Madeleine, à Vézelay, à la chapelle de Ronchamp signée Le Corbusier, en passant par la saline royale d'Arc-et-Senans de Ledoux, ou la toute récente Cité internationale de la gastronomie et du vin de Dijon...

La Bourgogne-Franche-Comté compte par ailleurs depuis longtemps quelques grands noms du luxe. En tout, cette filière représente aujourd'hui 450 entreprises pour 15000 emplois, et plus d'un millier d'artisans d'art, à l'image de Cristel ou de Lacanche pour les arts de la table. Avec, au total, pas moins de 168 AOC, AOP et IGP, 33 grands crus classés, 65 hôtels classés luxe 4 et 5 étoiles et, aujourd'hui, 21 tables récompensées de 3 ou 4 toques, la Bourgogne-Franche-Comté affiche avec énergie sa quête permanente d'excellence.

Une énergie qu'il faut valoriser en lui apportant un soutien constant et éclairé. C'est bien ce que nous faisons chez Gault&Millau, car c'est là notre mission première: dénicher des talents et les mettre en avant, révéler de nouvelles forces et les promouvoir, repérer ceux qui inventent la gastronomie de demain et poser sur eux nos regards d'experts résolument neutres et impartiaux, objectifs mais bienveillants, passionnés, bien sûr, mais inflexibles.

Et laissez-vous porter, vous, au fil de ces pages, par la richesse de ces terroirs et territoires, de ces regards et talents, de ces gestes et élans qui tendent tous vers l'excellence.

STÉPHANE BRÉHIER
DIRECTEUR DE LA RÉDACTION

BOURGOGNE-FRANCHE-COMTÉ

BOURGOGNE-FRANCHE-COMTÉ

59 hab./km²
La Bourgogne Franche-Comté est au-dessous de la moyenne nationale, à 105.5 habitants/km²

17,3%
des emplois sont dans le secteur industriel, ce qui en fait la première région industrielle de France

62 220 t
de comté commercialisées en 2019. Le comté fut la première appellation fromagère reconnue en France (1958)

4
parcs naturels régionaux, 30 réserves naturelles et 122 sites Natura 2000

1350 km
de véloroutes et voies vertes

1330 km
de voies navigables

20 000 km
de sentiers de randonnées

888
hôtels, dont onze 5-étoiles

6 000 ha
de moutarde cultivés

90%
de la moutarde consommée en France est produite autour de Dijon

1,6 Md €
C'est le chiffre d'affaires, en moyenne quinquennale (2015-2019), réalisé par les vignerons de Bourgogne-Franche-Comté

13

40

SAVEURS LOCALES

LA GOUGÈRE

Ce délicieux petit chou fait toujours son effet quand vous le déposez encore tiède comme cadeau de bienvenue à l'apéritif. Le fromage – généralement du comté ou du gruyère – est incorporé à la pâte avant cuisson. L'origine de la gougère est très ancienne, remontant sans doute au Moyen Âge ; on l'apparente à la goyère du Nord et au ramequin qui, avant d'être un contenant, était un contenu, à savoir une « pâte royale » (semblable à la pâte à chou) et au fromage.

Il semble qu'un pâtissier du nom de Liénard soit venu de Paris jusqu'à Flogny, ville revendiquant son origine (aujourd'hui Flogny-la-Chapelle), entre Saint-Florentin et Tonnerre, dans l'Yonne, pour mettre au point cette recette de gâteau au fromage. À l'origine plus volumineux, le chou est progressivement devenu cette exquise petite boule servie à l'apéritif et a rapidement conquis toute la Bourgogne. Le village de Flogny-la-Chapelle organise chaque année une Fête de la gougère, le troisième dimanche de mai.

LA POCHOUSE

C'est la bouillabaisse ou plutôt la matelote des « pôchoux », c'est-à-dire des pêcheurs de la Saône, du Doubs et des rivières voisines. Les poissons sont coupés en morceaux et cuits au vin blanc, généralement un aligoté. La recette s'est popularisée dans toute la Bourgogne, mais aussi en Franche-Comté. On utilise les poissons de la pêche du moment – brochet, carpe, tanche, anguille... – et c'est la commune de Verdun-sur-le-Doubs, en Saône-et-Loire, qui en revendique le titre de capitale. La vénérable Hostellerie Bourguignonne, dont la cuisine est aux mains de Didier Denis – que nous avons récompensé l'an passé lors du Gault&Millau Tour avec un prix Tradition d'Aujourd'hui –, présente la pochouse en spécialité tout au long de l'année.

LE POULET À LA GASTON GÉRARD

La plupart des voyageurs qui découvrent sur de nombreuses cartes de restaurant de la région le fameux « poulet à la Gaston Gérard » s'imaginent que ce Gaston Gérard devait être un sacré cuisinier qui a laissé son nom à une immortelle préparation. Que nenni ! C'est sa femme qui faisait tout ! Gaston Gérard était un homme politique de la IIIe République qui fut maire de Dijon de 1919 à 1935. Son épouse, Reine Geneviève, remarquable cordon-bleu, savait rattraper une erreur, comme le jour où, avec son maire de mari, elle recevait Curnonsky. Elle voulait juste relever sa volaille avec un peu de paprika, mais balança la moitié du pot dans la cocotte. Pour sauver son plat, elle ajouta force crème fraîche, du comté râpé, un peu de moutarde et fit réduire avec du vin blanc. La recette du poulet à la Gaston Gérard était née !

TÊTES D'AFFICHE

LE CHANOINE KIR HOMME POLITIQUE

Félix Kir a laissé son nom à l'apéritif bourguignon par excellence, alors qu'il ne l'a pas inventé. Au-delà de ce legs, l'ecclésiastique, qui fut maire de Dijon de 1945 à sa mort, à 92 ans, en 1968, incarne une période de la France heureuse, ces Trente Glorieuses qui rendent nostalgiques les anciens, une époque oubliée où l'on pouvait être maire, curé et boire des canons avec ses administrés. Sur le bord des routes fleurissent alors les affiches du « vin fou » d'Henri Maire qui représentent une voiture semblant tirer des bords, sur le point de déraper, et ce slogan imparable : *« Le vin fou, plus on en boit, plus on va droit. »*

Au début du XXe siècle, le maire de Dijon, Henri Barabant, souhaitant promouvoir le bourgogne plutôt que le champagne servi aux réceptions, introduit l'aligoté additionné de crème de cassis, une idée piochée dans un petit bar, près de chez lui. La recette était née et allait traverser les décennies. En 1951, le chanoine Kir, qui apportait ses propres bouteilles lorsqu'il était invité, prétextant qu'*« on ne savait pas ce qu'il y aurait à boire »* et appréciait beaucoup le « blanc cass' », autorise la marque de cassis Lejay-Lagoute à utiliser son nom pour l'accoler à cet apéritif. Le kir devient alors nom commun autant que patrimoine bourguignon. Voilà comment on entre dans l'histoire ! Dans la foulée, la marque dépose également le nom de « kir royal » pour désigner le même mélange (1/3 de crème, 2/3 de vin) avec du crémant de Bourgogne.

Le chanoine Kir, lui, a mené une belle vie de Bourguignon, émaillant sa vie politique de réparties saillantes (à un élu communiste qui lui reprochait sa foi en un Dieu que personne n'avait jamais vu, il rétorqua *« Et mon cul ? Tu l'as pas vu, et pourtant il existe ! »*), participant à maints banquets bien arrosés et mourut nonagénaire. Une autre époque...

MARC MENEAU
CHEF

Si vous étiez un «foody» à la fin des années 1970, que vous lisiez religieusement votre guide Gault&Millau à chaque parution, vous rêviez forcément de vous rendre en pèlerinage à Vézelay. Pas – Dieu vous pardonne – pour la basilique Sainte-Marie-Madeleine, mais bien pour cette jolie maison fleurie, à cinq minutes de là, celle de Françoise et Marc Meneau.

Il fallait voir, il fallait comprendre, ce que représentait la cuisine de Marc Meneau à cette époque : tout simplement le nom de son restaurant, l'Espérance. L'espérance de nouveaux plats, de fulgurances, d'éclairs. Car Marc Meneau était de cette trempe-là, de cette caste des véritables créateurs, de ceux qui vous lancent une révolution. Il y a eu à ce moment de formidables cuisiniers, des maîtres, des Robuchon et des Chapel, des Bocuse et des Troisgros. Mais il fallait aussi des trublions, des farfadets, des magiciens. Meneau et Maximin ont été ceux qui se sont révélés dans les années 1980, comme Gagnaire et Veyrat dans les années 1990.

En 1980, le Guide parle de Marc Meneau avec un petit ton paternaliste plaisant, évoquant ce *«jeune créateur»* et lui octroyant 16/20, ce qui, à l'époque, vaut 2 toques, en soulignant qu'il faut sans doute que le bouillonnant Bourguignon doive un peu canaliser son imagination. Mais l'année suivante, il entre déjà dans le gotha avec la 3e toque et 17/20. Et deux ans après, en 1983, bingo, il est Cuisinier de l'Année. En 1985, l'ascension continue avec 4 toques et 19,5/20, le maximum jamais surpassé avant Marc Veyrat et son 20/20 de 2003.

Il fait dans ces années-là partie du club très fermé des «super 4 toques» (l'équivalent des 5 d'aujourd'hui) et ils ne sont que neuf, dont Robuchon, Vergé, Guérard, Girardet... Que des légendes. Marc Meneau est le seul à ne pas sortir du sérail. Il n'est pas MOF, proclame son statut de quasi-autodidacte, pour être resté toute sa jeunesse dans l'hôtel familial de Saint-Père. Mais il sent la cuisine et fait le lien avec le naturel, avec l'environnement comme aucun autre avant lui.

L'hégémonie bourguignonne de ces années-là est totale. Les Lorain père et fils ouvraient le bal à Joigny, vous poursuiviez à Vézelay chez Meneau, avant de glisser dans le Morvan en passant chez Loiseau à Saulieu, puis vous reveniez sur la route des vins en vous arrêtant à Chagny chez Lameloise, avant d'aller vous reposer chez Georges Blanc (d'accord, ce n'est plus la Bourgogne pour quelques kilomètres au sens administratif, mais la Bresse sait se partager...). Cinq maîtres, cinq stars qui se partagent les honneurs de Gault&Millau, dans une densité inégalée depuis.

La cuisine de Marc Meneau avait une brillance cristalline, tellement étonnante que son évidence avait quelque chose de mystérieux et d'insondable. *«Chez lui, jamais rien n'est simple et tout, pourtant, donne l'illusion de la simplicité»*, écrivions-nous. Le foie gras en cromesquis, les huîtres en gelée d'eau de mer, le homard à l'huile provoquaient de tels éblouissements qu'ils semblaient relever autant de la thaumaturgie que de la cuisine. *«Il n'y a pas de doute que, si l'on n'est pas chez le Bon Dieu, c'est tout comme»* (Gault&Millau, 1986). Pas la peine d'en rajouter!

KEIGO KIMURA
CHEF

Keigo Kimura est aujourd'hui beaucoup plus célèbre en France, et plus particulièrement en Bourgogne, que son homonyme et compatriote, le cinéaste japonais auteur d'une cinquantaine de films. Nous le connaissions surtout pour sa première adresse, L'Aspérule, à Auxerre, mais il faut remonter bien plus loin pour comprendre l'itinéraire de cet enfant gâté de la cuisine, désormais à la tête de quatre restaurants, dont trois à Dijon.

Chez les Kimura, on est cuisinier de père en fils depuis trois générations. Keigo Kimura apprend d'abord les bases dans l'auberge familiale avant d'intégrer la prestigieuse école Tsuji. Les liens de l'établissement avec Paul Bocuse le conduisent à se passionner pour la cuisine française, à en apprendre la langue et à postuler pour trouver un poste en France. Un seul grand chef répond à l'appel. Il s'appelle Marc Veyrat. De là naissent un respect et une passion pour le produit, les herbes de montagne et cette fameuse aspérule odorante qui ne le quittera plus.

Gault&Millau le découvre à Saint-Julien-du-Sault, chez François-Pierre Lobies aux Bons Enfants, véritable pépinière de talents. Dans le guide 2011, nous soulignons alors chez ce jeune chef *« une cuisine incisive, reprenant quelques canons français en important des piqûres bienfaisantes de culture nippone, avec une étonnante connaissance de nos terroirs »*. L'histoire est lancée. Keigo Kimura s'installe à Auxerre en 2014, acquiert 1, puis 2 toques, déménage à Dijon tout en gardant l'unité de base icaunaise, et gagne une 3ᵉ toque en 2022.

Précision, sobriété, finesse, tout y est dans cette salle chic et zen de la rue Jean-Jacques-Rousseau, qui fait de L'Aspérule l'un des nouveaux phares de la capitale bourguignonne. Dans la foulée, le chef installe son Ishikawa juste à côté pour promouvoir la street food à la japonaise et rachète ensuite une table proche et bien connue, L'Arôme, qu'il confie à son second. La belle aventure se poursuit et les toques s'accumulent. Keigo Kimura est aussi sage qu'un paysan bourguignon. Les pieds sur terre, la tête bien faite, il continue d'avancer.

L'Aspérule – 15/20

43, rue Jean-Jacques-Rousseau – 21000 Dijon – T. 03 80 19 12 84

DAVID ZUDDAS
CHEF

Il est né en 1967 et nous ne pouvons toujours pas le voir autrement qu'en gamin turbulent qui trouble l'ordre public. Ce n'est pas seulement parce qu'il garde éternellement ce sourire d'enfant émerveillé.

David Zuddas est un chef à part, il l'a toujours été, empruntant systématiquement les chemins où on ne l'attendait pas. Même lorsqu'il tourna au gastro à l'Auberge de la Charme, à Prenois, en récoltant 17/20, il est resté en marge. C'était en 2004. Il fut à la base d'un collectif, que nous appelions les Affranchis et qui allait prendre le nom de « Génération C », avec ses potes Grands de Demain et autres Jeunes Talents, les Gilles Choukroun, Jean-Marie Baudic, Éric Guérin, la plupart se retrouvant grâce à Gault&Millau. David Zuddas était un précurseur, et pas seulement des tatouages et des piercings.

Vingt ans plus tard, il anime avec passion son bistrot de la place des halles de Dijon. DZ'envies, c'est avant tout une envie de passer à autre chose, prise presque en pleine gloire, en 2008. Un bistrot dijonnais à la Zuddas, cela n'envoie pas des œufs en meurette et des escargots. Toujours en liberté, le fils d'immigrés sardes navigue toujours entre les terroirs, bourguignon et méditerranéen, au point qu'il a ouvert, juste à côté, une trattoria Peppuccio qui sert déjà les meilleures pizzas de la ville.

Dans chaque assiette, le geste, le zeste, de fantaisie et de talent : celui qui signe DZ à la pointe de son épée est toujours un vrai grand chef.

DZ'envies – 14,5/20

12, rue Odebert- 21000 Dijon – T. 03 80 50 09 26

JEAN-MICHEL LORAIN
La Côte Saint-Jacques

ÉRIC PRAS
Maison Lameloise

PATRICK BERTON
La Côte d'Or – Le Relais Bernard Loiseau

LES GRANDES TOQUES

4 TOQUES

Patrick Bertron
La Côte d'Or – Le Relais Bernard Loiseau
à Saulieu, 21

Éric Pras
Maison Lameloise,
à Chagny, 71

Jean-Michel Lorain
La Côte Saint-Jacques,
à Joigny, 89

BERNARD DUFOUX CHOCOLATIER

En 2021 disparaissait Bernard Dufoux, 83 ans, le créateur de la chocolaterie Dufoux. En soixante ans de carrière, le petit artisan de La Clayette était devenu l'un des chocolatiers les plus réputés de France. Ancien apprenti de l'illustre Bernachon, à Lyon, Bernard Dufoux suit son épouse jusqu'à La Clayette. C'est là qu'il installe sa première boutique de pâtisserie-chocolaterie en 1960 – bien modernisée, elle est toujours là. Son talent et son imagination font le reste. Il crée un premier chocolat à succès, le « Caprice de Caroline », dont la réputation va l'inciter à se spécialiser dans le chocolat.

Les créations vont se succéder au fil des ans, en variant les parfums, en associant herbes et épices aux fèves de cacao. La Maison Dufoux s'agrandit grâce au fils de Bernard, Pierre-Yves, qui rejoint l'entreprise en 2005 et va s'attacher à la faire prospérer en multipliant les points de vente : Chalon-sur-Saône, Paray-le-Monial, Dijon, Bourbon-Lancy, Lyon, Mâcon et Charolles, où se trouve l'atelier de fabrication.

Aujourd'hui, le « Noir de Bourgogne » ou le prédestiné « Conquistador » ont conquis les palais des croqueurs bourguignons, qui ont souvent un petit faible pour le puissant « Palet d'or ».

Maison Dufoux

32, rue Centrale – 71800 La Clayette – T. 03 85 28 15 76

SÉVERINE PÉTILAIRE-BELLET
HÔTELIÈRE

« J'ai découvert l'univers de l'hôtellerie à 16 ans, lors d'un voyage à Édimbourg. *Cela a décidé de ma carrière, et d'une bonne part de ma vie !* » Après un master spécialisé en hôtellerie à Chambery, Séverine Pétilaire-Bellet va gravir un à un les échelons de cet univers.

Au Hilton Park Lane de Londres, d'abord, en tant que consultante junior chez MKG Consulting, avant d'enchaîner les postes les plus stratégiques ; notamment au Martinez, sous la houlette de Jean-Louis Bottigliero, alors directeur général. Elle passe ensuite quinze années à la tête des maisons Airelles, jusqu'à devenir propriétaire associée (de 2017 à 2021) du très chic 5-étoiles Airelles Val d'Isère Mademoiselle.

Mais tout cela était sans compter avec l'attachement de cette Dijonnaise pour sa région, doublé d'un solide goût pour l'indépendance. En 2021, Jean-Louis et Suzanne Bottigliero décident de se séparer de l'Hostellerie de Levernois dont ils sont propriétaires depuis 2004. « *J'avais une grande admiration pour le travail qu'ils avaient mené là-bas,* explique Séverine Pétilaire-Bellet. *J'ai décidé de poursuivre l'aventure.* »

Aujourd'hui propriétaire du Levernois, cette Dijonnaise entend bien conforter le prestige de l'établissement en l'adaptant subtilement aux nouvelles attentes des voyageurs. « *Cette année, nous allons créer un bassin de nage en pierre de Bourgogne, construire sept villas respectueuses de l'architecture traditionnelle dont les hôtes auront les clés. Il est essentiel, selon moi, de proposer désormais des lieux que les gens peuvent s'approprier ; où ils se sentent non seulement accueillis, mais chez eux. Mon motto ? Faire évoluer, mais garder l'esprit…* »

Hostellerie de Levernois

Rue du Golf – 21200 Levernois – T. 03 80 24 73 58

BÉNÉDICTE ET STÉPHANE TISSOT
VIGNERONS

Stéphane Tissot et son épouse Bénédicte ont repris il y a une trentaine d'années le domaine familial, situé à Montigny-lès-Arsures, au cœur du Jura. Aujourd'hui à la tête d'une cinquantaine d'hectares cultivés en biodynamie, ils font rayonner les vins de la région dans le monde entier. Pour qu'un domaine soit ambassadeur d'une région, il faut que les vins soient de qualité irréprochable, que les amateurs puissent trouver les flacons – faute de quoi ils deviennent des mythes inaccessibles – et qu'ils correspondent bien entendu à une attente. Le domaine Tissot répond sans difficulté à ces trois impératifs. Les vins, tous déclinés en plus d'une trentaine de cuvées, sont d'une qualité remarquable. Expressifs, ils sont à la fois diablement jurassiens et compréhensibles pour les fines gueules du monde entier. On les retrouve naturellement chez de nombreux toqués de la grande gastronomie, mais aussi au caveau d'Arbois *« parce que c'est important que les gens puissent goûter nos vins, la dégustation reste gratuite au caveau ».*

Alors que la région Franche-Comté absorbait 80% de la production du Jura, Stéphane Tissot s'est fait connaître au début des années 1990 avec des cuvées de chardonnays ouillées, vinifiées et élevées « à la bourguignonne » c'est-à-dire sans oxydation. Dans une région qui produisait de grandes quantités de chardonnays oxydatifs, ce choix a fait la différence : *« Aujourd'hui, on exporte dans une cinquantaine de pays. »* Ce vigneron a donc ainsi largement contribué à faire connaître le Jura à l'international.

Le Jura est une région qui a aujourd'hui la cote auprès des amateurs éclairés. Le foncier reste encore relativement abordable et de jeunes vignerons peuvent s'installer sur quelques hectares, rarement plus, car il est toutefois difficile de trouver des vignes. Nombre d'entre eux ont fait leurs stages au domaine Tissot. *« Ils apportent une vraie dynamique, une ouverture. C'est génial pour l'avenir, d'autant qu'il y a 6000 ha de vignes à planter. Et ces jeunes-là, qui n'avaient pas priorisé les oxydatifs ces dix dernières années, y reviennent parce que c'est quand même le Graal de faire de grands jaunes... »*

Hormis les chardonnays, les savagnins du domaine – qu'ils soient « naturés » (élevage ouillé) ou oxydatifs – ont une profondeur et une maturité de raisin rares dans la région. Bien ancrés dans une tradition locale, les vins jaunes, et notamment le château-chalon de Stéphane Tissot, sont remarquables d'ampleur et de franchise. Les amateurs de grands pinots noirs de Bourgogne raffolent des expressions du cépage entre les mains du vigneron. Mais il faut aussi goûter les trousseaux et les poulsards pour savoir ce qu'est un grand jura rouge : à la fois épicés, racés et fins.

Domaine André et Mireille Tissot

39600 Montigny-lès-Arsures – T. 03 84 66 08 27

LAURENT PONSOT
NÉGOCIANT

Laurent Ponsot a passé plus de trente-cinq ans au domaine familial de Morey-Saint-Denis. Le domaine Ponsot, parmi les plus réputés de la côte de Nuits, possède plusieurs grands crus, dont une parcelle dans le clos de la Roche qui a installé sa réputation. Les vins atteignent des prix stratosphériques, et seuls quelques amateurs fortunés peuvent les acquérir. En 2017, Laurent Ponsot décide, pour des raisons familiales, de quitter le domaine et de fonder un négoce de pointe pour faire découvrir plus largement les grands vins de Bourgogne : les Ateliers Ponsot.

Il s'est doté d'un bijou de technologie allié à la tradition : une structure de vinification permettant à 26 AOP et 80 000 bouteilles d'être vinifiées, élevées et embouteillées. Les assemblages proviennent en partie des vignes du domaine familial, complétées d'apports de raisins de sept ou huit provenances différentes. Le stockage peut même monter jusqu'à 600 000 bouteilles, et les deux caves à tonneaux rassemblent 1150 fûts. Une distillerie est également en projet. Un négoce de pointe, à mi-chemin entre vigneron aux bouteilles trop rares et grande maison aux bouteilles trop nombreuses.

Né à Morey-Saint-Denis au-dessus d'une cave, l'homme a grandi parmi les cuves et les tonneaux. Avant 30 ans, il revient au domaine par passion et se forme à l'œnologie pour comprendre ce qui se passe dans les cuves et les tonneaux. Pendant ces années au domaine, il a acquis de l'expérience et la conviction qu'*« il faut respecter ce que la nature nous donne »*, se fier à elle et ne pas appliquer de recettes toutes faites. Ainsi *« quand arrivent les vendanges, je suis comme un sculpteur devant un morceau de granit, je tourne autour, je sens, je touche et le déclic se fait »*.

Respect de la nature et progrès technologiques ne sont pas antinomiques. Ainsi, Laurent Ponsont a-t-il développé des outils assurant la qualité du vin en bouteille. En commençant par le bouchon, garanti sans défaut, dont il a conçu une version optimisée. Une capsule connectée permet, avec l'aide d' une puce intégrée dans la coiffe de la bouteille, d'éviter les contrefaçons. Laurent Ponsot est particulièrement sensible à ce problème, lui qui a confondu et traqué un faussaire jusqu'aux États-Unis. La température du conditionnement en caisse est également surveillée, grâce à un capteur témoin situé dans la caisse des bouteilles qui la relève toutes les trois heures.

Associant ainsi nature, tradition et technologie, Laurent Ponsot contribue largement au rayonnement de la Bourgogne en France et dans le monde. Bourguignon jusqu'au bout des ongles, il n'en est pas moins curieux de tous les vins de la planète : 80% de sa cave personnelle est composée de vins étrangers. Pour lui, *« le meilleur vin du monde est celui qu'on a dans son verre quand on a envie de le boire »*. Parions qu'il s'agit souvent d'un grand bourgogne...

Ateliers Ponsot

10, rue des Cerisiers, ZA Petite Champagne – 21640 Gilly-lès-Cîteaux

ESCAPADES GOURMANDES

48 HEURES À BESANÇON

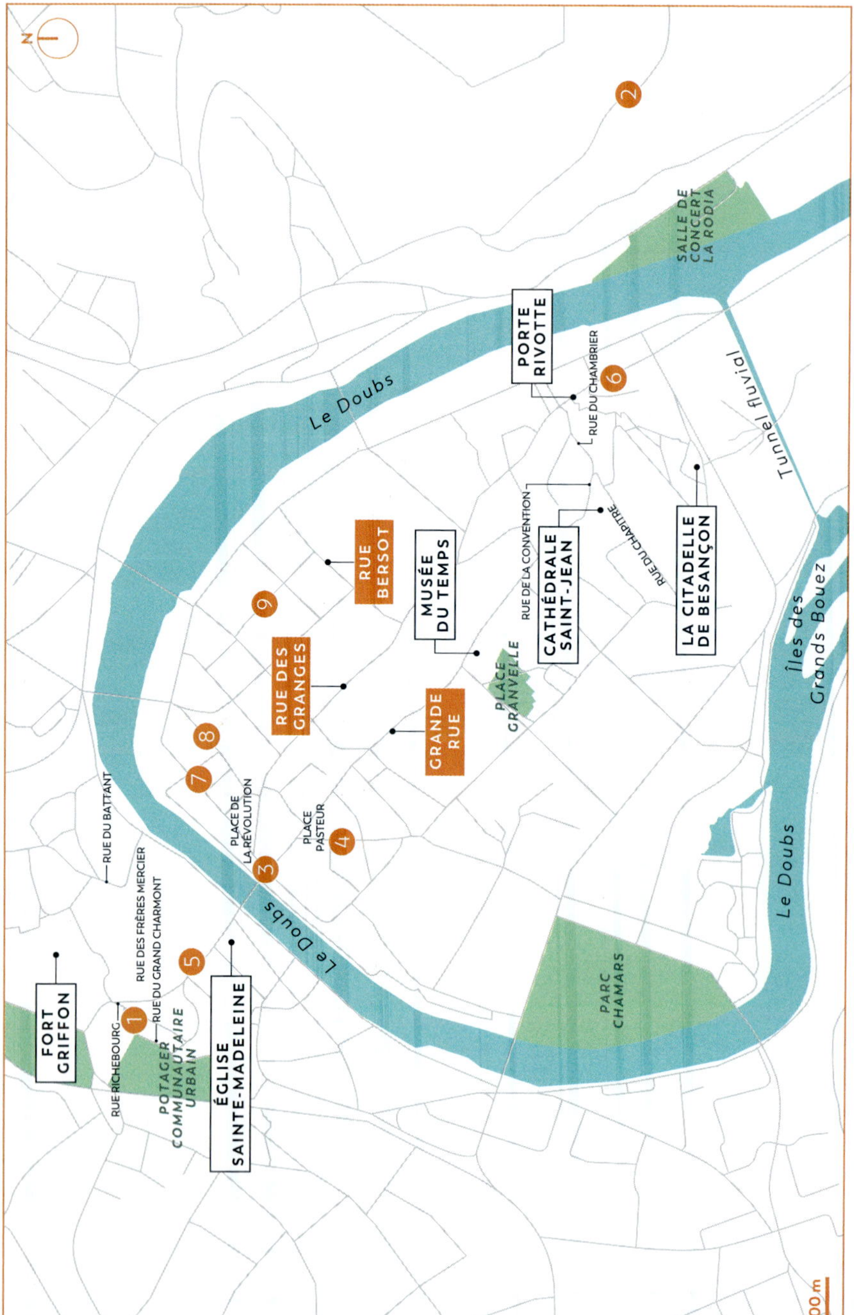
FORT GRIFFON
RUE RICHEBOURG
POTAGER COMMUNAUTAIRE URBAIN
RUE DU GRAND CHARMONT
RUE DES FRÈRES MERCIER
RUE DU BATTANT
ÉGLISE SAINTE-MADELEINE
Le Doubs
PLACE DE LA RÉVOLUTION
PLACE PASTEUR
RUE DES GRANGES
GRANDE RUE
RUE BERSOT
MUSÉE DU TEMPS
PLACE GRANVELLE
RUE DE LA CONVENTION
CATHÉDRALE SAINT-JEAN
RUE DU CHAPITRE
LA CITADELLE DE BESANÇON
RUE DU CHAMBRIER
PORTE RIVOTTE
SALLE DE CONCERT LA RODIA
Tunnel fluvial
Îles des Grands Bouez
PARC CHAMARS
Le Doubs
100 m

48 HEURES À BESANÇON

Méconnue des touristes, car éloignée des grands axes, Besançon est pourtant une très belle ville, à la longue histoire, à l'aménagement réussi et à l'environnement naturel, composé de massifs forestiers, de lacs et de collines. Une étape remarquable.

Certains connaissent Besançon pour sa forteresse signée Vauban, d'autres parce que Victor Hugo y est né, d'autres encore, plus nombreux sans doute, parce que l'industrie horlogère *made in France* y a vu le jour… On n'y fabrique quasiment plus de garde-temps, mais le charme du centre-ville, enchâssé dans un méandre resserré du Doubs, est intact… et calme ! Vous serez immédiatement frappé par l'absence de bruit. Le vaste secteur piétonnier évite certes les moteurs, mais semble conférer aux Bisontins une sérénité frisant le zen. Pas ou peu de cris dans les rues, pas de trottinettes qui vous agressent, ni de deux-roues en →

2

DORMIR

Les Terrasses de Besançon

36, chemin des Ragots

Une seule chambre, mais un jardin d'exception avec… des terrasses, mais aussi des fontaines et une piscine, le tout offrant une vue époustouflante sur la ville, la citadelle et les collines.

JOUR 1

1

DÎNER – 12/20

Bleu de Sapin

7, rue de Richebourg

Après avoir découvert les cuisines du monde et des régions françaises lors de nombreux voyages, Charlène Bassaler et Thibaud Devillers sont revenus au pays pour ouvrir, après un passage auprès de Pierre Basso-Moro à Germigney, cette maison accueillante du quartier du Battant. Un joli cadre de bistrot brut et nature, la mise en avant d'agriculteurs et éleveurs de toute la Franche-Comté à travers une cuisine pleine de fraîcheur, signée à quatre mains.

→

JOUR 2

3

PETIT CREUX

Baud

4, Grande-Rue

Parfaitement placée sur la Grande-Rue, une boutique traditionnelle prolongée par une terrasse agréable et un salon de thé. On vient tôt le matin pour la viennoiserie, la bonne brioche et l'on remplit le carton de gâteaux individuels bien faits, dans une gamme classique. Les chocolats et les glaces sont aussi réputés.

→ échappement libre, et finalement assez peu de vélos: Besançon est à peu près la seule préfecture de France où vous pouvez vous balader le nez en l'air, admirer à loisir les hôtels particuliers et les maisons anciennes avec leurs balcons de fer forgé. Vous déambulerez aisément de la place Pasteur à la place de la Révolution, en passant par les indispensables et gourmandes rues piétonnes: rue des Granges, rue Bersot et, bien sûr, la Grande-Rue qui traverse toute la ville.

La promenade s'étendra ensuite vers deux quartiers anciens: le quartier du Battant, de l'autre côté du pont du même nom, permet de découvrir la belle église Sainte-Madeleine néoclassique élevée au XVIIIe siècle, augmentée de deux tours en 1830 et riche d'une collection de tableaux religieux. Il vous faut ensuite grimper par la rue des Frères-Mercier, la rue du Grand-Charmont et la rue Richebourg pour atteindre le fort Griffon et dominer la ville. En redescendant par la

LES ZINZINS DU VIN

4

DÉJEUNER — 12/20

Les Gamins

10, rue Pasteur

Une jeune table à suivre en centre-ville, à la jolie façade bleutée détonnant au milieu de la belle pierre grise des maisons anciennes. Les Gamins marquent aussi leur différence par une carte bien alerte et très actuelle.

5

PETIT CREUX

Les Zinzins du Vin

14, rue de la Madeleine

Au bas d'un bel immeuble de pierre, la cave franche et amicale qui vous prend par la main avec ses quilles de vignerons sélectionnés dans toute la France. À l'appui, casse-croûte, planches et tout ce qu'il faut pour déguster dans une saine ambiance.

6

DÎNER — 14/20

Le Manège

2, faubourg Rivotte

Une table sérieuse et réputée du quartier Rivotte, belle maison XVIIIe sur les rives du Doubs et au pied de la citadelle. Une prestation traditionnelle, un large choix dans le menu-carte à 35 €, des assiettes au cordeau bien maîtrisées par Jean-Charles Lavier.

JOUR 3

7

PANIER GOURMAND

La Crèmerie du Marché

Marché couvert Beaux-Arts

Pour faire le plein des bons fromages régionaux sur ce bel étal boisé du marché couvert. Morbier, comté, cancoillotte, metton affiné et mont-d'or en saison, bien sûr, mais aussi du bon des autres régions, tommes, chèvres, pâtes molles, bleus, le saint-félicien de la Mère Richard. Également un peu de charcuterie.

8

PANIER GOURMAND

La Cambuse d'en face

20, rue Gustave-Courbet

Effectivement en face de son pub Kilarney, Xavier Racine a installé cette belle cave à bière, où il peut promouvoir la production des brasseries artisanales régionales (tout un rayon, dont La Brailleuse, la Brasserie d'Épenoy, Backporte...), mais aussi ses choix et préférences parmi les autres régions. Également un rayon whisky.

9

DÉJEUNER – 11,5/20

Poker d'As

7, square Saint-Amour

Un des temples locaux de la cuisine bourgeoise traditionnelle, un peu à l'écart du centre. Une table sexagénaire, paisible et bien tenue pour déjeuners d'affaires, travail soigné et bonnes manières : terrine de pot-au-feu de 7 heures, quenelle de brochet maison, escargots aux champignons...

crèche, vous parviendrez à l'emblématique rue du Battant, une ambiance, une vie de village à l'écart de la ville.

Autre incontournable, la citadelle et le quartier Rivotte au pied de celle-ci, sur les bords du Doubs. Le plus simple pour rejoindre la citadelle est de suivre la Grande-Rue, puis la rue de la Convention et la rue du Chapitre. La rude grimpette peut se faire par la rue des Fusillés-de-la-Résistance, jusqu'à atteindre l'ouvrage fortifié de Vauban, un ensemble majestueux qui domine la ville de ses 118 m de hauteur, inscrit au patrimoine mondial de l'Unesco, riche de trois musées et d'un jardin zoologique.

En redescendant par le même chemin, vous ne manquerez pas une petite visite à la cathédrale Saint-Jean et son horloge astronomique, avant de descendre en direction de la rivière par la rue du Chambrier (attention, la pente est sévère) jusqu'à ce calme et ancien quartier Rivotte, occupé depuis les Romains, avec sa porte Rivotte, vestige des fortifications, et le tunnel-canal qui joint les deux boucles du Doubs en passant sous la citadelle.

CITADELLE DE BESANÇON

CHÂTEAU DE LA CLAYETTE

48 HEURES AU CŒUR DU CHAROLAIS

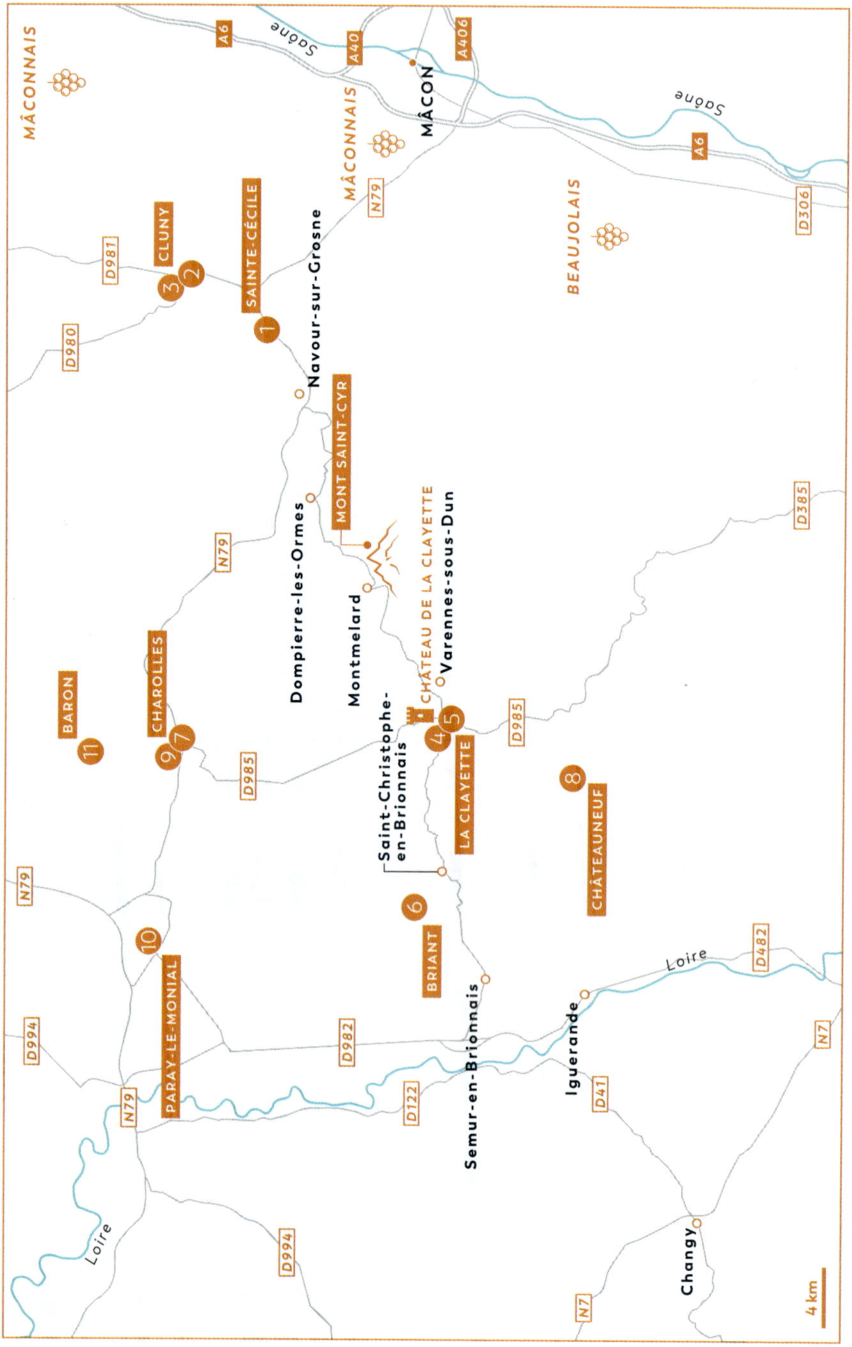
MÂCONNAIS
A6
Saône
A40
A406
MÂCON
MÂCONNAIS
Saône
A6
N79
BEAUJOLAIS
D306
SAINTE-CÉCILE
CLUNY
D981
2
3
1
D980
Navour-sur-Grosne
MONT SAINT-CYR
Dompierre-les-Ormes
N79
CHÂTEAU DE LA CLAYETTE
Varennes-sous-Dun
D385
Montmelard
BARON
11
CHAROLLES
9
7
D985
Saint-Christophe-en-Brionnais
5
4
D985
LA CLAYETTE
8
CHÂTEAUNEUF
N79
6
BRIANT
10
PARAY-LE-MONIAL
Loire
D482
D994
D982
Semur-en-Brionnais
Iguerande
N7
N79
D122
D41
Loire
D994
Changy
N7
4 km

48 HEURES AU CŒUR DU CHAROLAIS

Ce parcours ressemble à une crèche vivante : le bœuf et le petit Jésus rassemblés dans la même région, véritable pays de cocagne, allant de Cluny à Paray-le-Monial, qui traverse le Charolais et le Brionnais, en s'approchant du Roannais.

Au cours de cette balade, on découvre une succession de villages bourguignons typiques, à la belle pierre blonde, aux fiers clochers d'ardoise et aux élégants châteaux. Cluny d'abord, cité équestre, et surtout haut lieu de la chrétienté, fréquenté par les pèlerins comme par les touristes émerveillés devant l'abbaye du Xe siècle. L'ordre des abbés de Cluny, suivant la règle bénédictine, fut à l'origine d'un grand mouvement artistique et →

2

DORMIR

Chambre d'hôtes le Clos de l'Abbaye

6, place du Marché – 71250 Cluny

Première maison civile construite à la fin du XVIIIe siècle dans l'enceinte de l'abbaye, le Clos de l'Abbaye jouit d'une situation idéale en plein cœur du centre historique de Cluny. Le lieu met à la disposition de ses hôtes 5 chambres calmes et lumineuses ainsi qu'un joli jardin.

JOUR 1

1

DÎNER – 12,5/20

L'Embellie

Le Bourg
71250 Sainte-Cécile

Cette grande maison bourguignonne en pierre locale, proche de Cluny, a belle allure, au milieu d'une nature verdoyante, constituant une étape campagnarde de charme. Céline et Sébastien Mazoyer embellissent chaque jour leur Embellie, et le chef sait traduire son terroir dans des plats de saison aux idées bien appliquées.

JOUR 2

→ religieux. On retrouve le style clunisien dans l'abbatiale, mais aussi dans l'abbaye Saint-Germain d'Auxerre ou la basilique Sainte-Marie-Madeleine de Vézelay.

De Cluny, on parcourra la campagne en passant par Navour-sur-Grosne, Dompierre-les-Ormes, Montmelard... sans oublier l'indispensable détour par le mont Saint-Cyr. À 770 m d'altitude, il offre une saisissante vue panoramique sur les monts du Mâconnais. Le temps de redescendre sur La Clayette par Varennes-sous-Dun: La Clayette, petite cité charmante avec son magnifique château (il appartient à la même famille depuis 1722, et l'on peut en visiter les extérieurs et les dépendances) et son vaste étang de 30 ha.

3

PANIER GOURMAND

Cellier de l'Abbaye

13, rue Municipale
71250 Cluny

Une cave bien installée, depuis 1988, pour remplir le calice après la visite de l'abbaye. Désormais aux mains de deux jeunes gens enthousiastes, Lorentz et Valentin, elle présente, dans un espace modernisé, toute la Bourgogne, surtout la plus proche, mâconnaise et chalonnaise, mais aussi un choix sage et varié des autres régions.

4

PANIER GOURMAND

Bernard Dufoux

La Clayette

Une signature dans la chocolaterie régionale: la maison Bernard Dufoux (qui fut formé chez Bernachon) est installée depuis soixante ans et, d'une génération à l'autre, a fait prospérer son héritage et son savoir-faire.

5

DÉJEUNER — 11/20

La Clé Toise

62, rue Centrale
71800 La Clayette

La bonne adresse du moment en centre-ville. Après la visite du château, empruntez cette longue rue de traverse aux maisons bourguignonnes bien alignées. La façade grise moderne inspire confiance, Loïc Froizy confirme dans l'assiette avec une cuisine dans le goût du jour, autour de son terroir, simple et régionale.

6

PANIER GOURMAND

L'Escargot Brionnais

Lieu-dit Vaux
71100 Briant

À l'ouest de La Clayette, Corine Rubod réalise ses préparations à partir de ses escargots *(helix aspersa)* bouillonnés et condimentés, par exemple avec moutarde, persil, échalotes et herbes pour l'« Escapéro », une marinade en bocal de deux douzaines d'escargots.

7

DORMIR

Maison Doucet

2, avenue de la Libération
71120 Charolles

Le fief du chef Frédéric Doucet, qui a repris cette belle maison où il a grandi et appris le métier. Soucieux d'offrir à leurs fidèles une hôtellerie à l'image de l'excellence de leur table, Frédéric et sa femme ont aménagé 17 chambres et suites au luxe discret. Un lieu pensé pour le bien-être de ses hôtes avec piscine et spa très bien équipé.

8

PANIER GOURMAND

La Sale Affaire

71740 Châteauneuf

Une brasserie artisanale où les bières, issues de malts de Belgique et d'Allemagne, sont brassées entièrement sur place par Xavier Julien. Du naturel et du brut dans ces bières non filtrées et non pasteurisées, et beaucoup de caractère dans la strong ale, la blanche ou l'ambrée.

9

DÎNER – 12/20

Le Bistrot du Quai

1, avenue de la Libération
71120 Charolles

L'annexe de la grande Maison Doucet, juste en face, est un bistrot étape de très belle tenue. Dans le cadre comme dans le service, la prestation est solide et professionnelle, et « L'inspiration du moment », à 31 €, vaut son pesant de charolais, toujours inscrite dans la fraîcheur saisonnière.

On poursuit la balade en Brionnais par Saint-Christophe et Semur (avec un détour possible par la Colline du Colombier de la famille Troisgros à Iguerande), puis en remontant par Briant, Changy et son église romane, avant d'atteindre Charolles, capitale du Charolais et de son fameux élevage bovin.

On poursuit alors vers l'ouest pour atteindre Paray-le-Monial. La basilique du Sacré-Cœur est une autre magnifique illustration du style clunisien. On aime se promener autour de l'abbaye, dans ces coins calmes et d'une sérénité toute religieuse, autour de la place Guignault, par exemple.

JOUR 3

10

DÉJEUNER – 13/20

L'Évidence

69, avenue Charles-de-Gaulle
71600 Paray-le-Monial

L'Apostrophe est devenue une Évidence avec Nicolas Martin, jeune chef bien décidé à faire bouger les lignes dans la cité abbatiale. Cette cuisine moderne, soucieuse du produit, de la saisonnalité et de la rigueur dans l'exécution nous plaît beaucoup, à l'image du « simple » menu « de l'instant », à 34 €.

11

PANIER GOURMAND

Domaine des Marguerites

Ferme de Chamoge
71120 Baron

À quelques kilomètres de Charolles, Mélanie et Cédric Capon élaborent des terrines et rillettes proposées en bocaux, telles que volaille et tomate, agneau et pouilly-fuissé, volaille abricot, volaille et bœuf, ainsi que des préparations comme les rognons de génisse ou le jambon persillé.

VINS
& VIGNOBLES

LA BOURGOGNE, PETITE MAIS PRESTIGIEUSE

Cette « petite » région viticole est, de loin et désormais sans conteste, la plus prestigieuse du monde. Du Chablisien, au nord, jusqu'au Mâconnais, au sud, elle compte, sur quelque 250 km et 30 000 ha, nombre de grands crus iconiques, de valeurs sûres et de pépites. Si la production ne représente que 4 % du volume national, le monde entier s'arrache les bouteilles les plus rares. Tant et si bien que la Bourgogne exporte la moitié de sa production, notamment aux États-Unis, au Royaume-Uni et au Japon, et qu'il devient très difficile d'acheter des vins de Bourgogne.

Cépages et délimitation géographique

La région Bourgogne est à la fois simple à comprendre et fort complexe quand on zoome sur les détails. Il y a deux cépages principaux (chardonnay et pinot noir), mais quelques exceptions avec l'aligoté, le sauvignon ou le gamay. Géographiquement, le vignoble est divisé en plusieurs parties : le Chablisien, l'Auxerrois et le Châtillonnais sont au nord ; au centre figurent les prestigieuses côtes de Nuits et côtes de Beaune ; plus au sud, la côte chalonnaise et, enfin, le Mâconnais, qui jouxte le vignoble du Beaujolais. Jusque-là, c'est simple...

Classement des parcelles

La hiérarchie des crus commence avec les AOC régionales, puis les villages, les villages premiers crus et, tout en haut, les grands crus, qui ne représentent que 1% des surfaces. La Bourgogne comporte ainsi 84 AOC : 33 grands crus, 44 appellations villages et 7 appellations régionales. Mais en Bourgogne, ce sont les parcelles qui sont classées premier ou grand cru, et non les domaines ou les châteaux qui produisent le vin. Ainsi, 640 climats – des petites parcelles de vignes bien délimitées – du vignoble de Bourgogne sont classés en premier cru et il est difficile de se repérer dans ce labyrinthe de noms.

UNE PÉPITE DE LOIRE EN BOURGOGNE

Le vignoble de pouilly-fumé est situé dans la Nièvre, il appartient donc administrativement à la Bourgogne. Sur le plan de la viticulture, on le rattache à son voisin sancerre, de l'autre côté du fleuve, et donc aux vins de Loire. Les vins, exclusivement blancs, sont issus du cépage sauvignon et se montrent d'une rare finesse. Goûtez également le trop rare pouilly-sur-loire, issu du cépage chasselas sur le même terroir, qui est un vrai vin de copains.

Les goûts et les parcelles

Ce qui est particulièrement complexe, c'est que les crus n'ont pas le même goût, fussent-ils situés l'un à côté de l'autre. Il est d'usage de dire qu'il faut une vie entière pour comprendre réellement la Bourgogne ! Les différences de goûts sont notoires du nord au sud, pour des raisons de climat, mais aussi de géologie et de traditions viticoles. Un voyage en Bourgogne est une aventure gustative qu'on vous invite à ne pas manquer. Mais attention : goûter au caveau devient de plus en plus difficile, car les vignerons manquent de vins à vendre...

CHABLIS, LE VIGNOBLE QUI FAIT RÊVER LE MONDE ENTIER

Chablis est tellement connu et apprécié qu'il est aussi l'un des vins les plus contrefaits. Le terme « chablis » est quasiment devenu synonyme mondial d'un chardonnay fin, tendu et minéral. Il faut dire que la région excelle dans la production de vins blancs d'une grande pureté.

Chablis : petite ville, grand vignoble

Chablis est une petite ville tranquille du nord de la Bourgogne entièrement entourée de vignes, sur plus de 5600 ha. Elle a donné son nom au vignoble, le Chablisien, qui court en réalité sur une vingtaine de communes, à fleur de coteaux le long de la jolie vallée du Serein. Selon un ordre de progression qualitative, les vins débutent avec les petits chablis (1100 ha), les chablis (3650 ha), les chablis premiers crus (777 ha) et, enfin, les chablis grands crus (sur seulement une centaine d'hectares). On ne produit ici que des blancs issus du seul cépage chardonnay sur des sols calcaires du Kimméridgien et du Portlandien.

Climat et environnement

Les sols calcaires donnent au chablis une minéralité très spéciale, tranchante et pure, certains diront même « lumineuse », sans doute liée à la couleur souvent très claire des chablis dans leur jeunesse. Le chardonnay se plaît particulièrement ici, où il bénéficie d'un climat propice qu'on nomme océanique dégradé, avec moins de pluies, des hivers plus rudes et des étés plus chauds. La différence de température entre le jour et la nuit est importante et permet une bonne maturité des raisins.

LE SAVIEZ-VOUS ?

La Chablisienne, seule cave coopérative du chablis, constitue l'une des plus qualitatives de France. Elle produit à elle seule le quart des 34 millions de bouteilles de chablis annuelles.

Accords mets & chablis

À table, on ouvrira les chablis avec une large palette de mets, aussi bien de terre que de mer. Côté mer, les petits chablis, souvent moins puissants, plus floraux et fruités, accompagneront parfaitement des fruits de mer en début de repas, alors qu'on réservera les premiers et grands crus, plus racés et profonds, aux chairs les plus nobles comme le bar, le homard ou les saint-jacques. Côté terre, les viandes blanches, les légumes racines, la volaille et les champignons s'accorderont parfaitement avec les chablis. On pourra aussi associer le chablis avec des fromages de vache et même de chèvre. Notre sélection reflète ce bel éventail de possibilités gustatives.

CHABLIS

DOMAINE CHEVALLIER

Prestige

2018

Un peu d'austérité à l'ouverture, mais l'aération laisse échapper de belles notes minérales, très chablis. La bouche est vraiment ample, à la fois bien ronde et très vive, et toujours ce zest de citron vert qui précède une minéralité parfaite. On en redemande.

Environ 18 €

DOMAINE CHRISTOPHE & FILS

Vieilles Vignes

2018

Joli nez complexe avec une touche de miel, de coing frais et d'emblée une minéralité bien exacerbée, mais assez loin des standards chablisiens. La bouche est ronde, très ample et bien marquée par les amers. Ce vin propose une forme de gourmandise dans ce millésime chaud, dont on profitera sans attendre.

Environ 20 €

DOMAINE JEAN COLLET & FILS

2020

Joli nez d'emblée minéral et tendu pour ce 2020 qui offre des notes de fruits blancs, de poires juteuses et d'agrumes à l'aération dans le verre. Bouche assez souple marquée par de magnifiques amers en finale, pour l'apéritif.

Environ 16 €

DOMAINE JEAN & SÉBASTIEN DAUVISSAT

2018

Nez directement sur la craie blanche pour ce millésime 2018 qui semble aujourd'hui mettre le fruit en réserve. En bouche, le vin se montre plus en puissance qu'en rondeur et présente une belle longueur. Idéal pour accompagner un poisson de caractère comme le maquereau.

Environ 30 €

DOMAINE CÉLINE & FRÉDÉRIC GUEGUEN

2020

Installé en 2013, ce vigneron nous livre ici un chablis 2020 très finement réduit à l'ouverture, mais qui se livre en bouche avec un fruit net et mur. À la fois puissant et frais, il est doté d'une très longue finale minérale. On s'en régale dès l'apéritif.

Environ 20 €

DOMAINE HAMELIN

2020

Le nez s'ouvre sur des notes herbacées sur fond d'agrumes. Avec l'aération vient la complexité et de fines notes toastées et de miel. La bouche est aqueuse au bon sens du terme, soyeuse et pleine. Belle tension nette en finale. Un style très pur en bouche qui nous ravit.

Environ 18 €

CHABLIS

DOMAINE DES HÂTES

2018

Nez d'emblée minéral et de végétal noble pour ce chablis qui reste droit malgré les années. La bouche est à l'avenant, très chablisienne, tendue, vive et minérale. On s'en régalera sur des huîtres.

Environ 25 €

DOMAINE DES MARRONNIERS

2020

Un chablis vinifié sans soufre et qui ne reçoit qu'une très faible dose à la mise en bouteille. Le nez est d'emblée vibrant et vivant avec une aromatique complexe et évolutive. La bouche est gourmande et profonde liée à un chardonnay ramassé bien mûr. Belle longueur et jolie tension minérale. À ouvrir avec une volaille.

Environ 15 €

DOMAINE ANTOINE ET LAURENT ROBIN

2020

Nez encore fermé actuellement, mais dans lequel on devine une très belle minéralité. La bouche est élégante, tendue, minérale, plus aérienne que surdémonstrative. Un beau chablis, simple mais franc. Les huîtres s'imposent.

Environ 15 €

DOMAINE CAMILLE & LAURENT SCHALLER

2019

Joli vin au nez fin, élégant, assez enveloppé, mais très chablisien, avec des notes de craie bien présentes. La bouche offre un côté juteux, un fruité mûr mais bien tendu. Un vrai chablis minéral, mais jamais austère. À ouvrir avec un filet de cabillaud nacré.

Environ 15 €

DOMAINE SIMONNET-FEBVRE

D 1840

2019

Superbe nez, très aérien, doté d'un fruit très fin, entre fruits blancs et fruits jaunes, et d'effluves d'emblée iodées et marines. La bouche est ample, gourmande, racée et s'allonge sur une finale minérale remarquable. Top.

Environ 16 €

DOMAINE VENTOURA

2019

Nez assez fermé à l'ouverture, puis on découvre à l'aération un joli fruit. En bouche, le vin se montre ample, bien ficelé et bien rond. Le fruit se révèle parfaitement et on a envie d'en boire. De beaux amers arrivent en finale pour ce chablis bien construit.

Environ 22 €

LE JURA, L'AUTRE PAYS DES GRANDS VINS

Avec 2000 ha seulement, le Jura est l'un des plus petits vignobles français. Mais il propose une large gamme de vins différents et authentiques et jouit d'une cote qui ne cesse de progresser auprès des amateurs. Preuve majeure de ce succès : l'implication croissante des belles maisons bourguignonnes dans le vignoble du Jura.

Une identité très marquée

Sur cette petite bande de terre de 80 km plantée de chardonnay et pinot noir comme en Bourgogne, mais également de cépages locaux, sont produits de très beaux vins à l'identité marquée et au potentiel gastronomique remarquable. Notez que le Jura est une terre d'accueil pour les jeunes vignerons notamment ceux désirant produire des vins « naturels ». Ainsi, sous l'égide morale symbolique du domaine Pierre Overnoy, star historique du nature, de nombreux vignerons ont posé leurs valises et produisent de fort jolis vins.

Une large palette des vins

Seulement 4 appellations géographiques se répartissent une palette de vins fort large. Ainsi les côtes-du-jura, l'arbois, l'étoile et château-châlon se partagent une production d'environ 8 millions de bouteilles par an. Sont proposés du crémant, des blancs et rouges secs, des blancs oxydatifs, mais également des vins jaunes (oxydatifs eux aussi), du vin de paille, du macvin (un vin de liqueur comme le pineau des Charentes ou le ratafia champenois) et du marc. Nous avons un faible pour les vins issus des cépages autochtones que sont le savagnin en blanc, le poulsard et le trousseau en rouge.

PERCÉE DU VIN JAUNE

Organisée chaque année, habituellement le premier week-end de février, la Percée du vin jaune est l'une des plus grandes manifestations viticoles nationales, regroupant quelque 45000 personnes. Ayant lieu dans un village chaque fois différent, elle regroupe les vignerons de toute la région pour vous faire découvrir leurs vins. Une manifestation fort sympathique à voir absolument.

Vin jaune contre vin de paille

On confond souvent vin jaune et vin de paille, alors qu' ils sont radicalement différents. Le vin jaune est issu du seul savagnin laissé en fût pendant six ans et trois mois. Il en ressort un vin extraordinairement sec, oxydatif, aux notes de noix et de curry. Le vin de paille, lui, peut se faire avec plusieurs cépages qu'on laisse sécher sur de la paille avant de le presser pour en tirer un vin fort sucré, très suave, aux notes de dates, de coing et d'épices douces.

Des vins connus dans le monde entier

Le Jura a été très longtemps un terroir plutôt isolé. Les vignerons pratiquaient la polyculture et 70 % de la production de vin était vendue dans la région. Aujourd'hui, les domaines se sont spécialisés dans la viticulture et vendent leurs vins dans toute la France et, pour certains, jusqu'au Japon où les œnophiles avertis s'arrachent les bouteilles.

Une balade dans le Jura

Cette bande de terre orientée nord-sud, sur les contreforts du massif montagneux du Jura, ne s'étend que sur 80 km environ. On peut donc faire une belle balade, en partant de la région de Salins-les-Bains, au nord, passer par Arbois, la ville de Pasteur, puis continuer la route en direction de Voiteur et de Château-Chalon, perché sur son éperon rocheux, classé parmi les plus beaux villages de France. À quelques minutes de voiture, un autre petit village pittoresque, L'Étoile, produit de magnifiques vins blancs. On conclura la visite par Rotalier, qui accueille nombre de domaines du renouveau jurassien.

Accords mets & vins

Tout le long de la route nationale 83, les paysages des contreforts de montagne vont du magnifique au superbe. Dans cette région très gastronomique, ne ratez pas, outre les vins, les nombreuses spécialités locales : poularde de Bresse aux morilles, saucisse de Morteau et, bien sûr, les différents fromages de la région, parmi lesquels le comté, le morbier et le mont-d'or.

LES FRUITIÈRES VITICOLES

Particularité jurassienne, les caves coopératives portent le nom de « fruitières ». Elles sont viticoles, mais aussi laitières dans cette région de production du comté AOP. Les fruitières portent ce nom tout simplement, car elles sont l'endroit où les agriculteurs apportent le « fruit » de leur travail et où la matière première est transformée. Pour le vin, il n'en existe que cinq dans tout le Jura.

Œnotourisme

Les vignerons jurassiens reçoivent facilement les visiteurs et sont toujours ravis de faire découvrir leur production.

RÉGION DE LONS-LE-SAUNIER

JURA

PHILIPPE CHATILLON

Philippe Chatillon est un personnage connu comme le loup blanc dans la région et nul n'ignore ses magnifiques moustaches. Longtemps régisseur d'un grand domaine de la région, il a créé le sien en 2013 avec quelques hectares seulement. Travail des vignes en biodynamie, vinification sans soufre, les vins de Philippe Chatillon sont sans concession. Ne ratez pas son savagnin en amphore. Sur rendez-vous.

8 bis, rue du Collège
39800 Poligny
06 45 39 17 63

DOMAINE GENELETTI

Plusieurs vignerons sont encore installés dans le village historique de Château-Chalon, classé parmi les plus beaux villages de France. Se perdre dans ces rues médiévales est un véritable plaisir. Ne partez pas sans déguster les vins du domaine Geneletti, qui propose une large gamme, dont le fameux et célèbre Château-Chalon. Sur rendez-vous uniquement.

14, rue Saint-Jean
39210 Château-Chalon
03 84 44 95 06

DOMAINE HORDÉ

À la limite du département du Doubs, Port-Lesney est un charmant village sur la Loue, à quelques encablures des salines royales d'Arc-et-Senans, qu'il faut absolument visiter. Sur ces coteaux pris à la forêt, la famille Hordé cultive 7 ha et produit une large gamme de vins. Antoine, le fils, a repris le domaine en 2021 et vous reçoit sur rendez-vous.

14, rue du Port
39600 Port-Lesney
T. 03 84 73 89 24

DOMAINE LABET

Les Labet sont installés de longue date dans la région, à 15 km au sud de Lons-le-Saunier. C'est aujourd'hui un trio de frères et sœurs qui gère le domaine. Les vins sont au firmament de la production locale, et par conséquent très recherchés. Travail en bio parcelle par parcelle, vinifications douces et peu de soufre sont les clés d'une production de top qualité. Appelez impérativement avant de passer.

14, montée des Tilleuls
39190 Rotalier
T. 06 79 17 14 54

DOMAINE DE MONTBOURGEAU

Tout petit vignoble, L'Étoile est recherché par les amateurs de chardonnays intenses et minéraux. Son terroir porte de nombreux fossiles en forme d'étoiles, les pentacrines. Le domaine de Montbourgeau constitue l'une des références de l'appellation. La famille Gros sera ravie de vous expliquer les particularités du terroir du village et vous faire déguster.

53, rue de Montbourgeau
39570 L'Étoile
03 84 47 32 96

DOMAINE ROLET

Domaine de référence dans la région, il appartient depuis 2018 à plusieurs familles, dont l'une est déjà très impliquée dans le vin en Bourgogne. Le domaine propose une large gamme de vins allant du crémant au marc du Jura. Le caveau de dégustation, en plein cœur d'Arbois, vous permettra de goûter facilement cette diversité de production. Goûtez le vin jaune d'une régularité de métronome.

11, rue de l'Hôtel-de-Ville
39600 Arbois
03 84 66 08 89

LES VINS JAUNES DU JURA

Les vins jaunes sont rares, car seuls certains vignerons en produisent. Ils ont une longévité sans égal en France, avec des capacités de garde de 50 ans minimum, et bien davantage encore pour les meilleurs millésimes. Véritable marqueur de l'identité viticole du Jura, le vin jaune est absolument unique. Unique par son processus d'élaboration, mais pas seulement.

LE CLAVELIN

Bouteille atypique de 62 cl, le clavelin est la bouteille traditionnelle de vin jaune. 62 cl seulement, parce que c'est le volume de vin qu'il reste d'un litre initial au bout de six ans. Une fois entamée, une bouteille de vin jaune ne craint pas l'oxydation, vous pouvez la garder ouverte pendant plusieurs semaines.

Préparation du vin jaune

Pour faire un vin jaune, on fait d'abord, très classiquement, du vin blanc avec un seul cépage : le savagnin. Puis ce blanc est laissé dans le même tonneau pendant six ans et trois mois sans ouillage (rajout de vin pour compléter la part d'évaporation). Dès les premiers mois se développe un voile de levures à la surface du vin qui le protège de l'air, mais favorise une oxydation spécifique. Pendant toutes ces années, le vin se nourrit du voile et le voile, du vin. De cette alchimie étonnante naît un nectar que l'on nomme jaune, mais qui l'est plus ou moins. En revanche, le « goût de jaune » – ces notes plus ou moins marquées de noix, de pomme verte et de curry – est particulièrement caractéristique et unique. On peut trouver des notes proches dans les vins de Jerez, en Andalousie, qui eux aussi sont élaborés sous voile de levures.

Terroir et vin jaune

On trouve des vins jaunes dans les 4 appellations géographiques jurassiennes : côtes-du-jura, arbois, l'étoile et château-chalon. Cette dernière ne produit d'ailleurs que du vin jaune sous son nom, dans des volumes confidentiels, puisque 50 ha seulement y sont consacrés. Chaque terroir a ses spécificités que l'on retrouve dans les vins jaunes. Ainsi, l'appellation arbois fait des vins plus en rondeur, l'étoile et château-chalon offrent des vins plus minéraux et tendus. Dans l'appellation côtes-du-jura, plus vaste, tout dépend du type de sols dont sont issus les raisins.

Des vins de gastronomie

Taillés pour la garde, les jaunes sont surtout faits pour la table. En effet, ces vins qui cumulent puissance et longueur se prêtent particulièrement aux accords avec les plats. À Château-Chalon, on vous le servira dès l'apéritif avec quelques toasts de foie gras, mais c'est avec le comté et la volaille que le vin jaune se révèle le plus classiquement. L'association fonctionne aussi avec les champignons comme les morilles. On peut aussi se servir des vins jaunes pour élaborer des sauces en ajoutant une simple petite cuillerée de vin. Plus étonnant et tout aussi bon : essayez de les associer avec des cuisines asiatiques ou exotiques comme un rougail de saucisse réunionnais.

VINS JAUNES

DOMAINE BERTHET-BONDET

Château-chalon

2014

Dès le nez, on note une trame fine et ciselée que confirme la texture en bouche, élégante et minérale. Un vin tout en légèreté qui conviendra à des saint-jacques à la crème de curry.

Environ 47 €

DOMAINE DANIEL DUGOIS

Arbois

2013

Un vin jaune au nez fin et délicat et à la bouche gourmande, saline et désaltérante, où dominent les arômes de curry et de céleri. À partager avec une poularde à la crème.

Environ 42 €

DOMAINE GRAND

Château-chalon

En Beaumont

2014

Nez dominé par le curcuma et des notes vanillées que l'on retrouve en bouche, fraîche et tendue, très appétente, dotée d'une texture presque poudrée qui autorisera des accords avec un tandoori de poulet à l'indienne.

Environ 46 €

DOMAINE NOIR FRÈRES

Côtes-du-jura

2014

Le nez dévoile des notes herbacées. La bouche fine et élégante est ponctuée de notes de curry et de poudre de céleri. Finale minérale. À servir avec une poêlée de cèpes aux épices douces.

Environ 33,50 €

DOMAINE JACQUES TISSOT

Arbois

2012

Très fleurs blanches au nez, le vin dévoile en bouche des notes de curcuma et de sel de céleri. La finale minérale orientera vers un accord avec un turbot à la crème.

Environ 33,70 €

DOMAINE PHILIPPE VANDELLE

L'étoile

Vieilles Vignes

2014

Avec ses notes de noix fraîches et de curry au nez, le vin est tendu et minéral en bouche, doté d'une fine et appétente amertume. Il s'accordera avec un homard rôti au beurre de curry.

Environ 28,10 €

VINS JAUNES

DOMAINE DE SAINTE-MARIE

Côtes-du-jura

2010

Coup de cœur pour cette cuvée dans ce millésime qui commence à proposer des notes fondues. Le nez se dévoile tout en élégance tandis que, en bouche, ce vin se déploie tout en intensité et allonge. Finale longue et persistance aromatique qu'il conviendra d'entretenir avec une volaille de Bresse aux morilles.

Environ 30 €

DOMAINE MOUILLARD

Château-chalon

2014

Très joli nez expressif, sur des notes séduisantes de champignon blanc. La bouche se montre crémeuse, fraîche, profonde, riche et longue, se dévoilant tout en tension minérale et concentration. Encore jeune, il faudra le déguster dans une optique de gourmandise et lui associer un poulet vallée d'Auge.

Environ 37 €

DOMAINE ROLET

Arbois

2012

Le nez semble presque fumé, avec des arômes de coque de noix. La bouche arbore une texture veloutée, avec du gras et des notes de curcuma et de curry. La finale saline et minérale permettra un accord avec une matelote de poissons aux épices douces.

Environ 43 €

LES 7 PRINCIPES DE GAULT&MILLAU

1

L'indépendance totale vis-à-vis des établissements.

2

Le recrutement d'enquêteurs exigeants, gourmets et gourmands.

3

L'anonymat des enquêteurs lors des évaluations.

4

La visite dans des conditions normales de fréquentation.

5

Le règlement des additions.

6

La mise à jour régulière par des évaluations continues.

7

La vérification de nos informations

21

CÔTE-D'OR

ALISE SAINTE REINE 21150

L'Auberge du Cheval Blanc 12/20

Rue du Miroir - T. 03 80 96 01 55 - Menu(s) 47 €

Au cœur du pays de l'Auxois, Angélique et Régis Bolâtre entretiennent cette jolie maison de pays, qu'une grande cheminée vient réchauffer l'hiver, dans une salle adaptée aux traditionnels repas du dimanche. Régis a repris en mains cette maison familiale après avoir tracé son propre chemin. Le terroir a la vie belle, par le biais d'un savoir-faire qui combine dans une veine moderne le terroir local avec l'éclair au saumon et queues d'écrevisses en tartare, craquant au foie gras et compotée oignons et rhubarbe, rognons et cœur de ris de veau croustillant et île flottante aux abricots romarin et lait d'amandes. Service bien rodé.

AUVILLARS SUR SAÔNE 21250

Auberge de l'Abbaye 12/20

900 route de Dijon - T. 03 80 26 97 37 - Menu(s) 18-35 €

Entre Seurre et Dijon, une charmante auberge de pays, avec une terrasse qui permet de profiter, aux beaux jours en toute sérénité, des assiettes de Jean-François Vachey . Millefeuille au citeaux et flan de betterave, souris d'agneau confite, filet de sandre en écaille de pommes de terre et mousse glacée à la mandarine, révèlent de belle manière une cuisine classique et bien réalisée, dans un menu à 30 .€, prolongeant d'une ambiance simple et authentique. Les menus restent sages avec une formule de départ à 18€ pour des moules frites, et 20 € pour les cuisses de grenouilles. Accueil chaleureux.

BEAUNE 21200

L'Écusson 15/20

CHEF : THOMAS COMPAGNON

2 rue du Lieutenant Dupuis - T. 03 80 24 03 82 - Carte 80 € - Menu(s) 35-115 €

C'est une adresse assez discrète au sortir de Beaune, mais fort connue des habitués. La table de Virginie et Thomas Compagnon est belle à voir, avec ses harmonies couleur sable et ses lignes très épurées, d'où se dégage une atmosphère de calme et d'élégance. Le chef y met les formes pour répondre aux grandes occasions, avec un service impeccable et des assiettes de beaux produits, les grenouilles en crème mousseuse et au vin jaune, morilles et ris de veau, un omble chevalier des Cévennes, écrevisses, courgettes et artichauts de Provence, un pigeon de Corton avec les cuisses confites, oignons, navets, rhubarbe et jus à l'estragon. La cave est à la hauteur des attentes, avec évidemment le meilleur des crus locaux (Tollot-Beaut, Girardin, d'Ardhuy...).

Le Bénaton

14/20

25 faubourg Bretonnière - T. 03 80 22 00 26 - Menu(s) 35-95 €

Depuis trente ans, depuis Bruno Monnoir, le Bénaton tient sa réputation. Keishi Sugimura, qui poursuit l'œuvre, ajoute le talent à la discrétion, offrant un salon presque privé aux Beaunois connaisseurs, dans un répertoire aux bases classiques françaises de grande cuisine bourgeoise : pâté en croûte pigeon cèpe ris de veau, royale de foie gras canard et truffes, filet de bœuf de Galice cromesquis de pot-au-feu pulpe de persil racine... Menu 3 plats bien composé autour de 70 €, grande cave régionale.

8 Clos

13,5/20

8 rue d'Alsace - T. 03 80 21 04 19 - Menu(s) 26 €

Stéphane Léger a retrouvé le Nord, et tous les Beaunois s'ne réjouissent. Non pas que son passage à Saint-Raphaël (sept ans tout de même) fut un moment d'égarement, mais on le sent tellement épanoui, chez lui, au cœur de Beaune, au coin de la place Carnot, que chacun a envie de partager cette tradition bourguignonne qu'il porte si bien en lui. Notre Gault&Millau d'Or d'il y a bientôt dix ans rappelle, dans cette ambiance très régionale, combien il maîtrise les fondamentaux (le persillé, le bon pâté croûte, l'excellent vol-au-vent aux morilles, ris de veau, foie gras, entre autres) tout en montrant une large palette sur les idées de saison (les saint-jacques au chorizo, les tagliatelles de langoustines au yuzu. Le baba est à l'image du chef, généreux et de bon aloi. Quant à la cave, voilà de la connaissance et des amis ! Toute la Bourgogne est là, presque accessible, le fruit d'années d'expérience et de fidélité, pour présenter les très bons partout, et offrir au verre quelques très jolis parfums, un beaune de chez Maillard ou Giboulot, ou encore le santenay de chez Colin.

Garum

13,5/20

10 rue de l'Hôtel-Dieu - T. 03 80 24 79 41 - Carte 53 € - Menu(s) 48 €

Courte carte, grignotages régionaux à partager pour l'apéro, petites assiettes tendance, ce grand classique de la restauration locale (ex Jardin des Remparts) a fait sa mue en prenant cette enseigne à la mode. On «fingerfoode» avec le persillé, les frites à la graisse de bœuf, les rillettes de truite de Crisenon, et on pioche dans le catalogue à travers un bon menu-carte à moins de 50 € qui vaut bien ses 2 toques : royale au lait de cèpe cèpes confits du Morvan et bisque de homard, cannelloni de cerf au vin rouge et salsifis rôtis, pressé de pommes confites au romarin crème estragon coulis d'épine-vinette. Christophe Bocquillon a heureusement gardé à la carte ses grands classiques, comme le fameux tartare charolais aux huîtres Gillardeau.

Hostellerie Cèdre & Spa

13,5/20

10 boulevard du Maréchal Foch - T. 03 80 24 01 01 - Carte 94€ - Menu(s) 75-125€

Après la grande vague de travaux, le Cèdre retrouve son lustre dans un cadre noble et rénové et une équipe bien en place sous la direction du jeune chef Jordan Billan. Beau cadre d'une ancienne maison vigneronne, service aux petits soins, assiettes graphiques, dans la finesse et le prestige de produits nobles : asperges vertes et fricassée d'escargots jambon de bœuf sauce végétale, langoustines snackées caviar et lentilles safranées, turbot de ligne pamplemousse rose beurre blanc à la cazette ou l'excellent et classique bœuf charolais blettes et comté jus moutarde cassis. Desserts bien construits, cave bourguignonne de tous les grands.

Loiseau des Vignes

13/20

27 rue Maufoux - T. 03 80 24 12 06 - Carte 79€ - Menu(s) 28-48€

Le cadre est superbe, très régional chic sous les poutres, la signature Loiseau garantit une prestation de haute tenue et les classiques sont à l'honneur. Dans le plus grand contrôle, les assiettes tiennent bien sûr le haut du pavé bourguignon, les escargots en persillade, le saucisson brioché moutarde à la violette, le suprême de Bresse poché crème et vin blanc. Desserts soignés (rocher meringué poire cassis).

Ma Cuisine

13/20

Passage Sainte-Hélène - T. 03 80 22 30 22 - Carte 52€

La vérité est au fond du verre, peut-être. En attendant, elle habite cette maison au caractère toujours franc et familial, celle de ce grand collectionneur qu'est Pierre Escoffier, redoutable connaisseur dégustateur qui peut vous faire visiter tous les climats en une soirée. À l'appui, une plaisante et généreuse cuisine régionale, qui ne cherche pas à emmêler les pinceaux, mais trace au contraire avec adresse et volubilité les routes du terroir : œufs meurette, jambon persillé maison, compote de lapin, escargots, foie de veau poêlé, bœuf bourguignon, pigeon entier, ris de veau braisé à la crème...

Le Carmin

12,5/20

4 B place Carnot - T. 03 80 24 22 42 - Menu(s) 78€

Les codes de la gastronomie traditionnelle sont bien observés chez Christophe Quéant, qui a souvent été à bonne école ; des produits nobles, une petite râpée de truffe par-ci par-là pour faire riche, et les habitués du centre beaunois se sentent comme chez eux dans le bon genre classique. Néanmoins, dans ce cadre étudié, les usages, à force d'être forcés, finissent par user et l'on aimerait voir vraiment mis en avant autant les beaux produits et le savoir-faire du chef, deux réalités pourtant indiscutables. Sur le carpaccio de saint-jacques aux épices douces, ou le tournedos de cerf, légumes racines et pomme aux airelles, il suffirait d'un peu d'attention, comme pour le soufflé à la prunelle de Bourgogne et son excellente glace vanille, pour retrouver les 2 toques. Cave bourguignonne bien équipée, vin au verre annoncé oralement, à tarif découvert seulement sur l'addition.

Caveau des Arches

12/20

10 boulevard Perpreuil - T. 03 80 22 10 37 - Menu(s) 29-42 €

Sur le boulevard qui ceinture la ville, le pittoresque de ce caveau authentique à cadre contemporain, offre une cuisine plutôt ambitieuse à travers des assiettes construites sur des produits de saison bien associés. Si le «Menu Bourguignon» à 29 € ne déçoit pas (persillé, œuf meurette, bourguignon, volaille à l'époisses), la formule à 42 € se révèle également intéressante, avec de bonnes réalisations, comme la lotte façon pôchouse et lard de Colonnata ou l'entrecôte de veau sauce périgourdine qui frisent les 2 toques. Desserts classiques, cave vaste et même opulente.

L'Expression

12/20

11 rue Maufoux - T. 03 80 80 05 89 - Menu(s) 17 €

Chic et masculin extérieurement, friendly et sobre à l'intérieur, ce restaurant de bonne tendance sait marier les genres, accueillir les déjeuners d'affaires comme les repas plus intimistes. Sur des bases classiques de la mode de l'époque, la cuisine aligne des assiettes bien pensées et bien traduites : tataki de bœuf de Galice betterave navet et raifort, risotto châtaigne et andouille de Guémené, saint-jacques endives caviar émulsion Billy by, suprême de poularde Miéral jus truffe... Tarifs opulents, grosses pièces à partager (côte de bœuf de Galice rôtie à la braise...).

Le Relais de Saulx

12/20

6 rue Louis Véry - T. 03 80 22 01 35 - Menu(s) 49 € ♿

Au cœur du Beaune sage, viticole et bourgeois, le Relais de Saulx reste un bistrot trublion qui affiche sa modernité et son style un brin décalé. Agnès Peyre et Charles Danet, qui ont succédé à Olivier Streiff, entretiennent savamment cette petite musique décalée, dans ce cadre de matériaux bruts un peu indus, dans l'ambiance sans parti pris d'une clientèle urbaine venue d'un peu partout, et dans une cuisine bien dans son époque qui revendique ses origines : maquereau de Lorient grenailles et pickles d'échalote sur un coulis cerfeuil persil coriandre, pintade fermière de Bourgogne, le filet rôti, une farce légère, navets et jus à l'ail noir, maigre de ligne de Saint-Jean-de-Luz, cochon de la ferme de Clavisy... Le menu du moment est à 49 €, avec un gentil dessert de cuisinier (poire yaourt glacé au pollen) et une cave plaisante, cherchant les vignerons de caractère.

La Table du Square

12/20

26 boulevard Maréchal Foch - T. 03 80 24 03 32 - Menu(s) 26-30 € ♿

Romain Escoffier reste le digne fils de ses fameux parents, Fabienne et Pierre (Ma Cuisine). La Table du Square est une table qui compte à Beaune, pour son atmosphère enjouée, complice et amicale, et pour le contenu d'assiettes qui fédèrent. Veau vitello sauce aux câpres, jarret de veau confit 36h, abricot mousse aux épices crumble. Prix très sages. La cave joue comme le reste, une partition de grande convivialité.

Soul Kitchen

11,5/20

1 rue Rousseau Deslandes - T. 03 80 24 15 32 - Menu(s) 28 €

Le renouveau de la gastronomie bourguignonne, et plus spécialement beaunoise, passe par Soul Kitchen, le restaurant nouvelle vague de Mathieu Guennal, qui fait tout tout seul pour sa petite salle de 15 couverts, avec les idées du moment, dans un cadre plaisant, chic et détendu. La belle maison de pierres en plein centre accueille les initiés, qui dévorent l'ardoise du moment avec les deux formules, le «Chauvin» (tarte à l'époisses, bourguignon, pot de crème au cassis pain d'épice) ou le «Versatile», qui nous a bien plu, au même tarif de 28 €, velouté de petit épeautre tomme de brebis, parmentier de lapin jus moutardé, moelleux chocolat noisette...

21 Boulevard

11/20

21 boulevard Saint-Jacques - T. 03 80 21 00 21 - Menu(s) 34-61 €

Sur le boulevard, choisissez votre cadre selon la saison, le caveau XVe, la salle bourgeoise ou la terrasse. Pour une cuisine plutôt chic et sage, dans une carte variée et bien maîtrisée : anguille fumée prunelle et cébette vinaigrette au citron confit, quenelles de volaille langoustines et châtaignes jus de carapace à l'estragon, pièce de cochon braisée à la moutarde Fallot salsifis au jus.

La Buissonnière

11/20

34 rue Maufoux - T. 09 50 73 21 75 - Carte 26 €

Un bistrot d'aujourd'hui aux allures classiques, qui reprend les tendances actuelles sur une ardoise appétissante dans un cadre également attractif, avec sa terrasse en cour intérieure. La cuisine mêle le genre ménager régional avec les manières d'aujourd'hui, os à moelle oignons confits lard pané parmesan, nuggets de poulet, tartare d'escargots en persillade lard de Colonnata, cuisses de grenouilles, filet de charolais crème cognac, ris de veau caramélisés et légumes en tempura. Tarifs assez soutenus, service appliqué.

Caves Madeleine

11/20

8 rue du Faubourg Madeleine - T. 03 80 22 93 30 - Menu(s) 25-55 €

Un lieu sympathique et bachique juste de l'autre côté du boulevard qui a pris un tour sérieux avec une cuisine bien élaborée méritant aujourd'hui une petite toque avec une jolie carte du soir. Simplicité sur les entrées, bonne terrine, harengs marinés, plats plus travaillés, quenelle de volaille, paleron confit escabèche d'aromates, tout en s'inscrivant dans une tradition régionale. Service dévoué, parfois un peu débordé mais sympathique. Bon menu déjeuner à 25 €.

Le Cheval Noir

11/20

17 boulevard Saint Jacques - T. 03 80 22 07 37 - Menu(s) 38-56 €

Une table traditionnelle qui ne démérite pas et affiche, notamment sur son menu «Tendance bourguignonne» à 38 €, un rapport qualité-prix convaincant : escargots au beurre d'ail persillé, bourguignon de paleron cuit 12 heures, entremets cassis et pain d'épices sorbet hydrolat et poivre de cassis. Des valeurs sûres, sans complications, complétées par un bon service.

La Ciboulette

11/20

69 rue de Lorraine - T. 03 80 24 70 72 - Menu(s) 33 €

Un classique de la vie beaunoise intramuros, une bonne cuisine régionale, bien appliquée par Laurent Mâle dans des menus composés sur mesure : ne sortez pas de ces sentiers sûrs et chaleureux, le jambon persillé, les escargots, le charolais à l'époisses. Accueil cordial d'Isabelle, l'épouse du chef, bon menu à 33 € en terminant par l'incontournable poire pochée au vin rouge sorbet cassis.

La Lune

11/20

32 rue Maufoux - T. 03 80 20 77 42 - Carte 4 €

Sympathique voyage dans la Lune, dans cette rue assez prodigue en tables de qualité. La cuisine est plus franco que japonaise, Bourgogne exige, mais le chef manipule notre culture avec aisance, faisant évoluer sa courte carte avec justesse et à propos, et de temps à autre, un twist asiatique du meilleur effet : carpaccio de truite, thon mi-cuit sauce balsamique soja, pigeon, ris de veau jus de viande, carré de côte de porc au yuzu.

La Part des Anges

11/20

24 bis rue d'Alsace - T. 03 80 22 07 68

Une table rassembleuse et bien dans son époque qui sait mixer dans son offre les recettes bourguignonnes actualisées avec des plats de tendance : fricassée de girolles et profiteroles d'escargots, pâté en croûte et foie gras, burger maison de charolais au cheddar fermier, fricassée de rognons de veau linguine artichaut jus brun... Bon choix de desserts classiques.

Restaurant le Conty

11/20

5 rue Ziem - T. 03 80 22 63 94 - Carte 58 € - Menu(s) 35-44 €

Un classique inaltérable sous forme de brasserie bourguignonne mêlant les genres pour offrir le plus grand choix, du tradi, du régional, un peu de mode populaire et surtout une qualité de confection qui tient bien au fil du temps : le persillé, les escargots, la joue de bœuf aux gnocchis, le filet à l'époisses purée truffée, mais aussi le risotto de saint-jacques et le burger... Bon «Menu La Bourgogne» à 35 €. Le grand atout, c'est aussi la cave, assez réjouissante avec ses 360 références, des grands noms et des prix imbattables.

Bissoh

10/20

42 rue Maufoux - T. 03 80 24 01 02 - Carte 12 € - Menu(s) 35-63 €

Le Japon à Beaune, c'est presque une tradition. Grâce notamment à cette table fidèle, qui mêle un peu les genres pour attirer une clientèle sans préjugés : des sushis et des sashimis, mais aussi des ceviches, carpaccios et même poke bowls. De bons produits, comme le porc ibérique grillé au charbon sumibiyaki et sauce à la lie de saké ou le bœuf de Galice maturé.

Le Bistrot Bourguignon

10/20

8 rue Monge - T. 03 80 22 23 24 - Menu(s) 14,90 €

On peut compter sur lui : Sur la piétonne rue Monge, ce bistrot est une référence régionale qui ne faillit pas. Au cours du temps, le répertoire s'est amendé pour offrir la place aux jeunes (un bon burger pour faire du bien), mais tous les classiques sont ardemment représentés, les escargots, le jambon persillé, les gougères et bien sûr le bœuf bourguignon.

MAISON D'HÔTES

Les Chambres de l'Imprimerie

12 rue Colbert - T. 06 52 41 03 21 - à partir de : 140 €

À deux pas du centre de Beaune, cette imprimerie produisait les étiquettes des crus locaux les plus prestigieux il y a encore dix ans. Transformée dans un esprit loft avec beaucoup de talent par Marie et Sébastien Vitrano, elle offre aujourd'hui à ses hôtes 5 chambres lumineuses qui mêlent matières brutes (métal et béton), draps en lin naturel, meubles chinés et lampes d'atelier. Un lieu atypique et chaleureux doté, au rez-de-chaussée, d'un espace de coworking de 100 m² et d'un café-cantine, prolongé d'une belle cour intérieure où l'on déguste des recettes toutes simples (œufs bio, planches de charcuterie ou fromage), le tout rafraîchi de bières artisanales et de vins naturels.

HÔTEL

Hostellerie Cèdre & Spa - 5 étoiles

10 boulevard Maréchal Foch - T. 03 80 24 01 01 - à partir de : 300 €

Au cœur de Beaune, le lieu a retrouvé tout son lustre sous l'impulsion de l'entrepreneur lyonnais Amaury Rostagnat qui a eu un vrai coup de cœur pour cet ancien domaine de maîtres vignerons, le rachetant en 2019. Un enthousiasme partagé dès l'arrivée dans ce ravissant jardin ombragé, agrémenté de tables disposées autour d'une fontaine... Idéales pour boire un verre avant de rejoindre l'une des 40 chambres et suites, lumineuses et confortables : moquette bien épaisse, meubles contemporains et harmonies bleu et parme. Le bar lounge attend ses hôtes avec sa grande bibliothèque, son feu de cheminée et ses fauteuils club, tandis que l'ancienne maison de maître abrite le restaurant gastronomique Clos du Cèdre, conduit par le chef Jordan Billan. Une parfaite alliance entre élégance historique et modernité bien pensée, comme en atteste cette dernière pépite, un spa Nuxe qui offre un espace fitness, des cours de yoga et trois cabines où l'on découvre notamment le soin signature, inspiré des potions créées au XVIIe siècle à l'Apothicairerie de l'Hôtel-Dieu. Une adresse parfaite pour partir à la découverte de Beaune et ses trésors ; les Hospices sont tout proches, comme la basilique Notre-Dame.

BOULANGER

Boulangerie Marie Boucherot

20 place Monge - T. 03 80 21 86 60

Une très belle et nouvelle boutique au cœur de la ville, emplacement idéal pour Marie Boucherot qui a lancé sa boulangerie artisanale en 2021. Une belle qualité sur les farines sélectionnées, levain naturel, long temps de fermentation, et des variétés dans l'air du temps : tradition, céréales, grand et petit épeautre, farine de khorasan... En liaison avec des producteurs locaux et meuniers, œufs, beurre d'Étrez, également, pour une excellente viennoiserie.

CAVISTE

Athenaeum

5 rue de l'Hôtel-Dieu - T. 03 80 25 08 30

Un lieu de culture qui revendique le raffinement et le plaisir de la dégustation comme un parcours initiatique. Lectures, échanges, avec de nombreux ouvrages consacrés à la vigne et au vin.

Boutique Védrenne

28 rue Carnot - T. 03 80 22 16 30

La marque la plus connue de Bourgogne pour le cassis offre ici une jolie boutique à l'ancienne au cœur de la ville. Vedrenne, maison centenaire, pratique avec efficacité l'art de la bonne liqueur (goûtez les «Supercassis», mais aussi le «MarCassin») et profitez aussi des autres produits régionaux du groupe, comme le «Gin de Salers» ou le «Ratafia».

Le Cellier de la Cabiote

11 rue de l'Enfant - T. 03 80 22 56 15

Le pittoresque des caves du XVIIe siècle, allié au plaisir de la dégustation. Pour 12 €, vous pourrez goûter cinq grands crus de Bourgogne, sur des appellations villages et premier cru, en terminant par une crème de cassis. Les domaines représentés couvrent tout le vignoble, du chablisien au beaujolais, pour plus de 450 références.

Prestige Cellar

4 rue du Moulin Noizé - T. 03 80 21 03 83

De grandes cuvées et de grands propriétaires, un nombre impressionnant de références, le tout présenté dans un espace chic et moderne, à la sortie de la ville. Près de 3000 références au catalogue, des millésimes qui remontent jusqu'à deux siècles, la plupart des grands noms et des grands millésimes, même si souvent le stock se réduit à l'unité.

Vins CPH

4 rue du Moulin Noizé - T. 03 80 24 08 09

À l'extérieur du centre, une petite zone d'activité, pratique pour l'accès et le parking, et cette grande cave qui offre tous les grands crus de Bourgogne et d'ailleurs avec un choix et un nombre de références vertigineux. Les tarifs des grands s'envolent, certes, mais l'intérêt de cette cave est qu'ils sont disponibles !

CHARCUTIER

Charcuterie Raillard

4 rue Monge - T. 03 80 22 23 04

Incontournable maison, si attrayante que l'on comprend immédiatement le concept de lèche-vitrine. Des terrines, des pâtés, des jambons, des saucissons, le mignon cochon dessiné qui vous tient la porte, rien n'incite ici au véganisme. Au contraire, on se régale sans aucun remords de préparations pour connaisseurs, l'oreille, le museau, la langue, le pied en gelée, les tripes, sans oublier bien sûr le local, le persillé ou la tourte beaunoise. Un peu d'épicerie fine, de moutarde, de vins.

ÉPICIER

Moutarderie Fallot

31 rue du Faubourg Bretonnière - T. 03 80 22 10 10

Un des noms les plus connus dans la moutarde bourguignonne et un lieu à visiter : parcours muséographique, visite de l'atelier, parcours «Sensations fortes» et, bien sûr, la dégustation dans l'espace «Enjoy Fallot», tout un programme autour du produit phare dans cette maison née en 1840. Une gamme complète avec les nombreux arômes qui peuvent s'adjoindre à la base (basilic, estragon, noix, miel, cassis), le plus souvent d'origine régionale.

PÂTISSIER

Passion Millot

1 place Monge - T. 03 80 22 10 35

La superbe maison en pierre de Bourgogne est une institution à laquelle tous les Beaunois sont fidèles pour les fêtes familiales comme pour les petits plaisirs du jour. Pâtisserie et chocolaterie de haut niveau classiques, créations raffinées et plébiscitées, comme le «Woody» ou le «Forever», gâteaux sur mesure pour les anniversaires...

Pâtisserie Dix Carnot

10 place Carnot - T. 03 80 21 85 37

Pâtissier, chocolatier, glacier, salon de thé, bar à vins, un «tout en un» pratique et animé qui vous permet à toute heure du jour de vous réconforter en regardant passer la ville, en terrasse bien sûr si le temps le permet. Les viennoiseries au petit déjeuner, les formules du midi avec le croque ou la quiche, les petits gâteaux au tea time...

VIGNERON

Maison Bouchard Père et Fils

15 rue du Château - T. 03 80 24 80 24

Deux cent quatre-vingt-dix ans d'histoire, 130 ha de vignes en propriété, 12 grands crus, 74 premiers crus... Nous sommes là parmi les grands de Bourgogne ! Les caves sont installées dans le château de Beaune, classé monument historique, qui offre des conditions optimales pour l'élevage de ces nombreuses cuvées. En 1995, la maison Bouchard Père & Fils a été rachetée par le champenois Joseph Henriot et placée sous la direction de Richard Moreau.

Maison Joseph Drouhin

7 rue d'Enfer - T. 03 80 24 68 88

Avec environ 90 appellations, la maison Joseph Drouhin, à Beaune, propose une découverte des terroirs bourguignons. Dans la même famille depuis 140 ans, elle est aujourd'hui dirigée par Frédéric ; sa sœur Véronique gère les vinifications et son frère Philippe, les vignes. Malgré l'étendue de leur vignoble (73 ha), les Drouhin ont fait le choix de l'approche bio et biodynamique. Aujourd'hui, la maison est l'une des plus prestigieuses de Bourgogne.

Domaine Emmanuel Giboulot

4 rue de Seurre - T. 03 80 22 90 07

Le domaine Emmanuel Giboulot, situé à Beaune, exploite 10,3 ha de vignes. En agriculture biologique depuis 1969 et en biodynamie depuis 1985, Emmanuel Giboulot, pionnier en la matière, produit des vins qui reflètent un profond respect de la terre. L'élevage est exclusivement mené en fûts anciens et dure de 10 à 20 mois selon les vins. À découvrir.

Maison Louis Jadot

21 rue Eugène Spuller - T. 03 80 22 10 57

Créée en 1859, cette maison historique propose une large palette de vins de Bourgogne. Les vignes de la Maison Louis Jadot s'étendent aujourd'hui sur quelque 200 ha dans toute la Bourgogne, avec près de 150 cuvées différentes ! Les blancs sont particulièrement recherchés.

Au Coq Bleu

TROIS FOIS « COCORICO »

Bien implanté, depuis 2019, dans le paysage local, et fièrement représenté par son animal emblème, le restaurant de Jean-Michel et David peut se résumer en trois mots – générosité, qualité et convivialité – qui le qualifient parfaitement.

« Cocorico » pour la passion partagée par David et Jean-Michel, ces restaurateurs qui n'ont qu'un seul objectif : vous faire passer le plus savoureux des moments, dans un esprit d'échange et de générosité. Des murs aux assiettes, le sens de l'esthétisme est un régal pour les yeux, avant que les papilles soient, elles aussi, à la fête.

« Cocorico » pour la qualité de la cuisine traditionnelle et gourmande, et les recettes revisitées à la façon du chef, Jean-Michel. Plutôt que de proposer la même carte que les autres restaurant de Beaune, il a choisi de valoriser le coq, le vrai, décliné au vin* de Bourgogne rouge, au Bourgogne aligoté ou façon Gaston Gérard. L'occasion aussi de découvrir d'autres créations, axées sur des produits frais et locaux de préférence. Des mets tout aussi subtils et sublimés par un vin exclusivement bourguignon, choisi dans une belle cave vitrine. Sur la carte de saison, des burgers élaborés ont aussi leur place, pour satisfaire tous les appétits.

« Cocorico », enfin, pour l'accueil plus que chaleureux. David, responsable de la salle, évolue dans un décor à la fois moderne et cosy où chaque détail a été pensé pour que les convives se sentent à l'aise. Parmi les surprises qui vous sont réservées, il y a ces sprays culinaires accompagnant les fromages. Réservation conseillée.
Ouvert tous les jours, midi et soir, sauf mercredi, jeudi et dimanche soir.

Le + : Privatisation possible pour tous vos événements spéciaux.

10, rue Carnot, 21200 BEAUNE
Tél. : 03-45-63-58-98
Facebook : Au coq Bleu Beaune

*L'ABUS D'ALCOOL EST DANGEREUX POUR LA SANTÉ.

Biz'Tro

RESTAURANT GOURMAND

Simple, actuelle, de saison et belle. La cuisine du Biz'Tro est fraîche, savoureuse et joliment dressée. L'équipe s'approvisionne beaucoup en circuit court et en local. Les légumes proviennent des maraîchers environnants. En cuisine, tout est transformé par le chef Sébastien Henry et sa brigade. Les produits sont la clé de voûte de leur cuisine qui mixe le chic décontracté et le gourmand. Les beaux dressages ne font pas oublier les goûts, et les assaisonnements et assortiments sont respectés. Le naturel est à l'honneur, aussi bien en cuisine, en salle (tables en bois, fauteuils en cuir de manufacture française, fleurs séchées...) qu'en cave, Julian Gouverd sélectionnant les vins*, de Bourgogne mais aussi des autres régions viticoles. Le talent et l'accueil de la jeune équipe dynamique sont particulièrement appréciés et en font un agréable restaurant, accessible.

✉ 4, place Madeleine, 21200 BEAUNE
Tél. : 03-80-20-06-96
Facebook : Biz'tro
Instagram : biztrobeaune

Le Caveau Délicave

UNE CAVE ATYPIQUE ET INTÉRESSANTE

Yvan Siegrist déniche les vins* de Bourgogne de vignerons depuis trente ans (comme sa mère, avant lui), les stocke dans ses caves et les propose à des tarifs compétitifs. Ce fils d'œnologue évolue dans l'univers des bons vins de longue date et connaît très bien son territoire.
La sélection (près de 300 références) est consultable en ligne, sur le site www.delicave.com.
Livraison en France et en Europe.

✉ 24, bis rue des Tonneliers,
21200 BEAUNE
Tél. : 03-80-22-45-10
Facebook / Instagram : caveau Délicave
www.delicave.com

*L'ABUS D'ALCOOL EST DANGEREUX POUR LA SANTÉ.

BLIGNY LÈS BEAUNE 21200

VIGNERON

Maison Jane Eyre

Château de Bligny, 14 Grand-Rue - T. 06 72 81 43 13

Jane Eyre, qui est Australienne, a découvert le pinot noir en travaillant chez un caviste à Melbourne. Après des études d'œnologie et de nombreux voyages, elle s'installe à Beaune. Elle se forme auprès de grands domaines bourguignons avant de fonder, en 2011, la Maison Jane Eyre grâce, entre autres, à des achats de raisins à Savigny-lès-Beaune. Les vins sont fins, élégants, d'un style plutôt moderne sans usage de bois excessif. On peut les ouvrir assez vite.

BLIGNY SUR OUCHE 21360

Ferme-auberge La Ruchotte

11,5/20

La Ruchotte - T. 03 80 20 04 79 - Menu(s) 30 € Ⓟ

Non loin de Beaune, la ferme bio et autosuffisante de Fred est un retour aux sources des plus rafraîchissants, un moment de bien-être et d'intelligence, où l'éthique fait la conscience et le bon goût. Fred travaille avant tout la volaille, qu'il décline sous toutes ses formes, avec un égal talent derrière les fourneaux, à l'image du gâteau de foies de volaille, du pâté en croûte aux truffes de Bourgogne, de la pintade aux champignons des bois, de la charlotte aux pommes. Prix justes.

BOUZE LÈS BEAUNE 21200

Restaurant la Bouzerotte

13/20

R.N - T. 03 80 26 01 37 - Menu(s) 28,90-42,90 €

Sur les hauteurs de Beaune, Olivier Robert tient cette adorable auberge bourguignonne, qui s'apprécie autant en intérieur que sur la jolie terrasse. Le cadre est assez simple, un esprit champêtre et sobre, pour une ambiance décontractée et complice. On y retrouve des relectures bien faites du répertoire bourguignon, les œufs en cocottine et sauce petit vougeot, des filets de rougets avec un risotto de tempestine, un braisé de bœuf 36 heures avec un jus réduit aux agrumes et pommes paillasson… Cave nourrie aux crus locaux. Menu «Truffe Noire» en saison.

BRÉTENIÈRES 21110

BRASSEUR

Brasserie des Trois Fontaines

17 rue de la Plucharde - T. 03 80 79 20 12

Tout au sud de Dijon, cette brasserie artisanale propose des bières locales et authentiques réalisées dans les règles de l'art. Les bières ne sont pas filtrées ni pasteurisées, fabriquées à partir de houblon et de malt local. La gamme compte aujourd'hui des cuvées classiques et des cuvées plus originales, comme la bière au cassis, au pain d'épices ou encore au marc de Bourgogne.

BROCHON 21220

CAVISTE

Grands Bourgognes

ZAA Le Saule, Chemin de Saule - T. 03 80 79 29 90

L'entrée n'est pas évidente à trouver et le bâtiment anodin. Pourtant, cette immense cave ne compte pas moins de 2000 références sur la Bourgogne, des plus grands crus aux nouveautés, pour toutes les occasions. Les sélections sur les autres vignobles valent aussi le détour.

CHAMBOLLE MUSIGNY 21220

Le Millésime

13/20

1 rue Traversière - T. 033380628037 - Carte 65 € - Menu(s) 24,50-59 €

Derrière la façade en pierre de cette jolie maison bourguignonne se cache une table contemporaine et épurée. Bien installé dans ce village au nom si prestigieux, l'établissement met bien évidemment en avant une cave remarquable, qui vient accompagner les assiettes de Matthieu Mazoyer. Ce dernier propose une cuisine actuelle et travaillée chic, langouste croustillante et riz soufflé et tartare, caviar du Périgord, délicate lotte cuit à la nacre et sauce vierge acidulée, cœur de ris de veau, jus de coquillages et condiment couteaux.

VIGNERON

Domaine Amiot-Servelle

34 rue Caroline Aigne - T. 03 80 62 80 39

Le domaine Amiot-Servelle fait partie de ces petits joyaux de la Bourgogne qui font la grandeur des côtes de Nuits. C'est un domaine confidentiel certifié bio depuis 2008, avec une production limitée de très grande qualité. Il est situé sur la célèbre appellation chambolle-musigny, entre Morey-Saint-Denis et Vougeot. Il travaille notamment la fameuse parcelle des «Amoureuses». Christian et Élisabeth Amiot ont été rejoints en 2011 par leur fille Prune, diplômée d'œnologie.

CHASSAGNE MONTRACHET 21190

Ed.em

14/20

4 impasse des Chenevottes - T. 03 80 21 94 94 - Menu(s) 40-90 €

Émilie Rey et Édouard Mignot ont conservé à cette belle maison son caractère et sa singularité dans un village de si haute réputation viticole. Ils ont surtout gardé leur gentillesse et une forme de modestie pas si généralisée alentour. La cuisine de saison est subtile, totalement maîtrisée en texture et cuisson, alternant les trouvailles sur le marché du moment. Cave de connaisseur, aux grandes références locales.

VIGNERON

Domaine Bachelet-Ramonet

11 rue du Parterre - T. 03 80 21 32 49

C'est au cœur de la région viticole de la Côte-d'Or, au sud de la côte de Beaune, sur la commune de Chassagne-Montrachet, l'un des cinq villages donnant à cette côte des Blancs une renommée internationale, que se situe le domaine Bachelet-Ramonet. Sur ces terres, plus de 4 générations de vignerons se sont succédé. Aujourd'hui, la famille Bonnefoy-Bachelet exploite 17 ha de vignes idéalement situés au pied de la colline, sur chassagne-montrachet et puligny-montrachet.

Château de la Maltroye

16 rue de la Murée - T. 03 80 21 32 45

Propriété familiale acquise en 1940, le château de la Maltroye, avec son toit de tuiles vernissées du XVIIIe siècle, est situé sur le haut du village de Chassagne. Il possède de superbes caves voûtées du XVe siècle. Le domaine est composé de 13 ha de chassagne-montrachet et de 2 ha de santenay. Il est rare de pouvoir déguster dans un même domaine une aussi large déclinaison de premiers crus d'un même village. Une expérience à vivre.

COURBAN 21520

Château de Courban 14/20

7 rue du Lavoir - T. 03 80 93 78 69 - Menu(s) 69-129€

La charmante demeure de la famille Vandendriessche se mérite. Située à une bonne heure de Dijon, à la limite de la Champagne, cette fière maison de maître se découvre idéalement le temps d'un week-end, en profitant des chambres cossues et de prestations d'ensemble vraiment soignées. Au restaurant, Takashi Kinoshita fait preuve d'une volonté permanente de progresser, même s'il peine encore, parfois, à s'écarter de son parcours de formation ultra-classique. Il travaille de beaux produits, maîtrise parfaitement cuissons, assaisonnements et dressages, mais on aimerait qu'il se lâche un peu, qu'il sorte de sa zone de confort et des produits de luxe. La troisième toque qu'il appelle tant de ses vœux est à ce prix. Le service est parfaitement huilé et la cave, plutôt classique, permet de jolis accords.

HÔTEL

Château de Courban & Spa Nuxe - 4 étoiles

7 rue du Lavoir - T. 03 80 93 78 69 - à partir de : 99€

Idéalement situé entre Troyes, Dijon et Chablis, le Château de Courban est avant tout le fief du talentueux chef japonais Takashi Kinoshita. Mais ses nombreux fidèles plébiscitent tout autant le charme bucolique de ce domaine du XIXe siècle avec ses prairies, ses forêts et son ancienne maison de maître qui se déploie autour de 24 chambres et suites chaleureuses et raffinées... Sans compter l'incroyable pigeonnier du XVIe siècle où l'on peut également passer la nuit. La piscine extérieure invite au farniente avant de partir à la découverte du parc et de ses jardins en cascade, bassins et belles terrasses. Dernier atout des lieux, membre des Collectionneurs, le spa griffé Nuxe qui abrite sauna, hammam, jacuzzi et trois cabines de soin où vous seront proposés massages relaxants ou tonifiants, corps et visage.

DIJON 21000

Restaurant William Frachot 16,5/20

CHEF : WILLIAM FRACHOT

5 rue Michelet - T. 03 80 50 88 88 - Menu(s) 65-182 €

William Frachot peut jouer la discrétion, ce qui lui convient bien. Tout le monde le connaît à Dijon, et si les plus brillants repas se déroulent ici, en plein centre, c'est sans paillettes ni tapages, la sobriété et l'élégance présidant aux agapes. Maîtrise des saveurs et des parfums, justesse des jus, choix des produits, toujours en accord avec les racines, la saison, l'époque : le chef assure une partition de premier choix, et chacune des séquences proposées échappent à toute banalité, betterave en barbecue et croûte de sel, omble de fontaine au parfum d'absinthe, volaille de Bresse jus à la graine de berce (une petite note un peu mandarine assez convaincante), dans une première formule à 105 €, les deux «dégust» supplémentaires à 155 et 182 € incluant des produits nobles sans pour autant trop s'éloigner de la Bourgogne (escargots, champignons, ris de veau à l'anis de Flavigny..). Cave remarquable par sa variété et sa richesse, service de grande maison.

L'Aspérule 15/20

CHEF : KEIGO KIMURA

43 rue Jean-Jacques Rousseau - T. 03 80 19 12 84 - Menu(s) 42-110 €

C'est aujourd'hui le quartier général de Keigo Kimura, maître de la rue avec ses trois adresses en quelques dizaines de mètres. L'Aspérule en est le vaisseau amiral, et c'est ici que vous ferez les grands repas en sa compagnie, dans cette atmosphère très chic d'un cadre épuré et de grand confort, tables espacées, ambiance douce et raffinée. On peut ainsi opter pour le menu en trois plats à 42 € ou opter pour la grande fête d'un menu dégustation où le chef mène avec brio ses deux cultures française et japonaise : chawanmushi au navet, maquereau oeuf mariné, encornet miso basilic et asperges blanches, volaille aubergine jus moutarde cassis, noir de Bigorre et umeboshi riz rouge... Les assiettes s'enchaînent, les goûts sont nets et justes, avec les textures et les assaisonnements variés pour un éventail à 3 toques très réussi.

Cibo

15/20

CHEF : ANGELO FERRIGNO

24 rue Jeannin - T. 06 49 58 51 96 - Menu(s) 90 €

Grand de Demain l'an passé (2021), défenseur intègre et passionné du terroir, mais avant tout des producteurs, Angelo Ferrigno s'inscrit dans cette lignée des jeunes chefs à haut potentiel, qui décident de leur avenir en pensant à celui de la planète. Dans ce très beau décor nature en plein centre, sa démarche est donc tournée vers le durable, incluant le plaisir et le raffinement. Dès les mises en bouche (avec la langue de veau et chou-rave), en continuant avec le silure de Saône betterave fermentée et œufs d'omble, on goûte avec acuité cette mise en avant pleine de vertu et de saveurs parfois oubliées. Les plats végétaux sont remarquables (asperges blanches, sabayon champignon et cazette), la truite de l'Yonne (de la ferme aquacole de Crisenon) est en ikejime fenouil confit herbes et Pontarlier pour un subtil goût anisé ; le pigeon de Corton est au cassis de Bourgogne, comme le caillé de brebis et meringue. Tous les producteurs sont cités et participent à la fête, le grand menu dégustation à 90 € est tout simplement princier, et populaire à la fois. Le service, jeune, rapide, engagé, est dans la bonne note pour accompagner toute la soirée, la cave de même, toujours affûtée et curieuse de découvertes vers les nouvelles tendances, en Bourgogne comme ailleurs.

DZ'envies

14,5/20

12 rue Odebert - T. 03 80 50 09 26 - Menu(s) 23-42 €

Ce pourrait être un bistrot de plus, mais celui qui signe DZ à la pointe de son épée est un vrai chef. Qui prend le lead et mouille la chemise pour que son bistrot soit tout simplement une référence, pour que chaque assiette respire le travail soigné d'un cuisinier de haute caste. Il suffit parfois de peu, mais l'offre dans cette maison accueillante face aux halles n'est jamais banale, chaque assiette reflétant une volonté, un sens, une signature. Celle de l'artificier David Zuddas, qui sait rendre attrayant confit de veau anchois et câpres avec une petite pissaladière, un thon rouge de ligne, boosté par les condiments pimentés, carotte orange cumin et le fumet de poisson, le sorbet roquette avec la pavlova fraise. À chaque occasion, le geste utile, le sens du goût, qui réjouit ici de nombreux habitués et initiés. Belle cave, intéressante et attrayante en tarifs, choix au verre correct, jeune service dans le tempo juste.

Origine

14,5/20

10 place Wilson - T. 03 80 67 74 64 - Menu(s) 39-125 €

La troisième toque n'est plus très loin pour Tomofumi Uchimura qui, avec son épouse Seiko, propulse son Origine au rang des meilleures tables de la ville. L'ancien fief de Stéphane Derbord tient donc son rang, dans une modernité affirmée, et grâce à une cuisine inspirée de saveurs asiatiques subtiles mêlant la tradition hexagonale : foie gras anguille fumée asperge passion et curry fumé, l'arrivage du jour aux asperges vertes ail des ours orange et paprika, le duo carré et ris de veau de Bresse sucrine brillat-savarin polenta Colonnata, sauce courte et précise, chaque ingrédient ayant sa juste place pour créer l'harmonie. Bon menu 4 services pour 75 €, extensible en 5 ou 6, avec le vieux comté à la cazette du Morvan et un joli dessert fraise rhubarbe sureau mascarpone et verveine. Grande cave bourguignonne.

Loiseau des Ducs

13/20

3 rue Vauban - T. 03 80 30 28 09 - Carte 111 € - Menu(s) 40-120 €

Louis-Philippe Vigilant, déjà primé par nos soins, ayant rejoint la maison mère à Saulieu, c'est Jean-Bruno Gosse, venu du tout proche Pré aux Clercs qui lui succède. La transmission s'est faite dans l'harmonie, en ce bel hôtel particulier XVIe, grâce aux qualités globales de l'équipe, qui maintiennent à l'évidence le niveau requis. La cuisine du nouveau chef se met en place, un court menu «Vauban» en 3 services permettant de donner un premier cadre à cette nouvelle expression : œufs et asperges vertes, le blanc en nuage, le jaune confit et fumé au foin, cabillaud et artichaut poivrade sauce César, rhubarbe confite crémeux fromage blanc sorbet hibiscus. La cave et le service demeurent évidemment des points forts.

La Maison des Cariatides

13/20

28 rue Chaudronnerie - T. 03 80 45 59 25 - Menu(s) 26-58 €

Cette belle maison au cadre historique est définitivement une bonne adresse. Sylvain Gauthey y poursuit cette aventure d'une cuisine de saison, pleine d'idées, moderne dans l'esprit comme dans la traduction, nourrie d'excellents produits : crevette sauvage plancha crème et concassée de courgette à la ricotta, brunoise de chorizo et encornet, impeccable canette des Dombes petits pois amande rhubarbe à l'hibiscus groseille et jus réduit, mousse vanille pomme verte pochée à la verveine sorbet framboise. La courte carte se retrouve à peu près entière dans le menu du soir à 58 €, la cave est intéressante, pour ses découvertes en région notamment.

Le Pré aux Clercs by Georges

13/20

13 place de la Libération - T. 03 80 38 05 05 - Carte 14 € - Menu(s) 27 €

Sur la magnifique place historique face au palais des Ducs, une terrasse convoitée et une maison de longue réputation. Le registre moins gastro est aujourd'hui celui d'une brasserie haut de gamme et actuelle. Selon son envie, on versera vers la tradition (escargots, œufs meurette, faux-filet jus au pinot noir) ou dans l'aventure moderne : maquereau au saké, Savora et pickles, dos de maigre et salsa verde, burger au cheddar... Le tout plutôt bien fait et servi avec professionnalisme, enrichi de quelques idées du marché. Du classique en dessert, profiteroles, pavlova, île flottante cassis.

L'Un des Sens

13/20

3 rue Jeannin - T. 03 80 65 75 58 - Carte 22 € - Menu(s) 28-78 €

Voilà une petite table qui monte, à l'image de son chef Sébastien Mortet, de plus en plus à l'aise avec sa clientèle d'habitués, celle qui vient les yeux fermés pour le menu dégustation à l'aveugle du soir, mais aussi celle qui bosse et apprécie le très bon rendement de la formule déjeuner à 28 € : un bon pâté croûte de veau à la gelée de porto et pistache, le paleron de bœuf confit déclinaison autour de la carotte, le chou craquelin compotée d'abricots et mousse verveine. Bon service dans un cadre simple et accueillant au cœur de ville, cave régionale bien triée (Claire Naudin, Hubert Lignier...).

L'Arôme

12,5/20

2 rue Jean Jacques Rousseau - T. 03 80 31 12 46 - Menu(s) 23-40 €

Keigo Kimura étend son empire du Soleil-Levant à toute la rue, avec désormais trois restaurants proches. Avec son second Tusuke Kadoguchi, il a relancé cette adresse bien placée près de la place de la République, avec la même veine que dans ces Aspérule (à Dijon et Auxerre), une cuisine française métissée de Japon, dans la finesse et la précision. Ce qui donne ici une formule à 40 € tout à fait bien cadrée, 4 services sans failles : crème de maïs froide gambas et bellota, poisson du jour sauce provençale et risotto de riz noir, épaule d'agneau sauce yakiniku soja edamame et ananas, fraise et glace earl grey tuiles au grué de cacao. Sans oublier la petite gougère d'accueil (une marque de fabrique pour Keigo) et un service gentil, courtois, gentil et attentif. Cave sérieuse, aux bonnes références en toutes régions (Goisot, Tollot-Beaut en bourgogne, Gonon, Gauby...) à des tarifs très intéressants (le Montcalmès 2015 à 49 €).

Parapluie

12,5/20

74 rue Monge - T. 03 80 28 79 94 - Menu(s) 30-70 €

Dans le quartier animé de la rue Monge et de la place Zola, un néobistrot totalement dans la tendance d'une cuisine à la fois simple et complexe, précise et engagée, par Chern Hwei Gan, chef inventif passé par l'Institut Bocuse et la Mère Brazier pour offrir aux Dijonnais une table du XXIe siècle. Le soir, on déguste les idées du moment (48 €, 5 services), le midi, on s'offre un bel aperçu avec les mariages en vogue : houmous merlu sésame, escargots céleri et petit épeautre, ou porc pomme de terre haricots, dans de subtiles associations de texture, jusqu'à l'abricot cacahuète yaourt en dessert. Accueil d'une grande gentillesse, service aux nombreuses attentions, cave fort bien pourvue.

Masami

12/20

79 rue Jeannin - T. 03 80 65 21 80 - Menu(s) 19-48 €

Une référence de cuisine japonaise, depuis une dizaine d'années au bout de la rue Jeannin : c'est ici que vous goûtez les standards pour une bonne initiation : karaage de poulet fermier, anguille caramélisée, tempuras, et toute la batterie classique de sushis, sashimis, makis auxquels s'ajoutent le yakitori de poulet et le tataki de charolais.

Restaurant L'Évidence

12/20

53 rue Jeannin - T. 03 80 67 69 37 - Menu(s) 29-53 €

Une table aimable et traditionnelle, dans une veine actualisée, aux prix serrés. Le menu déjeuner, en version complète à 29 €, s'avère performante, avec les rillettes de poissons fenouil au curry madras et moelleux de coquillages, le parmentier de lapin émulsion pomme de terre, la mousse d'abricot et abricots poêlés au miel. Le soir, à 35 €, des propositions différentes, mais dans le même esprit de régionalisme d'aujourd'hui. Sélection de vins bourguignons à prix justes.

Rôtisserie le Central

12/20

3 place Grangier - T. 03 80 30 44 00 - Menu(s) 25-30 €

La relative froideur d'un restaurant d'hôtel, mais une réputation viandarde qui permet de se régaler à la bourguignonne dans une prestation pro et en plein centre. En profitant des classiques œufs meurette ou foie gras (très bon) ou encore des cochonnailles sélectionnées par la maison pour se mettre en jambes, avant de planter les crocs dans un morceau de charolais bien affiné, entrecôte, filet ou côte, avec une sauce au choix, béarnaise, poivre, crème d'époisses. En dérivatif, d'autres standards du lieu, poulet morilles et savagnin, rognon flambé au cognac ou sole meunière.

Chez Léon

11,5/20

20 rue Godrans - T. 03 80 50 01 07 - Menu(s) 16,90-33 €

Toujours le même succès mérité pour ce chantre de la pure cuisine bourguignonne, celle des maisons bourgeoises et des bistrots heureux. L'emplacement, à deux pas de halles, est un atout, mais l'assiette, généreuse et bien servie, est un complément très appréciable. Suivez les yeux fermés les recommandations de la tradition, les escargots, les œufs meurette ou même la simple et excellente terrine, à faire suivre selon l'appétit par les rognons, la tête de veau, le suprême de volaille sauce aux cèpes ou le bourguignon à la joue de bœuf. L'andouillette de chez Bobosse à la moutarde Fallot est une alternative crédible, la tatin et les crêpes Suzette font une issue cohérente. Service aimable et attentif, cave régionale dans la droite ligne, à prix justes.

La Closerie

11,5/20

18 rue Sainte-Anne - T. 03 80 30 73 52 - Menu(s) 19-24 €

Le bâtiment XVIe de cette Maison Philippe Le Bon est superbe, prêtant à de nobles soirées habillées et un brin de tralala. On se détend néanmoins avec une carte variée et actuelle, ouverte aux tendances et aux divers terroirs : truite du Jura en basse température oignons nouveaux, croustillant de jambon persillé, volaille en ballottine beurre d'ail des ours, saumon confit lentilles beluga... L'ambiance s'avère plaisante et le brunch du dimanche très prisé au bistrot.

Betterave

11/20

17 rue Lamonnoye - T. 09 51 13 30 48 - Menu(s) 25-50 €

Dans ce coin paisible proche du centre, une petite table délurée qui pratique en soirée le menu à l'aveugle pour faire le marché sans souci et offrir pêle-mêle toutes les idées du moment (50 €, 10 services). Le midi, on rationnalise avec un menu unique sans choix qui fait du bien pour 25 € : chou-rave en rémoulade oignons verts œuf et fromage frais aux herbes, pomme de terre fumée au foin chou-fleur rôti sauce BBQ, crème brûlée à l'asperge blanche sorbet peau de pomme rhubarbe fraise et hysope...

Le Bistrot des Halles

11/20

10 rue Bannelier - T. 03 80 35 45 07 - Carte 10 € - Menu(s) 26 €

Pourquoi ? Oui pourquoi celui-là alors que, tout autour de la place des halles, les bistrots, brasseries et pubs pullulent ? Pourquoi choisir cet endroit qui, comme tout le monde, fait tout en même temps, des risottos et des burgers, des poke bowls et des samossas, tout, à part les pizzas et les crêpes ? Pour trois raisons simples : la machine est drivée par deux pros, Nicolas Isnard et David Lecomte, qui savent former des équipes ; la terrasse des deux côtés de la rue Bannelier a de la surface ; enfin, si le persillé est juste moyen, les plats sont tout de même bien travaillés, à l'image de ce tajine d'agneau de Clavisy, avec de très bons légumes de saison, bien frais et bien relevé pour un plat à moins de 20 €. Pâtisseries de Pascal Caffet en dessert, cave bien entretenue, avec un honnête choix au verre.

Carte Blanche

11/20

1 boulevard de Champagne - T. 03 80 28 97 58 - Menu(s) 19-42 €

Au rez-de-chaussée de la tour Elithis, une restauration pour cadres pressés qui apprécient la formule vite fait à 23 €, avec le carpaccio de veau, le lieu noir yuzu ou la bavette d'Angus grillé, le cheesecake abricots, une affaire rondement menée et bien servie. On revient le soir pour des contrats de plus longues négociations avec le menu à 42 € plus élaboré mais dans un même esprit de cuisine d'aujourd'hui cadrée et maîtrisée.

Au Gré de Mes Envies

11/20

15 rue Berbisey - T. 03 80 41 15 42 - Menu(s) 27-35 €

Dans ce coin peu animé, on passe sans rien deviner devant cette table installée depuis trois ans. Pourtant, la cuisine mixte - asiatique au sens large, chinoise, taïwanaise, japonaise - est plutôt intéressante, bien placée en tarifs et assez savoureuse dans un style classique : makis et sushis, crevettes à l'ananas, canard rôti à la taïwanaise, beignets de poisson sauce aigre-douce, noix de veau au poivre noir. On revient dans nos contrées au moment du dessert (royal chocolat, tiramisu), et l'affaire est entendue dans un menu complet à 35 €.

Peppuccio

11/20

10 rue Odebert - T. 03 80 49 95 09 - Carte 34 € - Menu(s) 14 €

Aucun doute sur le sérieux de l'entreprise : la pâte à pizza, à la fois moelleuse et élastique, et surtout sortie du four au bon moment, est bien la meilleure de la ville. Les produits qui composent la garniture, comme sur la large variété de pâtes, sont plutôt du haut de gamme de la Botte. Il manque juste çà et là un petit degré de finition à atteindre, dans l'assaisonnement, les sauces ou les textures, mais le choix est suffisamment vaste pour viser juste et les vins de toutes les régions d'Italie, Sicile comprise, sont bien choisis. Jeune service efficace et bien encadré, sous la supervision toute proche du boss, David Zuddas, juste à côté dans son DZ'envies.

Torikara San

10/20

45 rue Jean Jacques Rousseau - T. 03 80 41 79 79

A côté de son Aspérule dijonnaise, Keigo Kimura a lancé cette table japonaise simple et jolie, pour du street food à la japonaise accessible et bien fait : karaage, croquettes, torimenchi, onigiri ; possibilité de les mettre en wraps pour pouvoir manger dans la rue, ou à table dans ce confort zen flambant neuf.

Chez Bruno Bar à Vins

10/20

80 rue Jean-Jacques Rousseau - T. 03 80 66 12 33 - Menu(s) 20 €

Il faut venir assez tard chez Bruno pour en saisir la quintessence : quand pas mal de quilles ont déjà été débouchées dans la soirée, que les piliers et les amis sont au comptoir en réinventant le monde, il flotte comme une douce ambiance de connaisseur, grignotant une charcuterie d'exception et se colletant à quelques verres de nectar bourguignon sortant de pieds divins.

HÔTEL

Grand Hôtel La Cloche - 5 étoiles

14 place Darcy - T. 03 80 30 12 32 - à partir de : 182 €

Symbole du patrimoine dijonnais, cette adresse participe à la vitalité de la ville depuis la fin du XIXe siècle, rendez-vous de tous les hôtes prestigieux venus découvrir les richesses de l'ancienne capitale du duché de Bourgogne. Désormais dans le giron de la collection MGallery (du groupe Accor), le lieu a fait peau neuve sous la houlette du Studio ADN et offre à ses hôtes 88 luxueuses chambres et suites à la décoration contemporaine, rehaussée d'œuvres d'art. La salle du restaurant, orchestré par le jeune chef Aurélien Mauny, reprend ces codes élégants qui allient le gris et l'aubergine, mais l'espace le plus réussi reste sans conteste le bar avec son comptoir de pierre blanche, son plafond décoré par des graffeurs et la présence d'un DJ le week-end qui aimante toute la jeunesse de la ville. Griffé Vinésime et

Biologique Recherche, le spa se niche au sous-sol dans une cave voûtée qui réunit sauna, hammam, ligne de nage et cabines de soin. Autre pépite, le délicieux jardin intérieur, bucolique et serein. Un lieu incontournable, seul 5-étoiles de Dijon.

Vertigo Hotel & Spa - 4 étoiles

3 rue Devosge - T. 03 80 40 40 40 - à partir de : 127€

En plein cœur de Dijon, face à la place Darcy, cet hôtel aménagé dans un bâtiment des années 1920 présente une alternative contemporaine à une offre hôtelière au raffinement souvent très classique. Les 42 chambres et suites mêlent style haussmannien et design moderne avec de beaux camaïeux de blanc, des meubles griffés et des parquets cirés. Fréquenté par les hôtes de passage autant que par les locaux, l'Embassy Bar décline une belle sélection de cocktails et champagne et s'électrise chaque week-end aux sons du DJ, le tout adossé à un Cigare Bar réservé aux amateurs. Pensé pour le business comme pour le bien-être, l'hôtel abrite aussi un spa Nuxe qui réunit piscine intérieure, sauna et cabines de soin, sans compter une restauration proposée à toute heure de la journée, avec une cuisine traditionnelle servie en bocaux et uniquement dans les chambres. Un lieu chaleureux et atypique, membre de la collection Design Hôtels.

CAVISTE

B comme Bourgogne

6 place François Rude - T. 09 51 84 03 96

Comme son nom l'indique, une cave qui s'intéresse à sa région, avec une sélection qui offre un bon éventail, des génériques jusqu'aux grands climats, privilégiant sur les petites cuvées le bio et le nature, avec nombre de découvertes parmi les jeunes vignerons.

Dingovino

9 rue Vauban - T. 03 80 28 50 88

François Chaveriat a installé rue Vauban une cave avenante avec plus de 600 références. Une belle liste de bourgognes, dont ceux du domaine Chantal Lescure dont il s'occupe et qu'il a amené au bio il y a plus de vingt ans, mais aussi ceux des copains comme le marcillac des Teulier. Du vin, du conseil et de beaux alcools, en particulier les rhums.

CHOCOLATIER

Fabrice Gillotte

21 rue du Bourg - T. 03 80 35 58 50

Le MOF 1991 a développé un monde de chocolats d'exception depuis son atelier de Norges, d'où il fournit les boutiques, élégantes et bien placées, celle de Dijon (rue du Bourg) comme celle de Beaune (rue Monge) ou de Besançon (rue des Granges). Une belle gamme, des réalisations savoureuses, une maîtrise des goûts et une grande variété, entre les pralinés d'exception et les «coffrets bleus» d'assortiments.

Jonathan Pautet - Pâtissier-Chocolatier

2 rue de la Chouette - T. 03 80 67 17 88

Une pâtisserie raffinée tout près du Palais des ducs, idéalement située au croisement avec la rue de la Chouette. Jonathan Pautet est un artisan de haut niveau qui maîtrise l'art du chocolat comme celui du macaron, proposant en outre d'exquises tartelettes fruitées et les fameuses «craquantes» chocolat caramel ou cassis. De belles réalisations et des idées cadeaux plus savoureuses qu'un bouquet de fleurs.

ÉPICIER

Boutique Maille

32 rue de la Liberté - T. 03 80 30 41 02

Aucun doute, la boutique, au coin de la rue de la Liberté, est magnifique, avec sa devanture bois et mica noir incrusté de lettres d'or «Moutarde Maille». On y entre presque comme dans un musée, et l'on en sort, fier d'avoir le produit qu'il faut à l'endroit où il faut. La gamme est évidemment vaste, avec de nombreux accessoires et la visite est déjà un plaisir.

Grain de Cassis

14 rue Rameau - T. 09 80 75 05 62

Un tout-en-un des spécialités dijonnaises et bourguignonnes par extension, de quoi regrouper les paquets cadeaux à ramener aux amis. Cassis et confitures, moutarde et condiments, un vaste rayon conserves, alcools et vins, des biscuits et autres douceurs régionales.

FROMAGER

Le Chalet Comtois

28 rue Musette - T. 03 80 30 48 61

Comme son nom l'indique, un spécialiste des bons fromages de Franche-Comté, mont-d'or, morbier, comté bien sûr, mais aussi une sélection étendue aux autres régions et même à l'étranger. Beurre, crème et un peu d'épicerie fine en complément.

PÂTISSIER

Pierre Hubert - Godrans

31 rue des Godrans - T. 03 80 54 94 22

Dans la gourmande rue des Godrans, proche des halles, la précieuse boutique de Pierre Hubert offre ses choix raffinés, ses présentations étudiées, ses saveurs chocolatées de très bon goût. Un choix pas énorme, mais de qualité sur les gâteaux individuels, et les bonnes glaces en été.

Tarterie Fine

4 rue François Rude - T. 03 80 43 91 08

Une nouvelle adresse et une belle boutique en plein centre pour Arnaud Collardot, spécialiste en tartes, salées et sucrées, étendant son offre par du snacking, wraps, sandwichs et burgers pour l'heure du déjeuner. Une belle pâtisserie, des tartes en tous formats, de la viennoiserie et des chocolats.

TRAITEUR

Mitanchey Traiteur

17 avenue Gustave Eiffel - T. 03 80 41 21 15

Ici on fait dans le naturel et l'authenticité. En prenant bien soin de choisir ses cochons élevés en plein air ou sur paille. Le fromage de tête, sans sel nitraté est tout gris, mais tout bon. Le jambon persillé moelleux est un modèle du genre, tout comme la terrine de cochon au marc de Bourgogne, tonique et très aromatique et les rillettes comtoises fumées à cru sont puissantes.

Membres de l'Académie Gault&Millau

Tables Exceptionnelles – 19/20 à 19,5/20

Tables de Prestige – 17/20 à 18,5/20

Tables Remarquables – 15/20 à 16,5/20

Tables de Chef – 13/20 à 14,5/20

Tables Gourmandes – 11/20 à 12,5/20

Tables Originales – 10/20 à 10,5/20

Les Bastides

FRAÎCHEUR ET TRADITION

Ouvert en 2020 par un jeune couple, ce restaurant propose une cuisine traditionnelle, mais au goût du jour, à quelques kilomètres de Dijon. Œufs en meurette, burger du moment, brioche façon pain perdu... Les plats de la petite carte de Vincent ravissent les papilles. Qui plus est, ils sont tous cuisinés avec des produits ultra frais et hyper locaux. Des assiettes de saison aussi esthétiques que savoureuses, pour un menu du jour à 21 euros.
À accompagner avec un verre ou une bouteille de vin* de Bourgogne, à choisir dans la cave de l'établissement. Dans la salle à la décoration moderne, Julie est aux petits soins avec ses clients. *Ouvert du mardi au samedi midi, et le vendredi soir.*

Le + : Organisation de réceptions et traiteur pour les groupes, au restaurant ou à l'extérieur, 7j/7.

43, avenue de la République,
21800 CHEVIGNY-SAINT-SAUVEUR
Tél. : 03-80-65-01-11
restaurantlesbastides.fr

> *Bonne cuisine et bon vin, c'est le paradis sur terre...*

Henri IV (1553-1610)

I Fratelli

UNE ÔDE AUX TRADITIONS NAPOLITAINES

La pâte à pizza, les chefs, les produits... Dans la première et unique pizzeria napolitaine de Dijon, les matières premières arrivent directement d'Italie à 99%. Laissez-vous porter par l'ambiance, humez les bonnes odeurs qui sortent du four à bois (napolitain, lui aussi) et croquez avec gourmandise dans une succulente pizza ou un panuozzo. Le tout élaboré dans la pure tradition et accompagné de vins* et bières italiennes. Dépaysement gustatif garanti ! *Ouvert du lundi soir au samedi soir.*

10, avenue de Dallas, 21000 DIJON – **Tél. :** 03-80-47-90-61
En click and collect via www.ifratellidijon.fr

*L'ABUS D'ALCOOL EST DANGEREUX POUR LA SANTÉ.

La Dame d'Aquitaine

GASTRONOMIE FINE

Venez découvrir une cuisine raffinée dans un lieu chargé d'histoire, architecture flamboyante de l'art gothique. Le cadre est majestueux (une crypte du XIIe siècle), le décor est raffiné (œuvres d'art, piano, etc.), la cuisine gastronomique et le service délicat... Sabine et Laurent Perriguey savent soigner l'art de la restauration. Avec des visuels modernes et une cuisine savamment simple, le chef met en valeur la saveur des produits. Les escargots sont issus de l'élevage de Frédéric Marcouyoux, le chocolat 70% vient de la maison Purokao, les épices de Max Daumin... Le menu entrée-plat-dessert, compris entre 40 et 72€, est à composer soi-même. En salle, le personnel sert avec délicatesse, à l'instar du café, versé comme s'il s'agissait d'un bon vin*.

✉ 23, place Bossuet, 21000 DIJON
Tél. : 03-80-30-45-65
Facebook : @ladamedaquitaine
ladamedaquitaine.fr

Le Malto

GASTRONOMIE CRÉATIVE

Le chef Maxime Victorin travaille le goût et associe les saveurs avec inventivité.
Donner à découvrir de nouvelles saveurs et faire voyager les hôtes, c'est l'objectif de Maxime Victorin. Le tout jeune Maître restaurateur n'hésite pas à explorer des associations atypiques pour créer et renouveler ses propositions culinaires. Le restaurant gastronomique revisite la cuisine française à partir de produits frais, de saison, les plus locaux possible. Ses créations plaisent. Inventivité, audace, savoir-faire et qualité des produits garantissent de belles compositions gastronomiques, à déguster dans un cadre doux et moderne. À noter que Maxime Victorin choisit lui-même, au domaine, les vins* de Bourgogne qu'il met à la carte.

✉ 4, boulevard Georges Clémenceau,
21000 DIJON – **Tél. :** 03-80-10-11-58
Facebook et Instagram : @lemaltorestaurant
lemalto.fr

*L'ABUS D'ALCOOL EST DANGEREUX POUR LA SANTÉ.

Morning Glory Café

TOUS LES GOURMANDS SONT LES BIENVENUS

Tous les gourmands, même intolérants au lactose ou au gluten et les végans, trouvent leur bonheur chez Julien et Thibault, à tout moment de la journée. La réputation de ce restaurant-salon de thé ne cesse de croître dans tout Dijon depuis que les deux associés ont repris le concept. Est-ce grâce à son petit déjeuner aux accents anglo-saxons servi dans un cadre cosy ? Aux petits plats faits maison qui sortent de la cuisine ouverte ? Aux excellentes pâtisseries de Samuel servies au goûter ? Réponse : 3 fois « oui » ! Le café de spécialité, selon différentes méthodes d'extraction, est également très apprécié des connaisseurs, tout comme la chaleur du lieu et le rapport qualité/prix. Dernière confidence : ne manquez pas le brunch du samedi ! Il vous attend jusqu'à 14h. *Ouvert du mardi au samedi de 8h à 19h.*

✉ 25, rue des Godrans, 21000 DIJON
Tél. : 03-45-43-46-88
Facebook : @morninggloryca fedijon

L'Abenfant

DES PRODUITS FRANÇAIS BIEN TRAVAILLÉS

Sélectionnant leurs produits sur des critères stricts de qualité, ce restaurant propose une « cuisine de grand-mère » aussi qualitative. Un établissement unique à Dijon, à découvrir sans attendre. L'origine française de leur matière première revêt, pour Laëtitia et Florian, de la plus haute importance. La preuve : ils n'utilisent ni café, ni chocolat et encore moins de fruits exotiques. Sur leur carte, courte et évolutive, s'affichent l'incontournable pâté croûte, qui symbolise la créativité du chef Florian Portanier, et d'autres mets bien exécutés qu'on ne trouve pas ailleurs, accompagnés de vins* pour les sublimer. L'accueil convivial et le service attentionné participent au succès de L'Abenfant, un nom à retenir !
Ouvert du mardi au samedi, midi et soir (sauf le 1er mardi du mois).
Le + : Privatisation possible.

✉ 32, rue Amiral Roussin, 21000 DIJON
Tél. : 03-79-55-64-32
Facebook et Instagram : @restaurantlabenfant
www.restaurantlabenfant.com/

*L'ABUS D'ALCOOL EST DANGEREUX POUR LA SANTÉ.

FIXIN 21220

Chez Jeannette

12/20

7 rue Noisot - T. 03 80 52 45 49 - Menu(s) 22-40 €

Juste au-dessus de Gevrey-Chambertin, l'hôtel-restaurant d'Alexandra et Fabrice Bigolet est une étape de charme sur la route des vins, avec sa décoration traditionnelle et champêtre, où le bois et la pierre dominent. Le chef revisite la cuisine de Bourgogne dans des menus de saison, avec par exemple les fameux escargots en coquille, une daurade sébaste au lard de Colonnata et des tomates confites ou, plus gourmand, un filet de bœuf avec une poêlée d'oignons compotée au pinot noir, un traditionnel coq au vin. Cave bien équipée sur la région.

FLAGEY ECHÉZEAUX 21640

Christian Quenel

12/20

12 place de l'Eglise - T. 03 80 62 88 10 - Menu(s) 50-100 €

La table de Christian Quenel ravit toujours les convives, au cœur de ce petit village viticole. Le terroir et l'expérience sont les qualificatifs qui lui conviennent toujours bien. Passé par le Richebourg, le chef maîtrise sa technique mettant en avant les produits. À la carte, ceviche de bar infusé et cuit au citron et gingembre mesclun radis et citrons confits, filet de rascasse sauce vierge de légumes purée de carottes au wasabi ou pigeon de Corton fumé écrasée de pommes de terre et courgettes rôties. Beaux plateaux de fromages et cave à l'avenant. Prix logiques.

GEVREY CHAMBERTIN 21220

Table d'Hôte - Lucie & Thomas Collomb

14/20

6 rue du Chambertin - T. 03 80 34 33 20 - Menu(s) 58-90 €

La table d'hôte de Lucie et Thomas Collomb, avec ce vieux bois et cette sobriété dans les tons, déploie une atmosphère de nature et de minimalisme. Le chef reste sur ses appuis avec une cuisine personnelle et éclectique, qui associe les traditions régionales à des idées plus actuelles, avec toujours ce sens de l'équilibre et du goût. Les menus cachés sont à 58 € le midi et 90 € le soir, et le sommelier a tout ce qu'il faut en cave pour offrir des accords mets-vins convaincants.

Chez Guy

13,5/20

3 place de la Mairie - T. 03 80 58 51 51 - Carte 10 € - Menu(s) 18-32 €

Chez Guy... And family... Ce sont les Rebsamen qui mènent la danse avec le chef, Yves, au piano, les sœurs Natacha, la sommelière, et Sophie qui veille à la bonne tenue du service, ne sont jamais loin et le trio démontre l'efficacité de l'unisson.

Yves, c'est la tradition bourguignonne qui l'inspire mais pour la revisiter à sa façon. Pâté en croûte de lapin confiture d'oignons, filet de canard curry croustillant de Noirmoutier, poitrine de porc mariné légumes en pot au feu, joue de bœuf au vin rouge cuisson basse température et en dessert un très rafraîchissant consommé de melon au pineau des Charentes. Une très belle carte des vins, une large et plaisante sélection de vins au verre, c'est rare et un service efficace.

Bistrot Lucien

13/20

6 rue du Chambertin - T. 03 80 34 33 20 - Menu(s) 29-39 €

L'annexe bistrotière de l'hôtel est l'occasion pour Thomas Collomb de proposer une cuisine bourguignonne plus accessible et qui profite en même temps de son savoir-faire éprouvé. L'endroit joue la carte de l'authenticité avec les rangées de bouteilles, le petit mobilier en bois et la pierre nue. La carte touche à tout, avec des classiques et des idées plus personnelles, comme un carpaccio de maigre au fenouil, gingembre et oseille, un retour de pêche avec des haricots verts en persillade, une volaille de Bresse rôtie à la verveine, pommes de terre de l'île de Ré et échalotes, une exemplaire crème brûlée.

HÔTEL

Hôtel La Rôtisserie du Chambertin - 4 étoiles

6 rue du Chambertin - T. 03 80 34 33 20 - à partir de : 269 €

On vient ici goûter la cuisine de Thomas Collomb qui s'articule autour de la Table d'Hôtes, du Bistrot Lucien et de la Cave du Chambertin. Séduit par le charme des lieux, on s'installe ensuite dans l'une des 9 chambres et suites aux noms inspirés des parcelles viticoles alentour et aménagées dans cette belle maison du XVIIIe siècle, décorée dans un esprit sobre et contemporain. À ne pas manquer également, la suite «Les Monts Luisants», qui offre, depuis sa petite terrasse, une vue panoramique sur l'océan des vignes en contrebas. Idéale pour partir à la découverte des prestigieuses caves de la ville, une halte chaleureuse et décontractée.

VIGNERON

Domaine Trapet

53 route de Beaune - T. 03 80 34 30 40

Le domaine Jean Trapet a plus d'un siècle d'existence à Gevrey-Chambertin et fait partie des grands noms de cette appellation. Jean-Louis Trapet est aujourd'hui l'héritier du domaine, secondé par son épouse et ses deux fils. Les 16 ha du domaine sont en biodynamie depuis 1995. Les vins du domaine font partie des emblèmes de Gevrey-Chambertin, remarqués par leur suavité et douceur. Les Trapet peuvent aussi accueillir à leur table et chambres d'hôtes.

GILLY LÈS CÎTEAUX 21640

HÔTEL

Château de Gilly - 5 étoiles

2 place du Château - T. 03 80 62 89 98 - à partir de : 185€

Incontestablement l'une des plus belles adresses de Bourgogne ! Ancienne résidence des pères abbés de Cîteaux et situé à proximité du prestigieux Clos Vougeot, le Château de Gilly a conservé son charme médiéval, comme en témoignent ses douves et sa somptueuse salle à manger aux voûtes et croisées d'ogives... Décorées de meubles anciens et de tapisseries fleuries, les 42 chambres et suites ouvrent toutes sur les jardins à la française, traversés d'une petite rivière. On vient ici savourer une vie de château chaleureuse et raffinée, goûter les délices du chef Julien Girard, mais aussi profiter des multiples activités proposées. Piscine extérieure, billard et court de tennis font des lieux une étape idéale pour un séjour à deux ou en famille, au cœur des grands crus de Bourgogne...

LA BUSSIÈRE SUR OUCHE 21360

Le 1131 - Abbaye de la Bussière 15/20

CHEF : FRANIOIS PELLETIER

RD 33 - T. 03 80 49 02 29 - Menu(s) 105-145€

Ravissante demeure cistercienne du XIIe siècle posée au cœur d'un parc de 7 ha planté d'arbres centenaires, L'Abbaye de la Bussière, restaurée et transformée en hôtel il y a quinze ans avec l'arrivée de Clive et Tanith Cummings, est devenue une halte obligée pour les amateurs d'étapes de charme. Dans la chapelle où se côtoient art néo-gothique et gastronomie, on goûte, sous les croisées d'ogives, dans une atmosphère de paix et de sérénité, un brin british, la cuisine du nouveau chef François Pelletier qui s'est immédiatement glissé sans tapage dans l'esprit de la maison, visant avec adresse entre le terroir et la modernité. Cela commence fort avec cette asperge verte cuite et crue, réellement transcendée, au goût végétal inouï, escortée d'un œuf de poule fumé et confit, un peu d'oxalis et des noisettes qui apportent du peps à ce plat. Le dos de sandre cuit fort délicatement, bien fondant, fait partie des meilleurs sandres que nous ayons goûtés, il est accompagné d'endives rehaussées par une subtile note d'agrumes, même si le jus au pinot noir aurait pu être plus réduit. La volaille fermière de Saulon, dont le filet est un peu trop cuit, est farcie sous la peau de truffes, accompagnée d'un subtil rouleau de pommes de terre confit et d'un jus de volaille truffé. Préparée à la minute, la tartelette au chocolat est basée sur une très fine pâte sucrée sur laquelle se trouve un soufflé rehaussé de fève de tonka et escorté d'une glace au chocolat aux notes à la fois puissantes et équilibrées, grand classique dont on ne se lassera jamais. On aime cette clarté de goût, cette précision, ces saveurs nettes et tranchées où chaque produit a le goût de ce qu'il est, voilà qui n'est pas aisé, mais si cher à la cuisine française fondamentale. La Bussière demeure une adresse homogène qui conjugue tous les plaisirs. La véritable adresse pour week-ends romantiques.

HÔTEL

Hôtel Abbaye de la Bussière - 4 étoiles

RD 33 - T. 03 80 49 02 29 - à partir de : 365€

Posée au cœur d'un parc de 7 ha rafraîchi d'un étang, cette abbaye cistercienne du XIIe siècle a conservé intacte son atmosphère lumineuse et sereine. Magnifiquement restauré par la famille Cummings, le lieu a été réaménagé en hôtel en 2005, et réunit aujourd'hui 20 chambres et suites. Réparties entre l'abbaye, l'ancienne maison des sœurs et de belles dépendances nichées dans le parc, elles offrent toutes le charme historique de leurs lits à baldaquin et leurs tapisseries fleuries, associés à quelques pièces contemporaines. Membre Relais & Châteaux, l'abbaye abrite également le Bistrot des Moines et le restaurant Le 1131, où l'on déguste l'exquise cuisine de François Pelletier dans un décor à couper le souffle : une salle avec voûtes en croisée d'ogives, arcades et colonnes, baignée par la lumière douce des vitraux. À mi-chemin entre Beaune et Dijon, une adresse rare.

LADOIX SERRIGNY 21550

Terrasses de Corton 10/20

38 route de Beaune - T. 03 80 26 42 37 - Menu(s) 25-30 €

Sur la route des vins, cet hôtel-restaurant constitue une bonne étape, avec ses chambres bien tenues et sa table de tradition, qui aligne les grands classiques du répertoire régional. Les assiettes de bonne réalisation voisinent avec les crus locaux, des escargots de Bourgogne, le bœuf bourguignon de 18 heures, une crème brûlée à la fève tonka. Formule à partir de 25 €.

LEVERNOIS 21200

Hostellerie de Levernois 16,5/20

CHEF : PHILIPPE AUGE

Rue du Golf - T. 03 80 24 73 58 - Menu(s) 90-150 €

En lisière de Beaune, mais déjà à la campagne, dans un cadre verdoyant avec rivière qui serpente en paressant, cet établissement de luxe est particulièrement confortable et séduisant. La vaste salle de restauration, lumineuse, élégamment épurée, aux tons clairs, constitue le cadre propice aux émotions culinaires. Nous suivons avec la plus grande attention l'évolution extrêmement prometteuse de Philippe Augé, dont la cuisine de haute précision est tout simplement vibrionnante ! Le «galet» de foie gras de canard au cassis et pain d'épices donne un sacré coup de jeune aux entrées à base de foie gras, d'autant que celui-ci est subtilement associé à la betterave, jaune et rouge, sous des formes variées (en raviole, par exemple). L'exceptionnelle truite élevée par Guillaume Baudry dans l'Yonne se bonifie encore telle qu'associée à la ventrèche et à des œufs de brochet fumés. La sauce d'accompagnement parfumée au vin jaune est un modèle de gourmandise haute couture. Quant au pigeon de Corton rôti en cocotte accompagné des premières girolles et d'amandes fraîches, il tient tout son rang. Ensuite, il serait coupable de ne pas succomber au plateau de fromages (exclusivement fermiers de tout le pays) qui nécessite d'être porté par deux serveurs ! Effet garanti en salle... Le soufflé au Grand Marnier, flanqué d'un sorbet mandarine, à défaut d'être ébouriffant d'inventivité, est parfaitement réalisé. La cave regorge de flacons à la hauteur de la table. Belle sélection de vins au verre. Service efficace et mention toute particulière à l'excellent directeur de salle.

HÔTEL

Hostellerie de Levernois - 5 étoiles

Rue du Golf - T. 03 80 24 73 58 - à partir de : 290€

En pleine nature, mais à 5 minutes du centre historique de Beaune, cette bâtisse bourguignonne est, depuis 2021, le fief de Séverine Pétilaire-Bellet, qui a préservé l'élégance discrète et pleine de charme des lieux... On vient ici déguster la remarquable cuisine de Philippe Augé et découvrir les richesses de la cave qui propose plus de 1000 références. On prolonge volontiers l'expérience pour savourer la sérénité qui infuse le domaine. Réparties entre 3 belles bâtisses, 22 chambres et 4 suites déclinent une superbe décoration : volumes impressionnants, charpentes d'époque, parquets cirés... Prolongées de balcons, la plupart s'ouvrent sur le parc de 6 ha qui abrite arbres centenaires et jardins à la française rafraîchis de fontaines, le tout enrichi d'un court de tennis et, à deux pas, des rives de la Bouzaize. Une halte idéale pour partir à la découverte du prestigieux vignoble des côtes-de-beaune.

MARSANNAY LA CÔTE 21160

VIGNERON

Domaine Bruno Clair

5 rue du Vieux Collège - T. 03 80 52 28 95

Depuis 1979, Bruno Clair, de la 6e génération de viticulteurs, est à la tête de son domaine de 25 ha à Marsannay-la-Côte. Le domaine remonte au XIXe siècle. La sélection des plants est ici une tradition depuis plus de cinquante ans, et toute l'attention est portée à la maturité et à l'état sanitaire des raisins. Les vins rouges fermentent en cuves ouvertes en bois. Les vins AOC marsannay sont très réputés !

Domaine Olivier Guyot

39 rue de Mazy - T. 03 80 52 39 71

La famille Guyot est l'une des plus anciennes de Marsannay-la-Côte. Depuis 1990, Olivier Guyot gère seul le domaine constitué de nombreuses petites parcelles réparties sur 15 ha qui s'étendent de Marsannay-la-Côte à Gevrey-Chambertin.

Pour Olivier, il n'y a pas de grand vin sans raisin de qualité, ce qui se traduit par des vignes conduites en biodynamie, des rendements maîtrisés et des vendanges manuelles triées avec une grande attention. Les vinifications respectent les terroirs.

Domaine Sylvain Pataille

14 rue Neuve - T. 03 80 51 17 35

Sylvain Pataille est l'étoile montante de Marsannay-la-Côte. Il a su réaliser son rêve : à partir d'un seul hectare de vigne (en location !) en 1999, il est aujourd'hui l'heureux propriétaire d'un domaine de 14 ha, sur les mêmes terres qui l'ont vu naître. On prend plaisir à ouvrir ses vins, en blanc comme en rouge, car ils offrent une naturalité très expressive. À gouter impérativement.

MEURSAULT 21190

La Cueillette - Château de Citeaux

12,5/20

18 rue de Citeaux - T. 03 80 20 62 80 - Menu(s) 55-95 €

Au cœur de l'un des plus beaux villages vignerons de France, ce splendide château accueille aujourd'hui une hôtellerie spa 4 étoiles ainsi que deux restaurants, un bistrot pour les déjeuners et une table installée dans le grand salon. L'expérience dans ce décor Louis XV est mémorable, un instant princier entre les dorures où les traditions ne sont jamais oubliées. Le chef Alexandre Dutat remplit parfaitement sa mission avec des assiettes techniques, sur le fond comme la forme, tourteau émietté et crème Dubarry, poulpe de roche bien rehaussé d'épices, un condiment kumquat et une émulsion tandoori, ou encore le veau en basse température avec un crémeux d'artichaut. Cave très riche sur le village et alentour.

Le Soufflot

12,5/20

8 route Nationale 74 - T. 03 80 22 83 65 - Menu(s) 40-80 €

Du bel ouvrage imprégné de Bourgogne, de vignes et de bonne tradition dans une vaste demeure de bord de route. Les tarifs sont copieux, mais les assiettes également, dans une certaine simplicité : truite bio du Crisenon petits pois aux herbes ketchup betterave et ail noir, tartare de charolais pomme de terre, dessert tout chocolat pour un menu à 60 €. Et vous bénéficierez d'un très grand choix de meursault des meilleurs propriétaires. Sur les autres régions, également de belles références (Chidaine, Cotat, Foreau...).

Au Fil du Clos

11,5/20

1 rue de Mazeray - T. 03 80 20 40 82 - Menu(s) 33-98 €

La cave est belle, le chef Jean-Christophe Moutet est bien connu dans la région, après dix ans chez Lameloise et autant à Pommard (Auprès du Clocher) où il eut 1 toque, et cette noble propriété est digne du prestige du village. Un menu régional assez simple à 45 €, une offre plus élaborée à 64 €, avec les escargots, royale et jus d'asperges, le merlu de ligne rôti sur peau et asperges blanches ou le filet de bœuf sucrine sauce morilles, le blanc-manger amandes amères jus et sorbet fraises. On attend un peu plus d'engagement et de caractère pour passer à l'échelon suivant.

Bistrot du Potager - Château de Citeaux

11/20

18 rue de Cîteaux - T. 03 80 20 62 80 - Menu(s) 35 €

Seconde table du château, réservée aux déjeuners, elle est idéalement située dans les anciennes cuisines, pour une atmosphère plus décontractée et terroir, avec l'imposante cheminée en pierre, les voûtes et un petit mobilier de bistrot avec chaises Thonet pour la continuité. Le chef y réalise une bistronomie d'aujourd'hui, déclinée dans un menu à 35 € de bonne composition, avec des produits de saison, un velouté d'asperges, œuf parfait et haddock fumé, un retour de pêche avec un simple écrasé de pommes de terre au piment d'Espelette et sauce haranga, ou encore un navarin d'agneau au vadouvan et purée de pois cassés.

L'Épisode

11/20

6 place du Murger - T. 06 31 14 00 26 - Menu(s) 26-39 €

L'Épisode a changé de mains l'an passé, pour une cuisine plus directe, bistrotière et bourgeoise dans une courte carte bien formatée : un honnête pâté en croûte, le quasi de veau façon blanquette, cuit à basse température, son jus et petits pois à la française, le baba à la chartreuse verte dans un menu calé à 31 €. Petite cave variée, pas seulement bourguignonne.

VIGNERON

Domaine Ballot-Millot

9 rue de la Goutte d'Or - T. 03 80 21 21 39

Le domaine Ballot-Millot vit une histoire familiale. Il est installé à Meursault depuis le XVIIe siècle. En 2000, Charles Ballot succède à son père, Philippe Ballot, et reprend la direction du domaine. Proche de la nature, le viticulteur murisaltien pratique une viticulture raisonnée et responsable. Tous les blancs du domaine sont hautement recommandables à des prix encore abordables.

Domaine Buisson-Charles

3 rue de la Velle - T. 03 80 21 22 32

Le domaine Buisson-Charles, à Meursault, est dirigé par Catherine Buisson-Essa, la fille de Michel Buisson, et son mari, Patrick Essa, désormais épaulés par leur fils Louis, œnologue. Le domaine de 8 ha a développé une petite activité de négoce. Sous la marque Buisson-Charles, les vins sont faits dans la perspective de produire du haut de gamme, sans le moindre compromis. Les vins correspondent à une très belle gamme dominée par des somptueux crus de meursault.

Domaine Matrot

12 rue de Martray - T. 03 80 21 20 13

Depuis six générations, la famille Matrot, installée à Meursault, contribue largement au rayonnement des grands blancs de la côte de Beaune. Au fil des années, le domaine s'est doté de plus de 24 ha de vignes. Thierry Matrot fait partie de l'élite des vignerons murisaltiens, mais, depuis 2016, ce sont ses filles Adèle et Elsa qui président aux destinées de ce domaine de référence. Leurs vins sont reconnus pour leur fantastique capacité de vieillissement. Ne ratez pas les blagnys.

MOREY SAINT DENIS 21220

VIGNERON

Domaine Arlaud

41 rue d'Epernay - T. 03 80 34 32 65

Le domaine Arlaud est aujourd'hui une valeur sûre. Un patrimoine viticole magnifique, une culture de la vigne irréprochable (en bio et biodynamie), des vinifications et des élevages précis, telles sont les clés de la qualité de ses vins : purs, authentiques et élégants. Le domaine est aujourd'hui dirigé par la troisième génération : Cyprien, Bertille et Romain. Le vignoble de 15 ha comprend de très beaux terroirs de la côte de Nuits, y compris des grands crus.

Domaine Georges Lignier

41 Grande Rue - T. 03 80 34 32 55

Le Domaine Lignier, fondé à Morey-Saint-Denis au début du XXe siècle, a su rester un domaine familial. Son petit-fils Georges, qui a succédé à son père en 1970, apporte aujourd'hui son expérience et son œil expert. En effet, une nouvelle page s'écrit avec l'arrivée en 2002, après ses études d'œnologue, de son neveu Benoît Stehly. Actuellement, le domaine exploite 16 ha et 17 appellations, réparties sur 50 parcelles. Une étoile montante à surveiller de près !

Domaine Perrot-Minot

54 route des Grands Crus - T. 03 80 34 32 51

Le domaine Perrot-Minot est situé à Morey-Saint-Denis. À la tête de ce vignoble de 13 ha, sur les appellations les plus prestigieuses de la côte de Nuits, Christophe Perrot-Minot produit des vins magnifiques. L'équilibre entre l'élégance, la finesse et la race des jus est magistrale. Des vins qui s'ouvrent assez vite et se gardent à merveille.

NOLAY 21340

Midupi 13/20

35 rue de la République - T. 09 80 39 95 35 - Menu(s) 27-45 €

À la lisière de la Côte-d'Or, ce joli restaurant qui s'annonce par ses grands voiles blancs en devanture est une adresse sûre et bien tenue, où l'on pourra autant apprécier le charme rural du décor que les assiettes de marché du chef. Avec son parquet vernis et ses nappes blanches, la salle pose une atmosphère à la fois élégante et légèrement bourgeoise, annonçant la tradition. Au menu à 45 €, on retrouvera le filet de caille avec une persillade d'aubergines et duo de foies gras, un dos de sandre, purée de persil et asperges, une pièce de veau avec un jus au porto, pommes de terre et asperges, enfin un mi-cuit chocolat caramel.

NUITS SAINT GEORGES 21700

Le Chef Coq

13/20

13 vallée de la Serrée - T. 03 80 61 12 06 - Menu(s) 39-59 €

Cette splendide maison bourgeoise au milieu des vignes est un havre de paix et de luxe, idéalement situé pour partir à la découverte des grands crus de Bourgogne. Le bel hôtel en pierre accueille une table au décor historique, poutres, dalles et assises d'inspiration Louis XVI, où l'on pourra découvrir une cuisine réactualisée, d'inspiration régionale. À la carte, ragoût d'escargot au citron sel, estragon en risotto de petit épeautre à la truffe d'été, aiguillettes de dorade snackées avec une brandade de courgettes à la provençale, une dodine de volaille façon Gaston Gérard. Desserts classiques.

La Cabotte

12/20

24 Grande-Rue - T. 03 80 61 20 77 - Carte 18 € - Menu(s) 42 €

Thomas Protot ne manque pas de lignes à son CV, dont un passage chez David Zuddas, un autre chez Lameloise, ainsi qu'un titre de Jeune Talent Bourgogne. Sobre et contemporaine, l'adresse défend une cuisine bourguignonne revisitée, dans une bonne mode ; avec les escargots de Bourgogne et les œufs en meurette sauce chardonnay, l'incontournable bœuf bourguignon, tandis que le pigeon de Corton vient accompagné de betteraves et d'un jus à l'ail noir. La cave est bien pourvue, avec près de 500 appellations.

VIGNERON

Maison Jean-Claude Boisset

Les Ursulines, 5 chemin des Plateaux - T. 03 80 62 61 61

La maison Jean-Claude Boisset a été fondée en 1961. En 2002, elle se repositionne sur le haut de gamme sur les 40 ha de vignes. Grégory Patriat, formé chez Lalou Bize-Leroy, signe les vins de la maison, vinifiés dans la cuverie au couvent des Ursulines, un lieu qui est cher à Jean-Claude Boisset, à Nuits-Saint-Georges. Cette cuverie, entièrement dédiée à des vins couture, a vu le jour quasiment trois cents ans après la construction du couvent des Ursulines, en 1717.

Domaine Decelle & Fils

3 rue des Seuillets - T. 03 80 53 74 35

Olivier Decelle et Pierre-Jean Villa, tous deux vignerons dans d'autres régions (Roussillon et Saint-Émilion pour le premier, Rhône nord pour le second) et amoureux de la Bourgogne, ont créé en 2009 leur domaine à Nuits-Saint-Georges.

D'abord essentiellement autour des achats de raisin aujourd'hui interrompus, le domaine Decelle-Villa cultive désormais en propre 9 ha de beaux terroirs, et l'ensemble du vignoble certifié en bio par Ecocert. À découvrir absolument.

Domaine P. Et V. Lecheneaut

14 rue des Seuillets - T. 03 80 61 05 96

La Maison Lécheneaut est implantée à Nuits-Saint-Georges où elle occupe une position prestigieuse au cœur des terroirs bourguignons. Elle rayonne sur 10 ha de vignes éparpillés dans 18 appellations de la côte de Nuits. Le terroir bourguignon est composé d'une mosaïque de «climats» aux limites très précises et aux caractères géologiques distincts. C'est toute cette richesse et toute cette singularité de la Bourgogne que Philippe et Vincent Lécheneaut s'emploient à préserver et à perpétuer.

LES AOP ET AOC DE BOURGOGNE-FRANCHE-COMTÉ

Bleu de Gex Haut-Jura ou bleu de Septmoncel, bœuf de Charolles, brillat-savarin, cassis de Bourgogne, cassis de Dijon, chaource, chapon de Bresse, comté, crème de Bresse, dinde de Bresse, fine de Bourgogne, jésus de Morteau, kirsch de Fougerolles, langres, mâconnais, marc de Bourgogne, mont-d'or, morbier, porc de Franche-Comté, saucisse de Montbéliard, saucisse de Morteau, poularde de Bresse, volaille de Bresse, volailles de Bourgogne...

La Venelle

CUISINE TRADITIONNELLE

Le restaurant, établi depuis plus de dix ans, a acquis sa belle réputation par sa cuisine traditionnelle à base de bons produits frais, sourcés auprès de producteurs locaux, et par la qualité de son accueil. On y mange bien et on est bien servi. Viandes et poissons ont leur place à la carte de ce restaurant, aménagé dans une ancienne gendarmerie. Ici, on découvre ou on redécouvre une cuisine généreuse de terroir, à déguster avec plaisir.

1, rue du Rempart,
21310 MIREBEAU-SUR-BÈZE
Tél. : 03-80-39-22-34
Facebook : La Venelle
www.restaurant-lavenelle.com

I Bravi Ragazzi

PIZZAS, VIN & TRADITION

Le savoir-faire d'Eva et Francesco et leur choix d'utiliser des ingrédients de qualité donnent toute leur saveur aux pizzas napolitaines de tradition, que vous dégusterez dans un cadre charmant.
Eva et Francesco ont leur petit secret : s'approvisionner en excellents produits en provenance directe d'Italie et majoritairement biologiques. Les oignons doux qui poussent dans le sable chaud de Calabre ou les mozzarelle, burrate, stracciatelle qui sont expédiées fraîches toutes les semaines des Pouilles...

Francesco prépare sa pâte avec l'amour du travail bien fait, à partir de farine bio et de son propre levain. Il fait sécher les tomates à l'ancienne et grille, lui-même, les légumes frais, indispensables pour une excellente pizza.
Sans oublier la carte des vins* qui allie des crus d'Italie et de Bourgogne.

34, Grande Rue,
21700 NUITS-SAINT-GEORGES
Tél. : 03-45-83-01-44
Facebook et Instagram : I BRAVI RAGAZZI

L'âme du gourmand est toute dans son palais.

Jean-Jacques Rousseau (1712-1778)

*L'ABUS D'ALCOOL EST DANGEREUX POUR LA SANTÉ.

PAGNY LE CHÂTEAU 21250

Le Comptoir de Pagny

11/20

1 rue de la Poste - T. 03 80 72 01 09 - Menu(s) 21,90 €

Dans ce petit village entre Beaune et Dole, au cœur de la campagne, on retrouve cette charmante halte routière, où les traditions sont à l'honneur. Le style est simple et engageant, et concentre l'attention sur les assiettes d'Iza Guyot, qui donnent à voir le tartare de jambon, le gratin de homard bleu, ou encore la traditionnelle pochouse. Service diligent.

PERNAND VERGELESSES 21420

Le Charlemagne

16,5/20

CHEF : LAURENT PEUGEOT

1 route des Vergelesses - T. 03 80 21 51 45 - Menu(s) 80-120 € Ⓟ

Les convenances, la tradition, le suivisme ? Ceux qui connaissent et fréquentent régulièrement la table de Laurent Peugeot savent que notre Grand de Demain 2007 est à l'exact opposé de ces valeurs. Son credo ? La liberté, l'improvisation (évidemment nourrie de ses permanentes réflexions et remises en question, mais aussi de ses voyages) et bien sûr cette saisonnalité qu'il a érigée en véritable totem. Son équipe le suit aveuglément, bien consciente de travailler à côté d'un cuisinier et d'un leader hors pair, capable de séduire avec de simples couteaux, des coques, des tomates et une soubressade, de presque se placer en retrait devant la noblesse d'un pigeon de Patrice Sanchez associé simplement à des cubes de bourgeons de cassis, et de désarçonner sa clientèle avec un dessert d'une folle originalité, mariant figue, miel, épices et miso, comme un clin d'œil à ce Japon qui l'a tant influencé. Cave superbe, service dans le bon esprit.

POMMARD 21630

CAVISTE

Les Domaines de Pommard

6 place de l'Europe - T. 03 80 24 17 20

Une vitrine de prestige pour les vins de Pommard, avec un grand nombre de propriétaires réunissant leurs bouteilles dans un même espace. Accueil pro, renseignements nombreux et utiles, tarifs comme aux domaines, à la différence près qu'ici, au moins, les bouteilles à la vente sont disponibles.

CHOCOLATIER

Appellation Chocolat

5 place de l'Europe - T. 03 45 63 85 89

Au cœur du village viticole, un espace dédié au chocolat, que Michel et Béatrice Dessolins animent avec la même passion et la même érudition que leurs voisins vignerons. Les grands crus de cacao valent ceux de la côte de Beaune quand on prend le temps de les déguster, les spécialités sont nombreuses, dont les sarments de Bourgogne et les perles des grands crus. Grand choix de tablettes, certaines vendues au poids, glaces, sorbets, confiseries...

VIGNERON

Domaine de Courcel

Place de l'Eglise - T. 03 80 22 10 64

Le domaine de Courcel, au sein de la même famille depuis sa fondation au XVIIe siècle, est dirigé par Anne Bommelaer et Marie de Courcel. Situé sur la commune de Pommard en Côte-d'Or, établi sur 10,5 ha, le domaine produit parmi les meilleurs vins rouges de la côte de Beaune. Les vins du domaine représentent l'archétype des grands pommards.

Château de Pommard

15 rue Marey Monge - T. 03 80 22 12 59

Ce château historique a un nouveau propriétaire depuis 2014 : Mickael Baum. Le Clos du Château de Pommard a retrouvé son nom d'origine, le Clos Marey-Monge, du nom de la famille propriétaire jusqu'en 1926. Mickael Baum a développé, en plus de ses vignes, une série de vins de négoce avec des partenaires pour près de 25 cuvées dans la gamme. Haut lieu du tourisme, plus de 25000 personnes se rendent chaque année au château dans le cadre de visites œnotouristiques. Notez également la création d'une école de dégustation.

PRENOIS 21370

Auberge de la Charme

16,5/20

CHEF : DAVID LE COMTE

12 rue de la Charme - T. 03 80 35 32 84 - Menu(s) 50-96 €

Nicolas Isnard, jamais à court d'idées, annonce une nouvelle révolution qui doit se mettre en place à l'automne. Sur le thème de ces nombreux voyages qui ont façonné sa culture culinaire. Comme beaucoup de chefs, la pandémie lui a donné prétexte à réflexion, et la Charme va sans aucun doute offrir des promenades sensorielles mémorables. Nous maintenons bien sûr les toques et la note de ce volcan toujours en activité, au service d'une cuisine sans œillères et sans frontière comme il sait la promouvoir avec son complice de toujours, David Leconte.

PULIGNY MONTRACHET 21190

Le Montrachet

14/20

10 place du Pasquier de la Fontaine - T. 03 80 21 30 06 - Carte 24 € - Menu(s) 34-110 €

La belle maison de pierre bourguignonne trône fièrement sur la place du village, légèrement à l'écart du centre. Un hôtel confortable et une étape de choix pour les touristes œnophiles. La cave recèle en effet ce qu'il faut sur les appellations locales ou proches (puligny, chassagne, meursault) et c'est la fête du chardonnay, mais aussi de pinot (Pommard et Volnay ne sont pas loin) pour accompagner les beaux exercices classiques du chef Romain Versino : escargots de Bourgogne croustillant herbacé beurre émulsionné au puligny, omble chevalier en croûte de pain tétragone à l'huile de cazette coulis piquillos, pigeon en croûte de céréales déclinaison de coing... Les menus sont intéressants, celui du déjeuner à 34 € comme le «Jardins de Puligny» à 69 €.

SAINTE SABINE 21320

Château Sainte-Sabine

13/20

8 route de Semur - T. 03 80 49 22 01 - Carte 80 € - Menu(s) 52-90 €

Dans ce fier château du XVIe siècle et son grand et beau parc, on se repose et on se relaxe avant d'aller déguster au Lassey, le restaurant de l'hôtel, la cuisine délicate et fine du jeune chef Benjamin Linard qui fait preuve d'une belle et savoureuse créativité. Omble chevalier en entrée cuit au sel et mariné à la betterave, rouget barbet au beurre d'algues petits pois rafraîchis à la verveine, agneau artichaut poivrade farci et un soufflé à la cazette du Morvan en dessert. La carte des vins est bien élaborée et le service est sans défaut.

HÔTEL

Hostellerie du Château de Sainte-Sabine - 4 étoiles

8 route de Semur - T. 03 80 49 22 01 - à partir de : 205€

Restauré avec art au fil des siècles, ce château XVIIe constitue aujourd'hui un havre plein de charme réunissant 22 chambres et suites qui mêlent mobilier ancien et contemporain, charpente d'époque et luxueuses salles de bains, le tout ouvrant sur le parc de 8 ha où se côtoient une piscine extérieure et un sous-bois, devenu le refuge préféré d'un troupeau de daims en liberté. L'hôtel, membre des Collectionneurs, abrite également le restaurant Lassey, emmené par Benjamin Linard, qui propose une cuisine savoureuse servie dans une salle voûtée ouvrant sur le village médiéval de Châteauneuf-en-Auxois ou les jardins et l'étang. Non loin de l'abbaye de Fontenay, une adresse chaleureuse et raffinée, membre du groupe Les Collectionneurs.

L'Armoise, en Côte-d'Or

SAVEURS ET TRADITIONS

L'équipe (7 personnes) de Cyrille et Isabelle Comte perpétue, ici, une cuisine authentique (légumes de saison, viandes choisies, pain, brioches, glaces et desserts maison) et de tradition (service au guéridon), fondée sur des classiques gourmets de la cuisine française, au choix sur deux menus (33€ et 44€). Spacieuse, avec terrasse ouverte sur étang et forêt, cette table gastronomique et créative se réserve. *Ouvert du mercredi au samedi, midi et soir, et le dimanche midi. Ouvert le dimanche soir en été.*

Route d'Autricourt plan d'eau de Riel, 21570 RIEL-LES-EAUX
Tél. : 03-80-93-72-76 – **www.larmoise.metro.rest**

Le Pré Saint-Georges

SANS CHICHIS

Une ancienne grange rénovée où l'on mange de copieux plats bourguignons. Gwendoline, restauratrice, et sa sœur Emma, boulangère-pâtissière, ont repris l'établissement fin 2019. À la carte, beaucoup de viandes mijotées (bœuf bourguignon, poulet sauce Gaston Gérard...). Produits locaux et convivialité garantis. Également des pizzas, burgers et tacos à emporter.
Ouvert le midi du lundi au samedi, le soir du jeudi au samedi.
Le + : Gâteaux d'anniversaire et prestation traiteur.

Hameau de Larçon – Rue du Ruisseau, 21580 SALIVES
Tél. : 06-58-52-86-18 – **Facebook :** Le Pré Saint-Georges

Le Thyssilien

L'ÂME DU BISTROT D'ANTAN

Le village l'a vite adopté. Ce restaurant 100% maison propose des produits du terroir et a ses spécialités, comme les œufs meurette et un fondant chocolat à tomber. Carte régulièrement renouvelée, plats à l'ardoise mitonnés (9,50€), bons vins* au verre, soirées à thème, plats à emporter... Un condensé de vie ! Pizzas les jeudi et dimanche soir. *Ouvert les lundi et mardi jusqu'à 14h30, et du jeudi au dimanche du matin au soir.*

10, route de Dijon, 21210 THOISY-LA-BERCHÈRE
Tél. : 03-80-64-69-64

*L'ABUS D'ALCOOL EST DANGEREUX POUR LA SANTÉ.

SANTENAY 21590

VIGNERON

Domaine Lucien Muzard

11 rue de la Cour Verreuil - T. 06 12 32 05 99

Lucien Muzard travaillait dans les vignes à 14 ans. C'est seul qu'il a défriché et replanté 5 ha de vignes à Santenay. Ses deux enfants, Claude et Hervé Muzard, ont pris le relais en 1992, quand l'appellation se libérait du négoce et gagnait en notoriété. Aujourd'hui, le domaine couvre 18 ha, dont 10 en premiers crus sur Santenay et Chassagne-Montrachet. Les frères maîtrisent leur sujet et inspirent la plus grande confiance pour leurs vins rouges et blancs.

SAULIEU 21210

Le Relais Bernard Loiseau - La Côte d'Or 17/20

CHEF : PATRICK BERTRON - *CHEF PÂTISSIER :* XAVIER JACQUIN - *DIRECTEUR DE SALLE:* BARBARA SEQUALINO - *SOMMELIER:* ERIC GOETTELMANN

2 avenue Bernard Loiseau - T. 03 80 90 53 53 - Carte 209€ - Menu(s) 165-270€

Alors que Patrick Bertron fête brillamment ses 40 ans de cuisine à Saulieu, la transition s'opère en douceur et harmonie avec l'arrivée de Louis-Philippe Vigilant (Espoir Gault&Millau il y a quelques toutes petites années) en direct de Loiseau des Ducs, à Dijon, mais aussi celle, sur la pointe des pieds et avec modestie, de Blanche, la fille cadette de Dominique et Bernard. La grande bâtisse fleurie à souhait a gardé intacte son atmosphère d'auberge de province, au sens noble, cossu et élégant du terme. La grande salle et sa jolie charpente, lumineuse au possible, ouvre sur la verdure et le délicieux «jardin oublié», savamment fouillis. Tomettes, boiseries et meubles anciens assurent aux clients un confort rassurant et une atmosphère apaisante. Indéniablement, le charme opère toujours, d'autant que tout le personnel est porté par la même passion communicative. Comment ne pas succomber encore et encore aux emblématiques jambonnettes de grenouilles à la purée d'ail et au jus de persil. C'est d'une efficacité redoutable. La jolie pièce de turbot confite au beurre de tanaisie puis grillée, nappée avec gourmandise d'une délicate sauce au jus d'arêtes de caractère est un hymne marin pertinent. Les délicieuses courgettes et les petites fèves du jour encore légèrement croquantes apportent la fraîcheur printanière qui va bien. La selle d'agneau fermier du Morvan est escortée d'une barigoule d'artichaut dans une version contemporaine et aérienne du plus bel effet. La jonction est assurée par un «simple» jus de cuisson intense et équilibré. La belle idée finale prend la forme d'une singulière et fort réussie association de fraises et petits pois qui donne furieusement envie de jouer les incrustes dans le jardin. Quant au livre de cave, d'une épaisseur qui en dit long sur les ressources, il constitue principalement une ode à la Bourgogne dans ce qu'elle produit de meilleur... Une vingtaine de pages, sans compter les magnums, lui sont consacrées, y compris dans des millésimes anciens.

Bistrot Loiseau des Sens

13/20

4 avenue de la Gare - T. 03 45 44 70 02 - Menu(s) 34-59€

Dans le splendide complexe Relais & Châteaux du relais Bernard Loiseau, ce bistrot jouxtant le spa profite de cette belle architecture contemporaine pour offrir une version haut de gamme du répertoire bourguignon. Les classiques régionaux actualisés sont exemplaires, des œufs en meurette façon grand-mère, un dos de cabillaud, épeautre, radis et sauce beurre blanc, une pintade du Morvan et céleri, une épaule d'agneau confite et gâteau de polenta, un «Paris-Saulieu». Service impeccable.

HÔTEL

Relais Bernard Loiseau - 5 étoiles

2 rue d'Argentine - T. 03 80 90 53 53 - à partir de : 290€

Membre Relais & Châteaux, cet hôtel 5 étoiles abrite le mythique restaurant pensé par Bernard Loiseau, mais également 33 chambres et suites imaginées dans un même esprit, alliance de luxe discret et de célébration de la culture locale. Vastes et lumineuses, décorées de tomettes de Bourgogne, de cheminées de pierre et de boiseries anciennes, le tout tempéré par un confort très contemporain : salles de bains avec baignoire à remous, écran plat, iPad... Pensé pour offrir à ses hôtes un séjour mêlant intimement gastronomie et bien-être, le lieu s'est doté depuis 2017 de la Villa Loiseau des Sens, un refuge de 1500 m² qui accueille un restaurant bio et un spa composé de deux espaces (sensoriel et volupté) réunissant le nec plus ultra des équipements et des traitements : alcôves massantes, douches expérientielles et palette de soins d'exception griffés des marques Olivier Claire et Clé des Champs.

CAVISTE

Le Cellier Morvandiau

21 rue de la Foire - T. 03 80 64 14 19

Installée là depuis trente ans à quelques pas du célèbre Relais de Bernard Loiseau, cette cave est une ode aux vins de Bourgogne, tous bien représentés. Sur les conseils du propriétaire, on pourra redécouvrir la région à travers des grands classiques comme de nouveaux producteurs, les vins de Mâcon, des côtes de Nuits jusqu'à Chablis.

CHARCUTIER

Charcuterie Bougerolle

42 rue du Marché - T. 03 80 64 14 18

C'est ici que les Sélédociens bien informés viennent pour garnir leur table, avec l'assurance que ces deux charcutiers multiprimés ne les décevront pas. On ne manquera pas de venir découvrir leur jambon blanc et leur jambon persillé, ainsi que le pâté croûte, 4e au championnat du monde 2018. Les plateaux apéros sont également conseillés.

SAULON LA RUE 21910

Deux Rivières 12/20

67 route de Dijon - T. 03 80 79 25 25 - Carte 54 € - Menu(s) 25-65 €

Une longue allée, parking en graviers et éclairage qui, à la nuit tombée, fait son petit effet sur la clientèle, ça en jette ! Le restaurant, installé à quelques enjambées de l'hôtel, ne manque pas d'allure, mixant les vieilles pierres et la déco contemporaine. En cuisine, Thomas Brasleret (un ancien de La Cape, à Cenon, en poste depuis 2021) s'astreint à privilégier les produits locaux qu'il met en scène avec un esprit semblant hésiter entre les registres bistrotier et bourgeois pour une prestation sans véritable relief : foie gras poché dans un bouillon à la chartreuse et légumes croquants manquant de caractère, saint-jacques snackées (surcuites), scorsonères aux pomelos et sauce «apérol-spritz» avant un dessert banane morille manquant de fraîcheur et d'équilibre. Cave classique et sévèrement tarifée, service nombreux et assez peu concerné.

LES AOP ET AOC DES VINS DE BOURGOGNE-FRANCHE-COMTÉ

Arbois, beaune, bourgogne, chablis, chagny, château-chalon, cluny, côtes-du-jura, fixin, gevrey-chambertin, givry, irancy, mâcon-villages, macvin, mercurey, meursault, nuits-saint-georges, pommard, pouilly-fuissé, puligny-montrachet, saint-bris, santenay, savigny-lès-beaune, viré-clessé, volnay...

La cuisine de la Fontaignotte

UNE PARENTHÈSE ENCHANTÉE

Au cœur de la Bourgogne, cet univers hors du temps est l'antre de deux jeunes talents qui, amoureux des beaux produits en circuit court, proposent une cuisine spontanée au fil des saisons. Ce restaurant ouvert sur la vallée a pris place dans un hôtel particulier du XVIIe siècle. On y accède par une terrasse, bordée d'arbres fruitiers et de plantes aromatiques, qui surplombe un potager et offre une vue panoramique sur les tours emblématiques de Semur.

En salle ou dans la véranda, l'ambiance est cosy-chic mais sans ostentation. *« Nous avons voulu redonner vie à ce lieu avec l'envie d'y faire un endroit propice à la tranquillité »*, disent Laura et Martin, chef issu d'un parcours remarqué dans de belles maisons.

Sa cuisine intuitive est élaborée à partir de produits fermiers locaux, en agriculture biologique ou raisonnée. Ainsi, au lieu de s'approvisionner en fonction d'une carte préétablie, Martin s'adapte aux productions et à leur saisonnalité. *« C'est un plaisir de travailler ainsi et de soutenir les agriculteurs du pays, même si cela ajoute des contraintes »*. Le même parti pris est suivi pour la carte des vins*. *« Si elle fait honneur à la Bourgogne, nous ne rechignons pas à proposer des flacons d'autres terroirs »*, précise Laura.

Grâce à un parfait travail sur les associations de saveurs, Martin sublime les produits des maraîchers et éleveurs. On pense, notamment, aux délicieuses ravioles de foie gras de canard de Pascal Laprée, bouillon de carcasses infusé au gingembre du Potager des Ducs, ainsi qu'au savoureux bœuf maturé de la Ferme de Clavisy, poireaux du Moulin de Braux laqués à l'oabika, sucs d'une soupe à l'oignon.

✉ 4, rue de la Fontaignotte,
21140 SEMUR-EN-AUXOIS
Tél. : 03-80-96-91-69
www.lacuisinedelafontaignotte.com

*L'ABUS D'ALCOOL EST DANGEREUX POUR LA SANTÉ.

L'Esprit

CRÉATIVITÉ SEMI-GASTRONOMIQUE

Les assiettes, très colorées, reflètent la cuisine inventive du maître des lieux.
Le chef, Felipe Vasquez, mixe la cuisine de grands restaurants où il a exercé avec sa culture gastronomique d'Amérique du Sud pour proposer des plats créatifs, parfumés et savoureux. À L'Esprit, vous dégusterez, par exemple, un ceviche de poulet fumé ou un tiramisu revisité aux carottes et au citron ou encore une pana cotta avocat et framboise. Mais attention, l'ardoise change très régulièrement, tous les huit jours environ. Le chef aime renouveler les saveurs de ses assiettes et créer à partir de produits de saison, frais et locaux. Même les vins*, il va les dénicher en direct chez de petits producteurs.

✉ 6, avenue de la Gare,
21150 VENAREY-LES-LAUMES
Tél. : 03-80-89-88-67
Facebook : Lesprit
Instagram : Restaurant L'Esprit

L'engrenage

RESTAURANT STEAMPUNK

Les poissons et crustacés sont à l'honneur de cet établissement aussi atypique qu'authentique. Le homard, fraîchement extrait du vivier, est flambé avec du Woma (MaloRhum*) et servi sur un charriot, comme les crêpes Suzette maison. La cuisine de produits frais décline les saveurs avec fantaisie, pour tous les goûts. Elle se veut avant tout locale, y compris pour les boissons (vin, bières, eau minérale). L'engrenage est une véritable ode à l'artisanat, aussi bien dans l'assiette que dans le décor, singulier et de récup', de style steampunk, agrémenté d'œuvres d'artistes locaux. Le lieu est pensé comme un art de vivre (pour faire revivre l'âme d'un quartier et sa convivialité).
Le restaurant est ouvert à tous, y compris aux enfants puisqu'une salle de jeux leur est dédiée.

✉ 29, rue Marcelin Berthelot,
21150 VENAREY-LES-LAUMES
Tél. : 03-45-33-94-30
Facebook et Instagram : lengrenage.restaurant
www.lengrenage.restaurant

*L'ABUS D'ALCOOL EST DANGEREUX POUR LA SANTÉ.

SAVIGNY LÈS BEAUNE 21420

VIGNERON

Domaine Chandon de Briailles

1 rue Sœur Goby - T. 03 80 21 52 31

Le domaine Chandon de Briailles se trouve au firmament de la qualité en Bourgogne. Les vignes de François de Nicolay sont travaillées en biodynamie et les vins qui en résultent dégagent une vibration à part avec, notamment, des notes florales fines et élégantes qui raviront les amateurs de vin nature. Nous avons un faible pour le pernand-vergelesse premier cru.

Domaine Antonin Guyon

2 rue de Chorey - T. 03 80 67 13 24

Le domaine Antonin Guyon, d'une surface de 48 ha et situé à Savigny-lès-Beaune, dispose d'une gamme exceptionnelle de premiers crus et grands crus. Créé en 1960 par Antonin Guyon, c'est aujourd'hui son fils Dominique qui dirige le domaine et conduit les vinifications avec l'aide de Vincent Nicot, maître de chai et chef de culture. Le vignoble bénéficie du suivi particulier de Kyriakos Kynigopoulos, fameux œnologue grec. Hombeline, la fille de Dominique, a aussi rejoint son père au domaine.

SEURRE 21250

Au Bon Accueil

10,5/20

38 faubourg Saint-Georges - T. 03 80 21 12 32 - Menu(s) 15-45 €

À cinq minutes de l'A26, la bonne auberge d'Éric Crot est une étape privilégiée sur la route des vacances, qui accueille depuis plus de quarante ans avec un programme qui ne change guère, pour notre plus grand bonheur. Les années d'expérience servent à une cuisine de tradition bourguignonne bien exécutée : jambon persillé, terrines, vol-au-vent de grenouilles et escargots, pavé de sandre à la crème, champignons de Paris et morilles, coq au vin blanc et pâtes fraîches, fricassée de ris de veau aux morilles... Les formules sont bien étagées de 15 à 45 €.

VOLNAY 21190

L'Agastache

12,5/20

1 rue de la Cave - T. 03 80 21 12 30 - Menu(s) 28-45 €

Du fait maison de qualité dans ce village viticole dont le charme ne s'arrête pas aux barriques. Caroline et Nunzio vous accueillent comme à la maison, le chef crée selon le marché des menus à l'aveugle pour le déjeuner comme pour le dîner. Des produits choisis pour leur bon rapport, une fine cuisine, simple et précise : houmous de pois chiche œuf parfait herbes fraîches, julienne sumac vitelotte bouillon végétal, épaule de cochon fermier confit menthe chocolat et petits pois bio dans un menu sans choix mais toujours vaillant pour 45 € avec un dessert de saison (fraise, balsamique, glace cerise). Très bon accueil, cave avisée avec les génériques de Mikulski et Benoît Ente, entre autres.

VIGNERON

Domaine Bitouzet-Prieur

19 rue de la Combe - T. 03 80 21 62 13

Le domaine Bitouzet-Prieur, situé à Volnay, est essentiellement implanté sur les communes de Volnay et Meursault. Il compte 13,55 ha pour 17 cuvées, dont 40% en chardonnay et 60% en pinot noir. Le responsable du domaine, en place depuis 2005, est François Bitouzet. Vincent, son père, avait apporté une rigueur agrobiologique au domaine. François continue ce combat en agriculture raisonnée, avec un retour au travail du sol et des raisins d'une maturité parfaite. Le domaine exporte beaucoup de ses vins.

Domaine de Montille

Rue de Pied de la Vallée - T. 03 80 21 62 67

Le domaine de Montille est situé à Volnay. Il doit sa notoriété à Hubert de Montille, personnage qui fit une apparition remarquée dans le film «Mondovino». À sa mort, en 2014, ses enfants Étienne et Alix lui succèdent. Le domaine possède de beaux premiers et grands crus. Certifié en biodynamie, le domaine propose des vins au sommet de la qualité, et notamment des blancs d'une pureté rares.

VOSNE ROMANÉE 21700

HÔTEL

Hôtel Le Richebourg - 4 étoiles

Ruelle du Pont - T. 03 80 61 59 59 - à partir de : 89€

Niché dans le prestigieux domaine Mongeard-Mugneret, ce refuge aux allures contemporaines a été aménagé en lieu et place d'une ancienne ferme pour proposer aux visiteurs de prolonger l'expérience par une vraie immersion au cœur du vignoble. On s'installe dans l'une des 22 chambres et suites au design épuré : œuvres d'art, mobilier design et, pour certaines, de petites terrasses qui offrent de belles échappées sur les vignes ou les ruelles du village. Et on poursuit la visite par la découverte de l'exploitation familiale (depuis 8 générations) qui s'étend sur environ 30 ha, avec dégustations à la clé. La table Le Vintage et un remarquable VineaSpa, qui réunit sauna, hammam, bains bouillonnants, viennent compléter l'offre de cette adresse, idéalement située sur la mythique route des grands crus de Bourgogne...

25

DOUBS

ARC ET SENANS 25610

Le Relais 11/20

9 place de l'Église - T. 03 81 57 40 60 - Menu(s) 25,50-42,50 €

Cette auberge de tradition installée dans une belle maison jaune du XVIe siècle est le fief de Valérie et Éric Maringue, qui font vivre une expérience chaleureuse et typique. La salle de l'hôtel-restaurant nous plonge dans le souvenir de ces auberges de campagne, avec la cheminée, les murs en grosse pierre et les casseroles en fonte accrochées. Les assiettes font vivre la région, un gourmand gratin d'écrevisses au comté, un duo de truites de la Loue, crème de savagnin et riz vénéré, un suprême de volaille aux morilles et vin jaune. Bon service.

AUDINCOURT 25400

CAVISTE

Les Amis du Vin

14 rue de Belfort - T. 03 81 30 37 23

Dans la banlieue de Besançon, ce caviste est une valeur sûre pour les locaux, avec ses bonnes sélections sur environ 600 références. La maison propose également des spiritueux, une bonne gamme de whiskys et de rhums.

PÂTISSIER

Maison Vergne

78 rue de Seloncourt - T. 03 81 34 52 75

Institution dans l'est de la France, qui compte aujourd'hui trois boutiques, également à Belfort et Montbéliard, la maison d'Éric Vergne s'est imposée pour sa technique et sa créativité. L'établissement propose une dizaine d'entremets originaux, des beaux cakes, des chocolats en coffret, des tablettes, des glaces... Un service traiteur est également disponible.

BAUME LES DAMES 25110

Le Château d'As 12/20

24 rue du Château Gaillard - T. 03 81 84 00 66 - Menu(s) 26-95 €

Juste au-dessous du Doubs, une belle adresse hôtelière stylée années 30. Chambres sous les toits et atmosphère familiale marque cette étape tout à fait recommandable. L'adresse fait dans la grande tradition, avec des recettes maîtrisées et bien exécutées. Parmi les plaisirs, œufs de poule comté de Passavant, escargots en ravioles, saint-jacques marinées au safran... Prix honnêtes. Cave locale.

BESANÇON 25000

Le Manège
14/20

2 faubourg Rivotte - T. 03 81 48 01 48 - Menu(s) 35 €

Une table sérieuse et réputée du quartier Rivotte, belle maison XVIIIe posée sur les rives du Doubs et au pied de la citadelle. Une prestation traditionnelle, un large choix dans le menu-carte à 35 € : terrine de truite saumonée aux gambas, omble chevalier plancha beurre blanc à l'absinthe, filet mignon de porc sauce au jus de griottines, nougat glacé aux amandes et fruits confits coulis de fruits rouges, autant d'assiettes au cordeau bien maîtrisées par Jean-Charles Lavier.

Le Parc
14/20

2 place de l'Armée Française - T. 03 70 88 60 60 - Carte 70 € - Menu(s) 38-95 €

La capitale franc-comtoise manque manifestement de belles tables depuis la glorieuse époque de Jocelyne Lotz-Choquart et de son Mungo Park. Ce Parc, ouvert en 2020 par la volonté des propriétaires du Château de Germigney, n'aligne pas (pour l'instant) autant de toques que ce dernier, mais il se dégage néanmoins de vraies bonnes ondes de cette table installée dans les anciens locaux de l'office de tourisme. Une jolie vue sur le parc Micaud et le Doubs, un service souriant et discret, et une cuisine à la fois soignée et personnelle, signée Vivien Sonzogni, un ancien élève de Pierre Basso-Moro... au château de Germigney : gaspacho de betterave, pickles de framboises et truite fumée, mousseline de brochet façon pain perdu, sauce au champagne et caviar d'Aquitaine, figue rôtie au miel (du château de Germigney), baba aux épices et crème à la fleur de figuier. Cave remarquablement commentée par Noémie Paris, la complice de Vivien.

Bleu de Sapin
12/20

7 rue Richebourg - T. 09 50 38 57 16 - Menu(s) 22 €

Après de nombreux voyages à découvrir les cuisines des régions françaises et du monde, Charlène Bassaler et Thibaud Devillers sont revenus au pays pour ouvrir, après un passage auprès de Pierre Basso-Moro à Germigney, cette maison accueillante du quartier du Battant, autant pour faire partager leurs expériences que pour vivre avec la production locale. Un joli cadre de bistrot brut et nature, la mise en avant d'agriculteurs et éleveurs de toute la Franche-Comté à travers une cuisine pleine de fraîcheur, signée à quatre mains, plutôt salée pour Charlène et plutôt sucrée pour Thibaud : tartare de noix de veau aux fraises pignons et menthe, maigre de ligne, beurre blanc au Pontarlier, purée de petits pois, chou-rave et cerise à la badiane, râble de lapin, jus à la sarriette et condiment à la rhubarbe. Desserts de saison complétant une courte carte, menu déjeuner à 22 €.

Les Gamins
12/20

10 rue Pasteur - T. 03 70 27 37 26

Une jeune table à suivre en plein centre-ville, à la jolie façade bleutée détonant au milieu de la pierre grise des maisons anciennes. Les Gamins marquent aussi leur différence avec une carte alerte, dans les codes de la mode : le gravlax de saumon Bömlo et gel concombre infusé au gin Hendricks, le tataki de bœuf moutarde miel pak-choï soja shimeji, et les desserts de l'époque comme la rhubarbe confite mascarpone gel gariguette. Ambiance pro et pas gamine, service détendu et efficace.

Le Poker d'As
11,5/20

14 rue du Clos-Saint-Amour - T. 03 81 81 42 49 - Carte 68 € - Menu(s) 28 €

Un des temples locaux de la cuisine bourgeoise traditionnelle, un peu à l'écart du centre. Une table sexagénaire, paisible et bien tenue pour déjeuners d'affaires. Travail soigné et bonnes manières : terrine de pot-au-feu de 7 heures, quenelle de brochet maison, escargots aux champignons, suprême de poulet fermier pattes noires au vin jaune et aux morilles, ris de veau braisé aux échalotes confites... Desserts réalisés dans le même esprit (délice chocolat glace cacao myrtilles réduction agrumes) et toque bien solide.

Restaurant 1802
11/20

Place Granvelle - T. 03 81 82 21 97 - Carte 56 € - Menu(s) 39 €

Un beau cadre dans la verdure du parc Granvelle, au cœur de la ville. Une bâtisse qui rend hommage à Victor Hugo, l'enfant du pays, par son année de naissance, et à l'Art nouveau dans son architecture. Pour l'assiette, une tradition plutôt bien actualisée par le chef Matthieu Engel, qui mérite cette année une petite toque avec son blanc-manger crème de petits pois à la sarriette, le duo de cochon sauce aigre douce et polenta croustillante, le millefeuille fraise mousse infusée au foin biscuit amande d'un équitable menu à 39 €, avec un service pro et une bonne sélection de vins au verre (chardo savagnin de Jean-Louis Tissot à 5,50 €).

La Charrette
11/20

11 rue Jean-Petit - T. 03 81 81 28 01 - Carte 50 € - Menu(s) 15,50-43 €

Dans un quartier calme des rives du Doubs, un bistrot de longue réputation qui a su se ressourcer au fil des ans pour présenter une prestation d'aujourd'hui avec des recettes sur fond de tradition. Deux bons menus à 33 et 43 €, dans un cadre simple et soigné : crémeux d'aile de raie citron câpres huile de noisette, tête de veau gribiche, magret sauce épices... Desserts qui «revisitent» beaucoup les classiques, la forêt noire, la tarte au citron, la crème brûlée version macvin...

L'Affineur Comtois

10/20

82 rue Battant - T. 03 81 61 47 29 - Carte 32€

Un représentant actif pour cette grande région fromagère : un cadre régional boisé, une bonne ambiance de partage des valeurs sûres entre poutres et pierres, avec les meilleurs fromages comtois, les charcuteries qui les accompagnent et les recettes classiques, croûte forestière, fondues déclinées, boîte chaude et poêlée comtoise à la cancoillotte maison. Et, bien sûr, les vins d'Arbois et côtes-du-jura pour suivre.

Restaurant Chez Achour

10/20

77 rue Battant - T. 03 81 81 42 20 - Menu(s) 16-34,90€

Une référence de longue date pour la cuisine berbère. Au cœur du quartier du Battant, Achour assure la qualité des couscous et tajines depuis plus de trente ans ; le décor et l'ambiance font le reste, vous transportant pour de bon au pays des «amazighs» (les hommes libres) avec le couscous kefta, le tajine agneau pruneau, et la paella sur commande. Bonnes cornes de gazelles et baklavas.

Les Tables d'Antan

10/20

18 rue Bersot - T. 03 81 83 04 42 - Carte 25€

Arrêt buffet touristique sur la rue Bersot, quand la balade bisontine aura créé une envie de plaisirs simples et populaires en plein centre. La réponse est ici, avec les généreuses spécialités de gratins et crumbles salés qui autorisent de nombreuses déclinaisons, cancoillotte et brési, canard confit et griottines, gratin gexois au filet de truite et bleu de Gex... Également de grandes salades repas et des crumbles sucrés.

CAVISTE

Barthod

20-22 rue Bersot - T. 03 81 82 27 14

Une maison fidèle et classique, cave et épicerie sur la très vivante rue Bersot. Du choix et de nombreuses idées cadeaux sous forme de paniers gourmands avec les spécialités régionales et l'épicerie fine, champagnes et alcools. On peut aussi déguster sur place, avec des ardoises charcuterie et fromage, et le vin au verre du moment à 4 €.

La Cambuse d'en face

20 rue Gustave Courbet - T. 06 85 15 77 65

Effectivement en face de son pub Kilarney, Xavier Racine a installé cette belle cave à bière où il peut promouvoir la production des brasseries artisanales régionales (tout un rayon, dont La Brailleuse, la Brasserie d'Épenoy, Backporte...), mais aussi ses choix et préférences parmi les autres régions. Également un rayon whisky.

Terres de Vin

3 rue Luc Breton - T. 09 82 39 18 27

Une boutique très centrale montée par deux amis amateurs de bons produits et de vins bio et nature. Plus de 400 références pour cet espace bien rangé aux prix attrayants, qui fait aussi bar à vin, alignant les valeurs sûres, comme Mikulski, Delecheneau ou Nicq, et les découvertes originales de la région, comme Jean-Baptiste Ménigoz et son «No Milk Today» en savagnin macéré...

Les Zinzins du Vin

14 rue de la Madeleine - T. 03 81 81 24 74

Au bas d'un bel immeuble de pierre, la cave franche et amicale qui vous prend par la main avec ses quilles de vignerons sélectionnés sur toute la France, du classique de la nouvelle vague et une belle représentation franc-comtoise. À l'appui, casse-croûte, planches et tout ce qu'il faut pour déguster dans une saine ambiance. Vin au verre à 6 €, bières artisanales.

CHARCUTIER

Bonnet Charcuterie Traiteur

4 rue de la Madeleine - T. 03 81 81 44 23

Au seuil du quartier du Battant, juste de l'autre côté du Doubs, un traiteur à la qualité régulière et aux nombreuses préparations classiques pour faciliter la vie ménagère avec sa batterie de hors-d'œuvre, les bonnes charcuteries régionales, les quiches, tourtes et pizzas, les gratins, tomates farcies...

FROMAGER

La Crèmerie du Marché

Marché couvert des Beaux Arts

Pour faire le plein des bons fromages régionaux sur ce bel étal boisé du marché couvert. Morbier, comté, cancoillotte, metton affiné et mont-d'or en saison, bien sûr, mais aussi du bon des autres régions, tommes, chèvres, pâtes molles, bleus, le saint-félicien de la Mère Richard. Également un peu de charcuterie.

PÂTISSIER

Pâtisserie Baud

4 Grande Rue - T. 03 81 81 20 12

Parfaitement placée sur la Grand-Rue, une boutique traditionnelle prolongée par une terrasse agréable et un salon de thé. On vient tôt le matin pour la viennoiserie, la bonne brioche et l'on remplit le carton de gâteaux individuels bien faits, dans une gamme classique. Les chocolats et les glaces sont aussi réputés.

Pâtisserie Grandvoinnet

50 rue de Belfort - T. 03 81 80 28 43

Bruno Grandvoinnet peut être satisfait. Reconnu, au sein du Salon du chocolat il fait preuve de bonnes idées dans le travail des produits du terroir avec les macarons au champagne ou le macaron framboise myrtille... Il sait aussi bien travailler le chocolat. A goûter, Les Chapinettes, petits bâtonnets ganache orange Grand Manier enrobés de sucre glace suivant une recette familiale où crémeux et fraîcheur font bon mélange; les Belles Comtoises petites vachettes de chocolat fourrées au praliné noisette.

PRIMEUR

Laetitia Martin - Légumes bio des sables

marché couverts Beaux-Arts

En 2015, Laetitia, représentant la quatrième génération, a repris l'affaire familiale de 19 ha. Elle cultive en bio toutes sortes de légumes, salades et aromates, à Auxonne, aux confins des trois départements de la Côte-d'Or, du Doubs et du Jura et présente ici la cueillette de saison.

TORRÉFACTEUR

Identité Café

9 rue Anvers - T. 09 63 20 84 69

Plus qu'une maison de café, un rendez-vous sympathique au cœur de la ville et de son secteur piétonnier, dans une petite rue rejoignant la rue Pasteur. La boutique est avenante, mignonnette, offrant un choix important, renforcé par des accessoires, cafetières et théières, et une petite terrasse.

TRAITEUR

Healthy Food

3 rue des Granges - T. 03 81 81 21 57

Ce traiteur très bien placé a bien travaillé sa boutique comme son offre pour proposer du snacking et des plats à emporter pour toutes les occasions, sous une dénomination «healthy food» qui n'empêche pas la gourmandise : quiches, gratins, pâté en croûte, lasagne, croûte forestière, canard aux lentilles et de nombreuses suggestions qui changent chaque semaine.

Maison Courbet

71 rue de Dole - T. 03 81 52 02 16

À la sortie de la ville, en allant vers Dole, une belle boutique, moderne et réputée, un vaste espace divisé en pâtisserie d'une part et charcuterie-traiteur de l'autre. Tout pour réussir ses réceptions et fêtes de famille à travers un catalogue complet d'entrées, plats cuisinés, douceurs. Également de l'épicerie fine et du vin.

Cocotte & Cie CUISINE AUTHENTIQUE

Le goût avant tout. Pour Christelle Laurent le sens de son métier est de mettre en valeur les aliments et l'authenticité de leur goût. Aussi, la Cheffe s'applique à choisir de bons produits de saison et aussi locaux que possible, afin de cuisiner des plats savoureux, « frais maison », comme la truite de la vallée marinée aux baies roses. Sa cuisine est simple au sens noble et décline chaque jour un menu du marché. Le cadre est contemporain et intimiste. Une bonne adresse de restaurant à midi ou le soir pour vos événements festifs ou professionnels.
Le + : À emporter.

1 bis, avenue de Verdun,
25110 BAUME-LES-DAMES
Tél. : 09-66-12-92-25
Facebook : restaurantCocotteetcompagnie25

Boulangerie-Pâtisserie Bellerive

LES DÉLICES SUCRÉS

À proximité du Parc Micaud, cette boulangerie-pâtisserie est le rendez-vous des gourmands. Installé en ces lieux depuis 2009, le sympathique Abilio Ferreira prépare des viennoiseries et des pâtisseries de qualité. Ici, on retrouve tous les classiques de notre savoir-faire national, façonnés avec soin et avec tout l'amour du métier. Des créations délicieuses et une belle adresse à découvrir pour les petites faims et envies de gourmandises.
Ouvert tous les jours sauf le samedi.

17, allée de l'Île-aux-Moineaux,
25000 BESANÇON
Tél. : 03-81-52-30-54

Le Cercle

BISTRONOMIE COMTOISE

Comptant parmi les plus anciennes adresses de la cité bisontine, Le Cercle est une institution. Aujourd'hui tenu par le chef, Raphaël Ducret, le restaurant propose une cuisine bistronomique inventive et savoureuse. Sa spécialité est un incontournable : le ris de veau caramélisé ! Autres atouts : des fondues délicieuses (aux morilles ou encore au vin jaune*). Coup de cœur pour le burger aux escargots. Des créations à découvrir dans ce cadre convivial.
Ouvert tous les jours sauf mardi et mercredi.

4, rue Lacoré, 25000 BESANÇON
Tél. : 09-83-69-68-81

*L'ABUS D'ALCOOL EST DANGEREUX POUR LA SANTÉ.

Le Calice Enchanté

AVENTURES ET RIPAILLES

Une sorcière et un maître du jeu vous accueillent au cœur de Besançon. Un repaire pour les passionnés de médiéval et de fantastique.

Eva est pâtissière et pratique la « sorcellerie » (cartomancie, plantes médicinales...). Son compagnon Michel est créateur de jeux de rôles. Ils ont ouvert début 2021 cet établissement atypique et à leur image. Toute la journée la pitance du jour mijote dans la marmite au coin du feu. Les recettes sont fidèles à la cuisine du Moyen Âge, avec des ingrédients locaux et de saison. Au moins une animation par semaine est proposée aux habitués : cafés thématiques l'après-midi, banquets festifs (troubadours) ou ludiques (jeux de rôles) le soir. Également une boutique avec artisanat et boissons médiévaux. Pour les fidèles et curieux, ouvert du mardi au samedi.

9, rue Péclet, 25000 BESANÇON
Tél. : 06-26-74-25-37
Facebook / Instagram: @lecaliceenchante

La Table de Cyrille

AUTHENTIQUE GASTRONOMIE

C'est dans un bâtiment classé du XVIe siècle que le jeune chef Cyrille Pasquier a installé ses fourneaux, en juin 2020. Arborant fièrement le prestigieux titre de Maître Cuisinier de France, il valorise les traditions gastronomiques de notre patrimoine culinaire, à l'image de sa création Signature : le pigeonneau royal marbré en feuilleté. De beaux accords mets et vins* sont servis avec grand soin, en toute intimité, par Xavier, son maître d'hôtel. Les amateurs d'authentique gastronomie apprécient.

Ouvert tous les jours, midi et soir, sauf le dimanche soir, le samedi midi et le mercredi.

37, rue Battant, 25000 BESANÇON
Tél. : 03-81-82-19-76
www.latabledecyrille.fr

*L'ABUS D'ALCOOL EST DANGEREUX POUR LA SANTÉ.

Bières & Caetera

CAVE ET BAR À BIÈRES*

C'est une adresse atypique et chaleureuse, un lieu de découvertes qui vous propose neuf bières en pression et deux cent cinquante autres en bouteilles. Des bières artisanales, locales, régionales, françaises... Et même des « bières du monde » et du vin du Jura au verre. Des pépites à savourer sur place, accompagnées d'une planche généreuse, ou à emporter à la maison pour que vos invités profitent de votre coup de cœur du moment ! *Ouvert du mardi au vendredi de 14h à 22h30 et le samedi de 11h30 à 22h30.*

12, rue Luc-Breton, 25000 BESANÇON
Tél. : 09-53-36-40-48
E-mail : contact@bieres-et-caetera.fr
Facebook : bieresetcaetera
Instagram : @bieresetcaetera

De toutes les passions, la seule vraiment respectable me paraît être la gourmandise.

Guy de Maupassant
(1850-1893)

Le White Restaurant

DES VIANDES ET POISSONS SUR PIERRE

Ouvert fin 2020 par Emmanuel Rota et Sébastien Mirablon, à Chalèze, le White Restaurant propose une cuisine traditionnelle. On y déguste du bœuf ou du thon sur pierre, avec des fritures. Tout est fait maison, à base de produits régionaux et locaux. Sur deux niveaux, l'établissement de 900 m² accueille un bar lounge à l'étage, qui fait dancing. Sans oublier une terrasse le long du Doubs. Le tout en noir et blanc, dans une ambiance chaleureuse.

2, rue des Marronniers, 25220 CHALÈZE
Tél. : 03-81-25-36-52
www.lewhiterestaurant.fr

*L'ABUS D'ALCOOL EST DANGEREUX POUR LA SANTÉ.

BLAMONT 25310

L'Auberge de la Tante Arie

10/20

4 rue Viette - T. 03 81 34 50 19 - Carte 49 €

Cette charmante auberge aux portes de la Suisse affiche d'emblée son régionalisme avec un décor en bois qui évoque la montagne et les traditions. Emmanuel et Magali proposent ainsi des classiques locaux, un feuilleté aux morilles et champignons, une truite de Delle marinée, asperges et copeaux de vieux comté, un filet de dorade aux légumes d'été, une joue de bœuf en cocotte, un parfait glacé au macvin.

BONNETAGE 25210

L'Étang du Moulin

14/20

5 chemin Étang du Moulin - T. 03 81 68 92 78 - Menu(s) 80-155 €

Ah, les morilles sauvages cuites en ragoût à la crème et vin jaune ou la noix de ris de veau caramélisée au miel de sapin et vinaigre balsamique... Le chef, Jacques Barnachon, nous enchante avec ses assiettes signature, mais aussi avec son inventivité qui, au fil des saisons, lui inspire nouveaux accommodements et nouvelles recettes, comme ce carré de porc caviar d'aubergines à la cuisson sans défaut et à la saveur inégalée, ou ce pressé de foie gras d'oie et crumble au sapin à l'équilibre parfait. Et puis, au sortir de ce délicieux moment terminé avec la ganache chocolat gentiane joliment conçue par Marie, la balade en forêt achève de nous réjouir. La carte des vins est sage et le service avenant.

BUFFARD 25440

Auberge de Buffard

10/20

5 Grande Rue - T. 03 81 57 47 99 - Menu(s) 29-45 €

Située au bord de la Loue, à la frontière du Jura et du Doubs, cette auberge avec terrasse propose les meilleures traditions des deux départements. Les classiques jurassiens sont au rendez-vous, dans une réalisation simple et soignée : œuf meurette à la saucisse de Montbéliard, une ballottine de poisson d'eau douce, truite fumée de la Loue, un mijoté de paleron de bœuf, une pièce de bœuf déglacée au poulsard et échalotes confites... Formules de 29 à 45 €.

CHAMESOL 25190

Mon Plaisir

14/20

22 lieu-dit Journal - T. 03 81 92 56 17 - Menu(s) 49-110 €

Si la façade ne dit rien du trésor qu'elle dissimule, il ne faut pas hésiter à franchir la porte pour découvrir les plaisirs discrets, mais certains de Christian Pilloud.

Sagement installé ici depuis plus de vingt ans, il fait vivre une gastronomie régionale et bourgeoise avec une constance rare. Le lieu est élégant et bien tenu, nappes blanches, beau service et mobilier en bois verni, accueillant des menus bien construits à partir de 49 €, où l'on verra passer par exemple un dos de truite saumonée, pappardelle de céleri et crème de savagnin, un beau suprême de pigeonneau royal laqué à la confiture de pinot noir. Cave complète.

CLÉRON 25330

FROMAGER

La Fromagerie de Jean Perrin

Zone Artisanale - T. 03 81 62 41 41

Installée au cœur du Jura, non loin de la Loue, la fromagerie de Jean Perrin est une référence locale depuis 1965. Les savoir-faire transmis de génération en génération ont permis l'élaboration d'une belle gamme de fromages artisanaux, les classiques morbier et comté tous deux AOP, et aussi le fromage à raclette, l'édel de Cléron ou encore le val de Lou, le saint-vernier et autres tommes.

CUBRY 25680

HÔTEL

Château de Bournel - 4 étoiles

Domaine de Bournel - T. 03 81 86 00 10 - à partir de : 90€

Niché dans un parc à l'anglaise au cœur de la Franche-Comté, ce château du XVIIIe siècle, qui fut autrefois la propriété du marquis de Moustier, a été transformé en un hôtel luxueux qui réunit 16 chambres et suites. Toutes possèdent leur charme et leur singularité, habile alliance de mobilier et de tapisseries d'époque, mêlés à un confort plus contemporain. Décorée dans le même esprit, la Brasserie de Bournel offre une cuisine locale, rendez-vous idéal après une partie de golf. Le domaine est doté d'un parcours 18 trous dessiné par François Berthet, s'intégrant parfaitement au paysage avec ses plans d'eau et ses cascades. Une escapade en pleine nature que les amateurs pourront prolonger en découvrant les multiples activités concoctées par Ilaria et Gaspard de Moustier, les propriétaires de ce beau refuge : dégustation de vins, cueillettes du jardinier, pique-nique familial, sans compter les sessions de méditation ou sylvothérapie proposées dans l'enceinte du spa ou dans le parc...

ÉTUPES 25460

Au Fil des Saisons

12/20

3 rue de la Libération - T. 03 81 94 17 12 - Menu(s) 26,50-45€

Proche de Montbéliard, la charmante propriété de Stéphane et Fabienne Robinne, tient son rang depuis plus de vingt ans, avec une belle constance. Dans un cadre en toute sobriété, les clients se retrouvent devant une cuisine de terroir retravaillée avec goût qui suivent les saisons. On pourra notamment se laisser tenter par le cube de thon rouge mariné et sésame grillé salade de fenouil, paleron de veau basse température au basilic aubergines et courgettes, sablé breton crémeux pistache et fruits rouges. Formules à partir de 26,50 €.

GENEUILLE 25870

Château de la Dame Blanche 14/20

1 chemin de la Goulotte - T. 03 81 57 64 64 - Menu(s) 40€

Ce château-manoir a beaucoup de charme et il fait bon s'y arrêter pour une halte reposante, d'autant qu'on pourra ainsi goûter, sous la grande et lumineuse verrière, la cuisine du chef Antony Serra qui n'est jamais à court d'idées pour nous régaler. S'appuyant sur des producteurs fidèles et compétents, il élabore une cuisine colorée et savoureuse au gré de son inspiration qui n'est pas moindre et des saisons qui apportent textures et couleurs différenciées dont il sait avec talent tirer parti. Une carte courte mais très satisfaisante. Belle carte des vins et service ad hoc.

HÔTEL

Château de la Dame Blanche - 4 étoiles

1 chemin de la Goulotte - T. 03 81 57 64 64 - à partir de : 118€

Tombés sous le charme de ce château romantique en 2015, Ophélie et Antony Serra ont décidé de lui redonner une nouvelle jeunesse en aménageant 35 chambres et suites qui allient tonalités claires, mobilier d'époque et notes contemporaines. Si Ophélie a présidé à la décoration des lieux, la cuisine est le fief d'Antony (passé par les cuisines du Chapeau Rouge, à Dijon) qui concocte ici une cuisine savoureuse que l'on déguste sous la magnifique verrière d'inspiration victorienne du château. Pensé pour le bien-être de ses hôtes, l'établissement abrite un espace spa avec hammam, sauna, douche sensorielle et cabines pour soins et massages. Un refuge parfait pour retrouver son énergie avant de partir à la découverte du délicieux parc de 7 ha planté d'arbres centenaires (le ginkgo biloba est le symbole du domaine) et enrichi de trois cabanes perchées dans les arbres pour jouer les Robinson.

Menu(s)

Fourchette de prix mentionnant le menu le moins cher et le menu le plus cher proposant à la fois entrée, plat et dessert sans les boissons, qui n'exclut pas les prix intermédiaires

Restaurant du Pont

LA NATURE DANS L'ASSIETTE

C'est dans un cadre bucolique que se sont installés Jacqueline et Didier. Leur chef, John, sélectionne des produits de saison pour composer de délicieux mets. Au menu, la truite meunière au vin jaune* et les morilles à la crème, des spécialités emblématiques de la Maison. En dessert, crème brûlée, moelleux au chocolat ou tarte maison égayeront vos papilles. Carte à l'année et suggestions nouvelles au fil des saisons et de l'inspiration du chef. Agréable terrasse au bord du Doubs.

2, route du Jura, 25470 GOUMOIS
Tél. : 03-81-67-78-03
www.lepontgoumois.fr

Restaurant Le Commerce

UNE LONGUE HISTOIRE DE FAMILLE

Au cœur de Guyans-Vennes, Le Commerce a une histoire riche de plus d'un siècle.
Depuis 2017, Jeffrey André, cinquième génération, s'est associé à ses parents. Dans une ambiance chaleureuse et montagnarde, on y déguste des plats traditionnels et régionaux réalisés avec des produits frais du terroir.
Au menu : des Croûtes aux morilles, des viandes de qualité cuites sur pierre, des fondues et raclettes avec le fromage du village.
Incontournable !

13, grande Rue, 25390 GUYANS-VENNES
Tél. : 03-81-43-52-09
www.restaurantducommerce25.com

Auberge de la Perdrix UNIQUE !

Lâchez prise ! Laissez-vous emporter par la chaleur de cette auberge, située à 1100m d'altitude dans une ferme comtoise du XVIIe, par la beauté de sa nature environnante, la convivialité de ses équipes et sa sublime cuisine authentique à base de viandes cuites au feu de bois. Olivier, l'aubergiste, sélectionne les bêtes locales sur pied ! L'auberge propose 8 chambres et est privatisable.

2, rue de la Perdrix,
25650 HAUTERIVE-LA-FRESSE
Tél. : 03-81-38-12-90
www.aubergelaperdrix.com

*L'ABUS D'ALCOOL EST DANGEREUX POUR LA SANTÉ.

GOUMOIS 25470

Restaurant Taillard

12/20

Altitude 605 - T. 03 81 44 20 75 - Carte 28 € - Menu(s) 34,50-92 €

Hôtel 4 étoiles à la frontière suisse, ce chalet campé dans la nature est le domaine de Pascal Charreyras. Le chef travaille une cuisine bourgeoise et de terroir, attachée aux beaux produits. Notamment passé chez Loiseau et Marcon, le chef fait preuve d'une technique éprouvée, qui donne à voir des assiettes de belle facture, comme le bar de ligne cuit sur peau sucrine braisée et jus de poisson de roche, mignon de porc rôti croûte d'herbes et romarin.

LES 10 COMMANDEMENTS DE GAULT&MILLAU

1

« Tu ne cuiras pas trop. »

2

« Tu utiliseras des produits frais et de qualité. »

3

« Tu allégeras ta carte. »

4

« Tu ne seras pas systématiquement moderniste. »

5

« Tu rechercheras cependant ce que t'apportent les nouvelles techniques. »

6

« Tu éviteras marinades, faisandages, fermentations, etc. »

7

« Tu élimineras les sauces riches. »

8

« Tu n'ignoreras pas la diététique. »

9

« Tu ne truqueras pas tes présentations. »

10

« Tu seras inventif. »

L'Hermitage

LA RECETTE DU BIEN-MANGER

Pourquoi changer une recette qui plaît ? Voici des restaurateurs qui ont, depuis quatorze ans maintenant, bien cerné les goûts et les attentes de leurs clients. Qu'ils soient locaux ou de passage, les amateurs du bien-manger se retrouvent avec bonheur dans leur établissement.

En plein centre du village des Fourgs, petite station de ski familiale, et au milieu de son unique rue, vous ne pouvez pas manquer L'Hermitage et son ambiance chaleureuse. Authentique au niveau de son cadre et de sa décoration, L'Hermitage l'est aussi dans le verre et dans l'assiette. Le Chef a conçu une carte qui valorise les spécialités locales : assiette de montagne, jambon chaud du pays, fondue au Comté, etc. Une cuisine de terroir élaborée à partir de produits locaux, des assiettes généreuses et un accueil chaleureux composent les ingrédients du succès du restaurant qu'il dirige avec Nadia, sa sympathique épouse. *« Nos clients sont de bons vivants. Ils viennent pour la qualité de nos propositions, qui varient tous les week-ends, et ils reviennent pour la générosité et la convivialité, disent-ils »*, confie la restauratrice. Coup de cœur également pour ses plats à base de viandes sans oublier pour le dessert incontournable de L'Hermitage : des profiteroles et choux maison. Et si on vous dit que le rapport qualité/prix est aussi bon que le vin d'Arbois*, ou autre production locale, qui accompagnera votre repas ? Vous appelez pour réserver et vous avez bien raison !

Ouvert à midi 7j/7 et le soir, du vendredi au dimanche.

Les + : Plats et pizzas à emporter. Privatisation possible.

71, Grande Rue, 25300 LES FOURGS
Tél. : 03-81-69-48-31
www.restauranthermitage.com

*L'ABUS D'ALCOOL EST DANGEREUX POUR LA SANTÉ.

Croque Saison

UN ÉMERVEILLEMENT

Après avoir exercé dans les plus belles maisons, entre celle de Paul Bocuse, Michel Bras et Guy Savoy, le Chef, Vincent Leray signe une cuisine orchestrée par les séquences du temps : la sienne !

Établi sur les hauteurs de Morteau, propices à la contemplation, ce restaurant est une ode à la lenteur du temps qui passe, une ode rythmée par les notes harmonieuses d'une cuisine orchestrée par les saisons. D'ailleurs, son logo composé de quatre éléments (du vert doux des sapins au printemps au bleu des cristaux de neige, en passant par le jaune des blés d'été et les feuilles rouges de l'automne) et leurs tabliers au code couleur des trimestres, affichent fièrement son parti-pris.
Car la saisonnalité, il la respecte ! *« Fruits, légumes, viandes, poissons ou encore fromages suivent leur propre cycle »*, explique le Chef avant de préciser : *« Celui de la sole, par exemple, court de février à début octobre. Le foie gras en été est une hérésie. La carotte râpée n'est sublime qu'au printemps. »* C'est donc toute une recherche qu'il entreprend pour rencontrer les petits producteurs locaux. Et c'est bien dans le respect des produits que Vincent Leray s'exprime laissant son marché quotidien l'inspirer. D'ailleurs, le restaurant n'affiche aucune carte préétablie. *« Ainsi, il n'y a pas de rigidité dans le travail ; que de la créativité »*, ajoute le Chef.

Vincent Leray, un Chef rebelle

Depuis son plus jeune âge, Vincent Leray, Compagnon du Tour de France, voulait être cuisinier. Son talent, il le met à l'épreuve des plus grands pour lesquels il travaille, cherchant ainsi à se rapprocher de ce que son grand-père

affectionnait : la cuisine de Paul Bocuse. Celui-ci, qui dédicacera le livre de recettes de l'aïeul de Vincent, sera le premier à l'accueillir. Mais alors que tout semblait tracé, un brin rebelle, Vincent décide au bout de deux ans de quitter la brigade sise à Pont-de-Collonges. Il n'hésite pas à faire entendre ses rêves. Paul Bocuse le laisse partir pour de nouveaux horizons, notamment chez Michel Bras. *« Un autre monde s'est alors ouvert à moi »*, dit Vincent Leray.
Les années passent, mais Vincent se lasse, suit son cœur, ose et s'installe. Fils et petit-fils d'artisans charcutiers traiteurs sarthois, il renoue avec les valeurs familiales en s'affranchissant d'une cuisine pour l'élite pour proposer une cuisine sous le signe de la simplicité et de la spontanéité. Une quête d'excellence pour tous. *« C'est comme un retour à l'essence même de mon métier : proposer au plus grand nombre des instants de partage autour d'une cuisine de marché »*, dit le Chef qui poursuit : *« Et parce nous exploitons tout le potentiel culinaire, nous ne rechignons pas à réaliser des plats mijotés pour le déjeuner. »*
Même la spacieuse salle du restaurant est sobre, laissant la nature comme seul décor. Et, tout comme il conçoit la cuisine tel un univers d'expression et de partage, il expose des artistes locaux pour animer les lieux.

Aussi, confortablement installé, laissez-vous transporter par sa cuisine sensible qui fait un hommage vibrant à la simplicité des saveurs élégantes des saisons !

Vincent Leray, un créatif en mouvement
Ajoutons que Vincent Leray a créé en partenariat avec la Coutellerie Freyjean de magnifiques couteaux réalisés artisanalement, numérotés, en vente sur son site. Au design simple et épuré, ils sont dotés d'une lame mat austral et d'un manche en merisier ou en noyer issus d'essences franc-comtoises. Sa boutique propose aussi le livre de recettes à base du Veau d'Aveyron et du Ségala.

✉ Lieu-dit Sous les Sangles, 25500 LES FINS
Tél. : 03-81-64-32-20
croquesaison.fr

LIESLE 25440

Le P'tit Lieslois
10/20

9 rue des Artisans - T. 03 81 57 44 43 - Menu(s) 15,60-28,30 €
Dans une campagne calme non loin du Jura, cette table de village est un rendez-vous joyeux où les familles et les amis se retrouvent pour une assiette roborative et une petite partie de pétanque. Les cuisines délivrent pizzas, burgers et traditions locales, pour tous les goûts, une croûte forestière, une truite sauce vin jaune, une viande de bœuf sauce morilles, une crème brûlée au macvin. Service souriant.

MALBUISSON 25160

Le Bon Accueil
16/20

CHEF : MARC FAIVRE

1 chemin de la Grande Source - T. 03 81 69 30 58 - Menu(s) 28-98 €
Ils sont aux commandes de ce Bon Accueil depuis plus de trente ans et on jurerait pourtant qu'ils ont repris l'affaire l'an dernier. Marc et Catherine Faivre n'ont jamais baissé les bras devant les difficultés, maintenant coûte que coûte les hautes prestations de leur table, au point désormais d'être la référence régionale. Une cuisine sincère, une cuisine de beaux produits, mise en lumière avec intelligence par un chef qui sait faire une sauce, cuire un pigeon, respecter la chair délicate d'un lieu jaune ou rendre hommage à une belle truite de la région. Pour tout cela, et pour le service à la fois enthousiaste et efficace, les 3 toques demeurent solidement accrochées au fronton de cette solide demeure franc-comtoise.

HÔTEL

Hôtel SPA Les Rives Sauvages - 4 étoiles

9 rue de l'Église - T. 03 81 38 74 37 - à partir de : 130 €
Propriété de la famille Chauvin depuis 1949, cet hôtel posé sur les rives du lac Saint-Point a été largement restauré en 2017 pour offrir un refuge aux allures de resort, largement dédié au bien-être avec une piscine intérieure et un espace bien-être. L'établissement réunit 16 suites-appartements aux lignes claires, ouvrant toutes sur le lac et dotées, pour certaines, d'une petite terrasse et d'un espace cuisine. Idéal pour concocter ses propres recettes, à moins que l'on ne préfère rejoindre l'une des trois tables de l'hôtel : le restaurant gastronomique Le Lac et sa cuisine locale revisitée, le Restaurant du Fromage, qui fait la part belle aux spécialités régionales (nous sommes dans le pays du comté et du mont-d'or !), ou encore À la Ferme, qui propose une cuisine traditionnelle de terroir. Un lieu idéal pour un séjour en famille au bord du troisième plus grand lac de France et dans une nature miraculeusement préservée.

MONTBÉLIARD 25200

Le Saint-Martin 13/20

1 rue du Gén-Leclerc - T. 03 81 91 18 37 - Menu(s) 29 €

Derrière une façade au style traditionnel en briques rouges, fenêtres à petits carreaux et police gothique, se révèle une table bourgeoise et bien fréquentée. La mise est soignée, nappes blanches et argenterie, l'atmosphère feutrée, douce, maîtrisée, la décoration est actuelle et classique. Les assiettes d'Olivier Prévot-Carme, en place depuis 1986, offrent aux produits nobles le premier rôle. On appréciera la délicatesse d'un rectangle de truite marinée et d'une grosse asperge croquante, un imposant turbot qui prolonge le plaisir et purée de patate douce, un lait de coco et une touche de curry vert, ou une trilogie de taureau charolais. Les tarifs sont assez costauds, mais le menu affaires du déjeuner est à 29 €. Très belle cave de plus de 400 références.

Le Châtel 10/20

9 rue de l'Étuve - T. 03 81 92 57 08 - Carte 9 € - Menu(s) 26 €

Protégée des regards dans un coin de la place Velotte, cette brasserie contemporaine est bien connue des Montbéliardais, qui s'en servent comme point de rendez-vous à l'occasion d'un déjeuner entre collègues, une petite bouffe entre amis. La carte est convenue et se veut avant tout à la portée de toutes les envies, une salade César, un tartare de veau, un filet de truite de Delle, sauce citron et ciboulette, une saucisse de Montbéliard et moutarde artisanale, une tarte citron meringuée. La cave démontre un début de recherche, avec une petite cinquantaine de références, des lieux communs et quelques grandes appellations, château-chalon, viré-clessé, chorey-lès-beaune, côte-rôtie, condrieu...

PÂTISSIER

Pâtisserie Pawly

17 place Denfert Rochereau - T. 03 81 91 01 68

Cette pâtisserie du centre de Montbéliard est une bonne option pour une pause sucrée en terrasse. On pourra déguster les classiques et les spécialités comme le «Paris-Montbéliard». On y retrouve aussi des viennoiseries pour le petit-déjeuner, des chocolats, des confiseries et des glaces. Également un service traiteur.

Carte

Addition moyenne d'un prix à la carte englobant le prix d'une entrée + plat + dessert

Table 24

DÉLICIEUX MOMENT INTIMISTE

Accueillant 24 convives seulement, cette table unique en son genre enchante les papilles, au cœur de la station de Métabief. Christophe, le Chef, et sa compagne, Patricia, œuvrent pour vous faire passer un délicieux moment. *« Ici, les clients prennent le temps de déguster nos propositions, toutes concoctées à partir de produits hyper frais »*, confie Christophe qui apporte un soin tout particulier aux accords mets et vins*. La croûte aux morilles, la truite au vin jaune, ou encore la fondue et ses savoureuses déclinaisons, comptent parmi les spécialités estampillées bistronomie. Aucun risque de se lasser : la carte évolue au fil des saisons et de l'inspiration de ce sympathique chef.
Succès oblige, la réservation est plus que conseillée.
Ouvert du mercredi au dimanche, midi et soir.
Le + : Privatisation possible.

26, rue du Village, 25370 MÉTABIEF
Tél. : 03-81-49-02-40
Facebook : @Christophetable24

© Alexis Baud

Pane Olio e Sale

UNE DÉLICIEUSE TABLE ITALIENNE

Ouvert depuis six ans par Concetta-Maria Caruso, Pane Olio e Sale (du pain, de l'huile et du sel) propose une table italienne à partir de ces trois ingrédients, au cœur de Montbéliard. On y déguste des pâtes fraîches, entre raviolis, gnocchis et lasagnes, conçues à l'ancienne avec de la semoule de blé dur venue de Sicile. Fromages, charcuteries et vins* viennent aussi directement d'Italie.
Le tout dans une ambiance cosy, avec une superbe véranda.

4, rue du Docteur Beurnier,
25200 MONTBÉLIARD
Tél. : 03-63-81-70-31
paneoliosale.eatbu.com

*L'ABUS D'ALCOOL EST DANGEREUX POUR LA SANTÉ.

Maru まる

DE VRAIES SPÉCIALITÉS JAPONAISES ET C'EST TOUT !

La gastronomie nippone ne rime pas forcément, et loin de là, avec sushi, maki et sashimi. La preuve avec les propositions de ce restaurant authentique créé par un couple fan du Japon et respectueux de ses traditions culinaires.

Plus que tout, c'est l'envie de partager avec vous les créations de Suphawadi, racontées en salle par Julien, qui anime ce couple de restaurateurs passionnés. Le talent de la cheffe fait le reste. Il se traduit, pour vos papilles, par un choix de nouilles sautées (yakisoba), de ramens, de curry japonais ou encore de bentos que vous allez adorer, si vous avez pensé à réserver !

Petit plus : le coin épicerie de Maru (spiritueux*, thés, vaisselle importée...) vous propose de repartir avec un petit bout de Japon.

Ouvert du mardi au samedi, midi et soir.

Le + : Plats à emporter.

18, rue de Belfort, 25200 MONTBÉLIARD
Tél. : 03-81-35-95-72
E-mail : marumontbeliard@gmail.com
Facebook/Instagram : @marumontbeliard

> *La vraie cuisine est une forme d'art. Un cadeau à partager.*
>
> Oprah Winfrey (1954-)

Baratie Burger

BURGERS ET PÂTISSERIES DE QUALITÉ

Pourquoi tester, et approuver, Baratie Burger ? Principalement pour l'accueil sympathique et la qualité de ses burgers. Du classique au plus élaboré, ils sont 100% maison, renouvelés selon l'inspiration et aussi savoureux que les desserts de Brandon, pâtissier-chocolatier passionné. Pour vous régaler sur place, pensez à réserver ! *Ouvert du mardi au samedi, midi et soir.* **Le + :** Burgers à emporter et en livraison via Le Triporteur.

30, rue Georges Clemenceau, 25200 MONTBÉLIARD
Tél. : 03-70-94-73-02 – **Facebook :** @baratieburger

*L'ABUS D'ALCOOL EST DANGEREUX POUR LA SANTÉ.

Le Rucsh

DEUX SALLES, DEUX AMBIANCES

Selon que vous êtes pressé ou que vous avez le temps, Laurent Ruch a imaginé deux offres : la modernité industrielle de la brasserie ou le restaurant art déco. Le chef sélectionne des produits frais de saison pour composer de jolies et succulentes assiettes.

Black burger au rumsteck Black Angus ou burger du chef au steak haché Angus et son foie gras maison, dos de cabillaud sauce savagnin cancoillotte pour la brasserie ; filet de bœuf Angus façon Rossini sauce Marsala* ou dos de cabillaud enveloppé de jambon fumé sauce Mont d'Or pour le restaurant, choisir parmi ces plats, accompagnés de légumes frais ou de frites maison, n'est pas facile ! Même dilemme avec les desserts : opterez-vous pour la crème brûlée aux fèves tonka ou la génoise chocolat blanc noix de coco ? Des saveurs originales que le chef aime imaginer pour surprendre ses convives.

19, rue du Bief, 25500 MORTEAU
Tél. : 03-81-64-30-56
www.le-rucsh.fr

Le Café des Arts

AUTHENTIQUE

Le Chef, David Darnajoux, labellisé Euro-Toques et fort d'un parcours dans de belles maisons, propose une cuisine gastronomique qui sublime les produits du terroir. Vous succomberez avec le carpaccio de truites suivi de la ballottine de poulet farci, mousseline de Morteau au Comté, crème de vin jaune* et morilles, suivie de la Forêt noire aux griottines de Fougerolles. On aime son épicerie composée de charcuterie artisanale – terrines, pâtés croûte, oreillers Belle Aurore...– et autres produits locaux.

1, rue Saint-Laurent, 25290 ORNANS
Tél. : 03-81-82-20-87
Facebook : @david.CDA.25290

> *L'âme du gourmand est toute dans son palais.*
>
> Jean-Jacques Rousseau (1712-1778)

*L'ABUS D'ALCOOL EST DANGEREUX POUR LA SANTÉ.

PONT LES MOULINS 25110

Auberge des Moulins

12/20

2 rue de Pontarlier - T. 03 81 84 09 99 - Menu(s) 36€

L'auberge de pays, dans la nature environnante, marquera une escale sur la route des vacances pour un moment de simplicité et de terroir. À prix compétitifs, le chef réalise une assiette du marché suivant les envies du moment et les saisons, à la façon d'un cabillaud tuile à l'encre de seiche, petits légumes et crème citronnée, ou encore une douceur sorbet mangue et mousse au chocolat blanc. Service souriant.

PONTARLIER 25300

Pourquoi Pas

11,5/20

7 faubourg Saint-Étienne - T. 0381384798 - Carte 54€

Nouvelle adresse située sur la départementale qui traverse la ville, ce néobistrot est une bonne nouvelle pour la ville, qui profite d'un nouveau souffle, une cuisine actuelle et bien dressée, signée Jérôme Vincent. La carte défend des associations dans l'air du temps, une très belle entrée de champignons, petits pois et orties, un savant duo de pieds de porc et langoustine, tout en texture, un bœuf artichaut intéressant dans l'idée, mais qui mériterait une cuisson encore plus fondante, un veau, céleri et framboise dans la bonne mode. La cave va dans une direction très encourageante, bio et nature, des vins de chez Berthet-Bondet, Emmanuel Giboulot, Lindenlaub, Chante Cigale...

La Pinte Comtoise

10/20

4 rue Jeanne d'Arc - T. 03 81 39 07 35 - Menu(s) 29€

Dans une rue calme à deux pas des commerces, la table de Marie-Jo et Marc Fischer est une bonne destination pour découvrir les spécialités locales. On pourra tester la croûte aux morilles, le soufflé de sandre et crème d'écrevisses, le suprême de pintade au comté, crème au savagnin, une «morbiflette», un soufflé glacé au macvin...

CAVISTE

Au Bon Échanson

66 rue de la République - T. 03 81 46 52 93

Reprise en 2019 par Arnaud, la maison poursuit sa mission à la suite de Philippe Chapon, avec une égale attention. On y retrouve une sélection très vaste de vins, de France et d'ailleurs, ainsi qu'une bonne variété d'environ 100 whiskys. Les absinthes, spécialités de la région, sont évidemment représentées.

CHOCOLATIER

Marc Verdant

8 rue de la Gare - T. 03 81 39 09 25

Marc Verdant a du succès et c'est pourquoi sa boutique est grande, pour accueillir tout le monde, ses activités de pâtisserie et de chocolaterie, et même un salon de thé ! L'endroit est contemporain avec des lignes épurées et des étalages géométriques, les belles rangées de macarons et les chocolats originaux.

Simplement Chocolat

79 rue de la République - T. 03 81 46 35 27

Depuis 2002, Fabienne Poix-Daude s'est imposée à Pontarlier comme LA chocolatière, pour ses belles gammes de produits et sa belle boutique au mobilier blanc et verre. L'entreprise familiale (Laure a rejoint sa maman) tient sa renommée de ses beaux coffrets de chocolat ; on recommandera également les tablettes, les macarons, les biscuits et la confiserie, et les glaces en été.

FROMAGER

Fromagerie Badoz

4 rue Gustave Eiffel - T. 03 81 39 80 20

Institution depuis 1961, la Fromagerie Badoz est implantée en lisière de Pontarlier, et est renommée pour ses fameux fromages AOP, le mont-d'or, le morbier et le comté. La maison a toutefois d'autres gammes, des tommes, du fromage à raclette, des cancoillottes, des crémeux du Jura...

TORRÉFACTEUR

Cafés Querry

10 rue Eugène Thévenin - T. 03 81 39 11 51

En activité depuis 1976, cet historique torréfacteur de Pontarlier a ouvert un grand local contemporain dans la nouvelle zone commerciale, lui permettant d'exposer au mieux sa production. On peut observer l'atelier de torréfaction tout en savourant l'un des crus de la maison, mais encore apprécier les sélections de thés, de tisanes et d'infusion, ainsi que les machines à café et les produits d'épicerie.

Tables Gourmandes – 11/20 à 12,5/20

Tables Originales – 10/20 à 10,5/20

Pourquoi Pas

REMARQUABLE

Raffinement, modernité et créativité sont incontestablement les maîtres-mots de Julie et Jérôme Vincent, labellisés Maîtres Restaurateurs.
De la salle intimiste au décor tendance à la vaisselle fabriquée sur-mesure en passant par la carte des vins* et les plats vous invitant à de jolies découvertes, le Pourquoi Pas est une adresse remarquable.
Les produits locaux sont travaillés avec précision dans des associations subtiles et étonnantes au gré de leur disponibilité et de l'intuition du Chef, Jérôme Vincent, issu de belles maisons. Il en est ainsi, par exemple, de la palette de porc au jus de corail d'oursins et couteaux poêlés ou des topinambours utilisés dans certains desserts. Au-delà de l'accueil attentionné, Julie compose selon ses coups de cœur, une carte des vins en accord parfait avec les mets.

7, faubourg Saint-Étienne,
25300 PONTARLIER
Tél. : 03-81-38-47-98
www.restaurantpourquoipas.fr

La Casa Dolce

GOURMAND !

Isabelle et Tony Dolce vous proposent de savourer une cuisine italienne réalisée 100% maison, de la pâte à pizza aux desserts en passant par les sauces. Parmi les suggestions Signature, la pizza Casa Dolce, les pâtes fraîches bolognaise ou au saumon, les lasagnes et le carpaccio de bœuf. C'est avec tout autant de bonheur que vous conclurez votre repas d'une crème brûlée, d'une panacotta au coulis de fruits ou d'un tiramisù. On note la belle carte de vins italiens* qui vous emmène entre la Sicile et la Toscane.

27, faubourg Saint-Étienne,
25300 PONTARLIER
Tél. : 03-81-39-05-49
Facebook : La-Casa-Dolce

La gastronomie fait trembler d'intelligence nos narines.

Charles Monselet (1825-1888)

*L'ABUS D'ALCOOL EST DANGEREUX POUR LA SANTÉ.

SAINT VIT 25410

Prélude

13/20

5 place Simone Veil - T. 03 81 40 53 50 - Carte 66 € - Menu(s) 26-85 €

C'est déjà une attraction ! À un quart d'heure de Besançon, sur la route de Dole, dans un village anodin flanqué d'une vaste zone commerciale, Thibault Étienne, passé notamment chez Emmanuel Renaut et Romuald Fassenet, offre l'une des cuisines les plus intéressantes d'un département il est vrai peu fourni. Dans la sobre salle contemporaine, les locaux se pressent au menu déjeuner, la carte du moment se montrant à la fois sage et précise : plaisante tête de veau, servie chaude en carpaccio, relevée de balsamique et d'une mayo à l'Espelette, maigre de ligne très bien cuit avec un jus émulsionné vin jaune et un risotto céleri et moules, une tartelette fraise avec une crème amande amère pistache sur un streusel tonka. En salle, Élodie Ouchelli règle avec aisance un service naturel et bien inspiré. Cave mollassonne, petite et négociante, pas vraiment en phase avec les lieux, qui mériteraient un caviste, sinon un sommelier.

Tables Exceptionnelles – 19/20 à 19,5/20

Tables de Prestige – 17/20 à 18,5/20

Tables Remarquables – 15/20 à 16,5/20

Tables de Chef – 13/20 à 14,5/20

Tables Gourmandes – 11/20 à 12,5/20

Tables Originales – 10/20 à 10,5/20

Le Breguet

DOUCEURS DU DOUBS

Accolé à leur discothèque, Jessica et Gilles Benistant ont créé leur restaurant en 2021. Le cadre est zen et doté d'un mur végétal rappelant la campagne environnante. Accompagnés de leur chef, Laurent Gagliardi, ils proposent une cuisine du marché, locale. Croûte forestière aux morilles, escargots des Chazeaux aux girolles ou à la fondue de poireaux selon les saisons, truite au citron et pommes de terre tournées sont les incontournables de la maison. Le chef concocte également de fameux risottos à la truffe ou aux morilles dont il a le secret. En dessert, vous vous régalerez avec la tarte au citron revisitée, la crème brûlée au Macvin ou le nougat du chef. Une belle carte des vins* de Bourgogne, du Jura et de la vallée du Rhône est à disposition. **Les + :** Terrasse au calme. Privatisation possible.

2, rue Louis Bréguet, 25800 VALDAHON
Tél. : 09-87-02-82-34
Facebook : Le-Breguet

Ajouter de la tomate et de l'origan, ça devient italien ; du vin et de l'estragon, ça devient français ; du citron et de la cannelle, ça devient grec ; de la sauce de soja, ça devient chinois ; ajouter de l'ail, ça devient bon !

Alice May Brock (1941-)

*L'ABUS D'ALCOOL EST DANGEREUX POUR LA SANTÉ.

SELONCOURT 25230

Le Monarque
11/20

23 rue de Berne - T. 03 81 37 12 39 - Menu(s) 34-44 €

Au sud de Montbéliard, la grande maison bourgeoise de Sylvie et Alain Lambert est une bonne étape pour les grandes occasions, avec son beau service et ses traditions bien reproduites. La carte aligne des classiques efficaces, une cassolette d'escargots à la cancoillotte, un filet de lieu, tomate et basilic, un rognon de veau sauté au genièvre, des profiteroles maison... Les formules vont jusqu'à 44 €.

VILLERS LE LAC 25130

Le France
13/20

8 place Maxime Cupillard - T. 03 81 68 00 06 - Carte 86 € - Menu(s) 26-94 €

Dans les montagnes du Haut-Doubs, au pays de l'horlogerie, le chef Hugues Droz continue à nous réjouir avec ses compositions aux saveurs équilibrées et ses assiettes plaisantes à l'œil comme au palais. Girolles et filet mignon de porc fumé, foie chaud de canard caramélisé aux pommes, filet de bar de ligne au chou-fleur, saucisse de Morteau grillée au genévrier pommes à l'échalote, volaille de Bresse aux morilles sauvages et vin jaune croustillant de fenugrec, la tradition ici se pare de ses beaux atours et on apprécie ces plats de toujours revisités par le chef qui propose chaque mois une nouvelle carte. Dans la foulée, le dessert quetsches à l'épine noire glace gentiane et tuile amande ou l'esquimau potimarron chocolat sont à découvrir. La cave honore le terroir jurassien avec de très belles bouteilles, mais les plus modestes sont déjà de belle qualité. Service impeccable sous la houlette de madame Droz.

Menu(s)

Fourchette de prix mentionnant le menu le moins cher et le menu le plus cher proposant à la fois entrée, plat et dessert sans les boissons, qui n'exclut pas les prix intermédiaires

39

JURA

ARBOIS 39600

Le Bistronôme
12,5/20

62 rue de Faramand - T. 03 84 53 08 51 - Carte 63 € - Menu(s) 23-32 €

Après leur rencontre dans les cuisines de Jean-Paul Jeunet, Lisa et Jérôme ont décidé de poser leurs bagages sur ce bord de la Cuisance, à l'endroit de l'ancien établissement de Véronique et François Piard. La passation s'est déroulée avec sérénité et le Bistronôme se montre en bonne forme, avec une cuisine nature et terroir, qui prouve une belle modernité et une maîtrise certaine. Les produits sont sourcés et les idées dans l'air du temps, à la manière de ces moules marinées à l'huile de verveine citronnée et artichauts poivrade, ou encore cette ballottine de truite des Planches farcie aux morilles et pleurotes avec une sauce au vin jaune et un cromesquis de riz noir au comté et à la truite fumée. Côté dessert, Lisa assure sa part avec créativité, un beau chocolat noir en chaud-froid, thé noir fumé et sarrasin. Très belle cave principalement en Jura et nature (Domaine de la Tournelle, André et Mireille Tissot, Alice Bouvot), et de bonnes références d'ailleurs (Vignoble du Rêveur, Elian Da Ros, Henri Milan...).

Les Caudalies
12/20

20 avenue Pasteur - T. 03 84 73 06 54 - Menu(s) 25-65 €

Aller aux Caudalies, ce n'est pas seulement faire l'expérience d'un hôtel 3 étoiles de charme et d'une jolie cuisine bourgeoise, c'est aussi la découverte d'une cave exceptionnelle, portée par plus de 1500 références soigneusement choisies par le MOF Philippe Troussard. Ce dernier vient ainsi merveilleusement compléter le travail de son père Claude, en salle, et de sa belle-mère, Nadine, qui propose une riche cuisine de tradition. La cheffe a conçu trois menus, à 25, 59 et 65 €, avec une truite fumée ici revisitée par des courgettes marinées aux agrumes, une daurade royale rehaussée d'une farce fine au chorizo, un ris de veau croustillant pané à la poudre de cèpes et farine de gaudes. Les desserts sont signés du MOF Pascal Caffet.

La Finette
11/20

22 avenue Pasteur - T. 03 84 66 06 78 - Menu(s) 19,90-49,90 €

Une fois qu'on a salué la maison de Pasteur et passé la Cuisance, les Arboisiens vont bras dessus bras dessous à La Finette, une taverne jurassienne pour toutes les occasions, après la messe, pour le déjeuner, le dîner, les anniversaires, les repas d'affaires, quand on est triste, quand on est heureux, quand on a faim, quand on a soif... Joyeuse maison où les grandes tablées sont la règle et non l'exception, on y savoure complicité et naturel. Les vins jaunes s'y boivent comme du petit lait et la carte est assez large pour revenir souvent : salade comtoise, pot de rilles et pain de campagne, omelette au comté, croûte jurassienne, assiette de charcuterie, de saucisson, un jésus de Morteau, du tuyé aux lentilles, un côti du Haut-Doubs façon saugeais, un filet de sandre au savagnin, un poulet du Jura au vin jaune et aux morilles, une entrecôte forestière au vin jaune, blanc ou rouge, une fondue au comté, une assiette du fromager, une crème brûlée, une glace franc-comtoise... On n'y va sans doute pas pour maigrir, mais le plaisir n'y manque pas. Cave bien équipée sur la région.

CAVISTE

Domaine Tissot

35 place de la Liberté - T. 03 84 66 20 78

La boutique du domaine d'André et Mireille Tissot, aujourd'hui avec Stéphane et Bénédicte, perpétue les savoir-faire dans une démarche bio. Leurs 35 ha délivrent 28 cuvées, des vins jaunes, chardonnay «Les Bruyères», poulsard, trousseau...

La Fruitière Vinicole d'Arbois

2 rue des Fossés - T. 03 84 66 21 84

Il s'agit de l'une des plus anciennes coopératives agricoles, fondée en 1906, chargée de promouvoir les vins d'Arbois. La fruitière compte aujourd'hui plus de 100 producteurs, et la boutique dans le centre permet ainsi aux amateurs de venir faire leur marché parmi les nombreuses cuvées proposées, blancs, rouges, jaunes et spécialités (vin de paille, macvin, marc...).

Les Jardins de Saint-Vincent

49 Grande Rue - T. 03 84 66 21 75

Notamment passé à la Maison Jeunet et à la Côte d'Or, à Saulieu, Stéphane Planche a décidé de pousser la passion plus loin en ouvrant cette cave en 2002. Le mot d'ordre du sommelier est le 100% nature, avec une sélection pointue et à tous les prix, qui font la promotion engagée du vin sans intrants. Les sélections ratissent tout le pays, avec une dominance logique des vins du Jura.

CHOCOLATIER

Hirsinger

38 place de la Liberté - T. 03 84 66 06 97

Cette affaire familiale coule des jours heureux depuis 1900 et offre à la ville d'Arbois un salon de thé et une chocolaterie mythiques. La splendide terrasse sous les arcades est un plaisir des beaux jours ; sur place ou à emporter, on pourra y découvrir les chocolats, les tablettes, les nougats, les pâtes de fruits et les crèmes.

VIGNERON

Domaine des Bodines

Route de Dole - T. 03 84 66 05 23

Le Domaine des Bodines, créé en 2010, s'étend sur un peu moins de 4 ha. Émilie et Alexis Porteret travaillent en biodynamie leurs vignes. Aucun intrant chimique n'est admis ni à la vigne ni à la cave, dans une recherche de l'expression la plus pure du terroir. Au programme : de l'équilibre, de belles maturités, des vins souples et traçants, gouleyants à souhait, en bref, tout ce qu'on aime. Malheureusement difficiles à se procurer, les superbes vins du Domaine des Bodines vous séduiront à coup sûr.

Domaine Ratte

4 rue Jean Mermoz - T. 06 79 28 32 94

Après trente années de livraison de leurs raisins à la coopérative locale, avec le passage en bio et biodynamie en 2011, Françoise et Michel-Henri Ratte se décident de vinifier et vendre leurs bouteilles. Leur fils Quentin les rejoint en 2016, et c'est à trois qu'ils exploitent 9 ha sur la commune d'Arbois. L'objectif des Ratte est clair, produire les vins les plus naturels possible. Chez eux, le respect de la nature et du fruit est une philosophie qui s'étend à la vigne comme au chai.

Domaine Rolet Père & Fils

Montesserin, Route de Dole - T. 03 84 66 00 05

Avec une superficie de 65 ha parmi les plus beaux terroirs d'Arbois, le domaine Rolet, l'un des fleurons de la viticulture jurassienne fondé en 1942 par Rolet père, est le plus grand domaine viticole indépendant du Jura. En 2018, il change de mains et c'est la famille bourguignonne Devillard qui rachète ce bijou jurassien. Elle gère 5 superbes domaines en Bourgogne et garantit non pas une révolution, mais l'évolution du domaine Rollet !

Domaine de la Tournelle

5 Petite Place - T. 03 84 66 25 76

Ancien inspecteur de l'INAO, Pascal Clairet, secondé par son épouse Évelyne, a fait l'acquisition du domaine de la Tournelle en 1991. Ce domaine fait partie de ceux qui se réclament du vin naturel, avec absence de soufre. Leurs vignes, certifiées en agriculture biologique depuis 2010, couvrent 7,40 ha. Citons pour terminer le Bistrot de la Tournelle, attenant au domaine et où, l'été, les Clairet font déguster leurs bouteilles et d'autres vins, autour d'une belle assiette. Pascal nous a malheureusement quitté en mai 2021.

BAUME LES MESSIEURS 39210

Le Grand Jardin

12/20

6 place Guillaume de Poupet - T. 03 84 44 68 37 - Menu(s) 30 €

Dans un des coins les plus charmants du Jura, près de la grotte et de l'abbaye, Christine et Didier Favre tiennent cette auberge idéale au retour d'une excursion. Le menu à 30 € expose des classiques réactualisés, comme un crémeux de fèves, œuf parfait et chips de coppa, une échine de porc comtois en basse température et jus au miel du Jura, un poulet de Bresse au vin jaune et aux morilles. Bon service.

CHARCHILLA 39260

Auberge Jurassienne

10/20

Lieu-dit Le Gouillat - T. 03 84 41 20 88 - Carte 36 €

Une étape revigorante avant ou après les grandes balades, un vrai parfum de terroir servi avec la plus grande gentillesse : salade franc-comtoise, cuisse de pintade confite, quenelle de brochet, civet de cerf grand veneur...

CHÂTEAU CHALON 39210

VIGNERON

Domaine Berthet-Bondet

7 rue de la Tour - T. 03 84 44 60 48

Chantal et Jean Berthet-Bondet s'installent en 1984 à Château-Chalon pour réaliser leurs premières vendanges en 1985. Les 15 ha de vignes du domaine sont certifiées bio depuis 2013. Hélène, leur fille aînée, prend en 2018 la relève de son père. La maison, avec sa cave voûtée du XVIe siècle, est ornée d'armoiries des familles nobles franc-comtoises ayant fourni de nombreuses abbesses à l'abbaye de ce château. Les vins sont parfaits.

Domaine Jean Macle

15 rue de la Roche - T. 03 84 85 21 85

Au domaine Jean Macle, Laurent, le fils, perpétue la tradition de l'un des plus grands vins jaunes de Château-Chalon. Le domaine familial Macle, créé en 1850, produit également de magnifiques côtes-du-jura. Laurent, aidé par sa sœur Christelle, arrive à tirer le meilleur de chaque pied de savagnin (20% du domaine) et de chardonnay (80%). Une adresse incontournable !

CHILLE 39750

Au Verbe Aimer - Hôtel-restaurant La Parenthèse

11/20

186 chemin du Pin - T. 03 84 47 55 44 - Menu(s) 32-42 €

Non loin de Lons-le-Saunier, l'ancien hôtel des Guyot a été repris en 2018 par Élodie et Christophe Bassard. Le couple lui a donné une nouvelle figure, plus jeune et contemporaine, avec de beaux espaces épurés en matières naturelles et une élégante décoration végétale. Le chef y propose une gastronomie de saison, inspirée des traditions jurassiennes, assurant de beaux jours à l'établissement. À la carte par exemple, les quenelles de sandre, émulsion de crème langoustine et râpé de truffes, une volaille de Bresse avec un risotto aux morilles, comté et vin jaune, un intéressant flan vanille et vin jaune. Cave accessible avec une trentaine de références en Jura.

DOLE 39100

La Chaumière 15/20

CHEF : JOËL CESARI

346 avenue du Maréchal Juin - T. 03 84 70 72 40 - Menu(s) 75-140 €

On aime l'élégance discrète de cette vaste salle, judicieusement compartimentée, son plafond haut, ses panneaux, ses luminaires tubulaires, ses œuvres d'art et ses tables rondes. Plaisir des yeux, mais aussi plaisir des papilles. Réputé pour sa créativité, Joël Cesari vénère les produits de saison et possède une solide culture de la haute cuisine acquise dans les grandes maisons, dont il s'inspire pour imaginer des variations modernes et savoureuses, fort bien présentées. Les petites attentions sont nombreuses en début de repas, tels cet œuf à la coque associé à une crème de champignons et huile d'argan, cette fine tarte friable, poireaux Morteau absinthe, ou ce fin millefeuille de truite fumée, verts de blette. Le foie gras miniature associé à l'absinthe et à un gel de pommes nous a semblé un peu fade. Si la saveur des belles saint-jacques marinées dans une vinaigrette mangue-passion est un peu écrasée par les épices de Cochin, au contraire celle de la lotte laquée au vin jaune est en équilibre avec le café et le citron brûlé. La longe de veau, réellement fondante, est accompagnée de deux sauces, sésame et duxelles de champignons ; elle est coiffée d'une envolée de champignons crus râpés. La crème de citron de Nice confit pas trop sucrée rattrape l'austérité du quinoa (quel en est l'intérêt hormis la mode). La crème brûlée à la châtaigne avec son sablé noisettes renoue avec la vraie gourmandise. Dommage qu'aucune petite attention ne soit servie en fin de repas, un déplaisir compensé par le ballet du personnel élégant et la richesse de la cave.

Iida-Ya 14/20

18 rue Arney - T. 03 84 70 98 73 - Carte 61 € - Menu(s) 19-130 €

On ne peut s'empêcher d'être transporté par le regard un peu sévère du chef Junichi Iida, qui semble concentrer l'idée d'une cuisine japonaise fière et perfectionniste, entièrement engagé dans la quête d'un idéal d'être et de savoir. Le geste du couteau est précis, technique sans être mécanique, conjugue le travail et la volonté au presque parfait, pour une cuisine qui régale les Dolois depuis maintenant douze ans. La maison est à la mode nippone, les tatamis sont évidemment recommandés pour une immersion totale, impression zen où rien n'est laissé au hasard : un assortiment de sashimis exemplaire, une tranche de thon mi-cuit superbement fondant et d'une longueur remarquable, avec une sauce soja caramélisée et une julienne de légumes, une élégante crème brûlée au sésame. L'accord mets-sakés est fortement conseillé. Menus à partir de 17,50 € jusqu'à 55 €.

Tables Remarquables – 15/20 à 16,5/20

Le Gustalin

12,5/20

1 rue Antoine Brun - T. 03 84 71 38 80 - Menu(s) 18-38 €

Il faut passer par une petite rue étroite en quittant la grande rue pour découvrir cette charmante table, avec sa terrasse accolée au marché couvert. Du nom d'un des romans de Marcel Aymé, enfant du pays dolois, c'est un hommage qui invite au retour aux racines, aux produits locaux et aux traditions d'antan. La carte permet ainsi une promenade gourmande et régionale, en passant par la salade franc-comtoise à la saucisse de Morteau et au comté, les filets de perche saisis à l'ail et au persil, pommes de terre vapeur, cancoillotte maison, un soufflé chaud au vin jaune. Et si vous voulez plus moderne, le «Menu de Louis» à 38 € est une bonne option. Cave pourvue sur tous les vignobles.

La Romanée

12/20

11 rue Vieilles Boucheries - T. 03 84 79 19 05 - Carte 49 € - Menu(s) 32 €

À l'entrée de la vieille ville, cette table sans prétention a pourtant tout pour réussir, un cadre chaleureux sous de splendides voûtes médiévales, un service souriant et empathique, une cuisine qui, sous ses airs simples, réussit à délivrer l'impression d'un chef heureux de faire plaisir. Du simple bien fait, avec la crème d'œufs aux asperges vertes et vinaigrette d'aromate, pour la belle cuisson des asperges et l'équilibre de la crème, le filet mignon de porc aux champignons à l'écume de lard et pomme de terre rôtie, une rondeur et des textures qui poussent à la récidive. La cave a franchement des atouts, une bonne sélection de vins du Jura, de la Fruitière vinicole d'Arbois, du poulsard, du Béthanie, du trousseau, du saint-véran, du mâcon, et des crozes-hermitage de chez Laurent Combier.

BOUCHER

Maison Morizot

43 rue des Arènes - T. 03 84 72 03 48

Institution doloise, la boucherie de Denis Morizot survit à toutes les tempêtes et s'est imposée depuis 1991 pour ses belles sélections de viandes et de volailles. La maison propose également des plats à emporter et des sandwichs.

CHOCOLATIER

Damien Benetot

26 rue de Besançon - T. 03 84 72 13 28

Dans le vieux centre, Damien Benetot a installé son laboratoire sucré, où il met son talent et son savoir-faire au service d'une très belle gamme de douceurs. On pourra y retrouver des pâtisseries de sa création, des chocolats, de la confiserie, et encore des macarons et des services pour réceptions privées, avec canapés salés.

Tables Gourmandes – 11/20 à 12,5/20

L'Antonio

SPÉCIALITÉS DE MORILLES

La morille, c'est le produit phare de la maison décliné selon l'inspiration du chef, Antoine Cuny : croûte aux morilles spéciales, pizza poulet morilles, tagliatelles aux morilles... Autres incontournables de la maison, un savoureux foie gras maison, des pizzas à l'andouillette de Troyes ou aux escargots de Bourgogne, des tagliatelles au saumon et à l'ail noir, ou encore, des gnocchis aux trois fromages. La carte est renouvelée chaque saison. **Le + :** Terrasse de mai à octobre.

71, avenue de la République,
39300 CHAMPAGNOLE
Tél. : 03-84-37-71-17
Facebook : LAntonio-restaurant-pizzeria

Le Local

LES GOURMANDISES DU JURA

Julien Brunet a repris le restaurant pour promouvoir la richesse des produits locaux. Le plat emblématique est un succulent burger au bœuf bio, sauce aux morilles et vin Jaune*, pain artisanal au maïs et de délicieuses frites maison. Louis, le chef, et son équipe vous proposent une carte par saison composée d'escargots du Doubs, de truites du Jura et de plats végétariens, le tout concocté sur place. Belle carte de vins bio*. **Le + :** Magnifique terrasse avec vue sur la collégiale et le canal des Tanneurs.

3, rue du Prélot, 39100 DOLE
Tél. : 03-84-72-17-49
www.lelocal-dole.fr

La Brûlerie Comtoise

LA PASSION DU CAFÉ DE SPÉCIALITÉ

Voilà ce qui anime Yoann Bride : torréfier 14 références de cafés du monde entier et créer des nectars maturés : le Sigalas en fût de grand cru de Sauternes ou le café signature Mathias Marc en fût de vin de Paille. Yoann produit également une capsule compatible Nespresso® biodégradable. Il propose 70 références de magnifiques thés et infusions, de l'épicerie fine salée et sucrée et des accessoires. **Le + :** Salon de thé, dégustation. Terrasse.

42, grande Rue, 39100 DOLE
Tél. : 06-26-38-95-41
www.labruleriecomtoise.fr
19 bis, rue des Granges, 25000 BESANÇON

*L'ABUS D'ALCOOL EST DANGEREUX POUR LA SANTÉ.

DOUCIER 39130

Le Comtois

12/20

806 rue des 3 Lacs - T. 03 84 25 71 21 - Menu(s) 25-45 €

Un classique agréable et typique, qui a su évoluer avec son temps en gardant son fier tempérament comtois. La salle bourgeoise aux notes rustiques est accueillante, et les assiettes de Dominique Humblot et son fils Simon sont classiques et soignées.

LES 7 PRINCIPES DE GAULT&MILLAU

1 **L'indépendance** totale vis-à-vis des établissements.

2 **Le recrutement d'enquêteurs** exigeants, gourmets et gourmands.

3 **L'anonymat** des enquêteurs lors des évaluations.

4 **La visite dans des conditions normales** de fréquentation.

5 **Le règlement** des additions.

6 **La mise à jour** régulière par des évaluations continues.

7 **La vérification** de nos informations

La Trattoria des Cascades

QUAND JURA ET ITALIE SE MARIENT

C'est en haut des cascades du Hérisson que se situe La Trattoria des cascades.

Une pizzeria familiale où Hugo, artisan pizzaiolo, propose de véritables pizzas façonnées à la main mêlant saveurs italiennes et jurassiennes en privilégiant les produits locaux. Au menu également : bruschettas, assiette de Saucisse de Morteau et cancoillotte et planche apéro pour un moment convivial. **Le + :** L'été, une grande terrasse vous accueille pour profiter du grand air.

Lieu-dit La Fromagerie, 39130 LE FRASNOIS
Tél. : 03-84-47-01-61
www.latrattoriadescascades.fr

Le Mont d'Annam UNE PINCÉE D'EXOTISME

Une pincée d'exotisme made in Vietnam, une bonne dose de savoir-faire culinaire, un cadre rustique et chaleureux, le sourire de « Thi », la Cheffe, et vous obtenez un restaurant-salon de thé unique aux Rousses. Entre le porc au caramel et le bœuf bourguignon, difficile de choisir... Idem pour les gâteaux maison, accompagnés d'un grand choix de thés asiatiques. La solution ? Revenir aussi souvent que possible ! *Ouvert du lundi au samedi, midi et soir.*

903, route Blanche, 39220 LES ROUSSES
Tél. : 03-84-60-03-72
Facebook : Le Mont d'Annam
www.lemontdannam.fr

Ô Tablier BELLE SURPRISE !

Dans cet antre intimiste, la Cheffe, Louise Cretin, réalise avec des produits frais, locaux et de saison, une cuisine de « grand-mère moderne » avec une touche d'originalité. Le poulet fermier de Bourgogne mariné au vin jaune* et curry rouge, proposé en samossa et accompagné d'une salade de choux chinois au sésame, compotée de pommes aux raisins secs, est superbe. La carte des vins vous fait découvrir le Jura confidentiel !

20, rue Émile Monot, 39000 LONS-LE-SAUNIER
Tél. : 03-84-24-26-59
Facebook : @otablier

> *La bonne cuisine est honnête, sincère et simple.*
>
> Elisabeth David (1913-1992)

*L'ABUS D'ALCOOL EST DANGEREUX POUR LA SANTÉ.

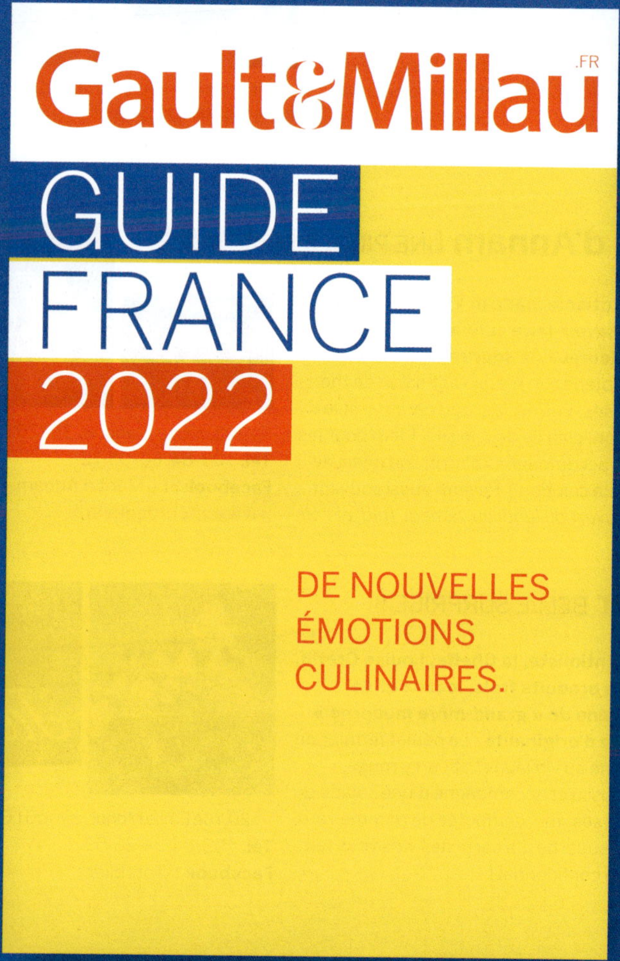
Gault&Millau .FR
GUIDE
FRANCE
2022
DE NOUVELLES
ÉMOTIONS
CULINAIRES.

LES ARSURES 39600

VIGNERON

Domaine Daniel Dugois

4 rue de la Mirode - T. 03 84 66 03 41

Ce domaine familial a été créé en 1973 par Daniel Dugois. Aujourd'hui c'est son fils Philippe, aidé par son épouse Mélanie, qui est aux commandes. Le domaine est situé au cœur du triangle d'or : Arbois, Salins-les-Bains et Poligny. La surface exploitée est de 10,30 ha sur les communes des Arsures et Montigny-lès-Arsures, en certification HVE depuis 2013. En conversion vers l'agriculture biologique à partir des vendanges 2019.

LONS LE SAUNIER 39000

La Petite Auberge

11/20

1985 route de Besançon - T. 03 84 47 23 35 - Menu(s) 29-42 €

Véronique et Nicolas Narbey tiennent cette maison légèrement excentrée depuis 2004 avec une constance remarquable. Notamment passé à la Pyramide et au Château de Germigney, le chef a su mettre son expérience au profit d'une cuisine jurassienne renouvelée, à l'image du menu à 29 € et sa terrine aux foies de volaille et marc du Jura, son merlu rôti aux écrevisses et sauce homardine, ou encore son paleron de bœuf façon bordelaise et jus au trousseau. Son épouse Véronique s'occupe avec succès de la partie pâtisserie.

La Table de Perraud

11/20

11 place Perraud - T. 03 84 86 49 68 - Carte 6 € - Menu(s) 15,90 €

Dans le centre-ville, cette jolie brasserie en poutre et pierres est un bon repaire pour les déjeuners d'affaires, avec son service pro et son cadre soigné, où l'on pourra découvrir une cuisine traditionnelle et bien faite. La carte en donne pour tous les goûts, une croûte au morbier, oignons confits et jambon sec, un bar en portefeuille, une cancoillotte maison au vin jaune et jambon cuit fumé du Haut-Doubs, une crème brûlée au macvin du Jura. Tarifs bien cadrés.

Le Bistrot des Marronniers

10/20

22 rue Vallière - T. 03 84 43 06 04 - Carte 13 € - Menu(s) 29,95 €

C'est ici que les locaux se retrouvent pour passer un moment entre amis ou inviter les beaux-parents. Ouvert depuis 1987, ce charmant Bistrot est une institution de quartier, avec sa terrasse incontournable en été, et son intérieur chic bourgeois qui appelle le tire-bouchon. La carte aligne des standards à retrouver, comme de vieux compagnons, des médaillons de saumon fumé, un dos de cabillaud et gambas avec une crème de curry, des rognons de veau au macvin, des tagliatelles aux écrevisses et sauce savagnin. Cave pour toutes les occasions avec quelques grands crus.

CHARCUTIER

Au Grand Saint-Antoine

38 rue Saint-Désiré - T. 03 84 24 03 75

C'est une institution ouverte il y a presque quarante ans, reprise aujourd'hui par Sébastien Larrière, bien connue des Lédoniens. La maison est avant tout réputée pour son service traiteur, souvent sollicité pour les événements heureux de la région, les viandes locales sont également bien représentées.

CHOCOLATIER

Pelen

135 rue Blaise Pascal - T. 03 84 47 28 24

Mythique maison ouverte en 1899, cette institution fournit les Lédoniens en douceurs avec une belle constance. L'établissement est aujourd'hui tenu par Arnaud Pelen, qui perpétue les savoir-faire, au travers de nombreux produits, chocolats, macarons, pâtisseries, des spécialités comme les bâtonnets lait ou le pot de caramel beurre salé, les napolitains et les guimauves.

LES AOP ET AOC DE BOURGOGNE-FRANCHE-COMTÉ

Bleu de Gex Haut-Jura ou bleu de Septmoncel, bœuf de Charolles, brillat-savarin, cassis de Bourgogne, cassis de Dijon, chaource, chapon de Bresse, comté, crème de Bresse, dinde de Bresse, fine de Bourgogne, jésus de Morteau, kirsch de Fougerolles, langres, mâconnais, marc de Bourgogne, mont-d'or, morbier, porc de Franche-Comté, saucisse de Montbéliard, saucisse de Morteau, poularde de Bresse, volaille de Bresse, volailles de Bourgogne...

La Lanterna

L'ALLIANCE DE L'ITALIE ET DU JURA

C'est dans une bâtisse datant de l'époque de Louis XIV, dans le cœur historique de Lons, qu'officient Willy et Hadija, la cheffe.

Au menu, des cannellonis, des lasagnes et des pizzas aux saveurs locales comme la saucisse de Montbéliard, la poulet morilles au vin jaune*. Passionnés de vin, les associés ont élaboré une jolie sélection de fins nectars. Terrasse sous les arcades en été.

13, rue du Commerce,
39000 LONS-LE-SAUNIER
Tél. : 03-84-24-07-17
www.lalanterna-lons.fr

Boulangerie Fumey

QUALITÉ, QUANTITÉ ET CRÉATIVITÉ

Artisans convaincus, Victorien et Giliane perpétuent la tradition artisanale dans trois boutiques à Messia-sur-Sorne, Macornay et Bletterans où leur réputation est excellente.

Un travail dans les règles de l'art, un tour de main expert et, surtout, un vrai amour du métier donnent naissance à une large gamme de pains dont la spécialité de la maison : la miche au levain cuite au feu de bois. Découvrez aussi des pâtisseries, viennoiseries pure beurre, confiseries et autres délices à savourer sans modération. Victorien et son équipe expriment leur créativité avec la réalisation de toutes sortes de pièces montées, number cakes et wedding cakes qui épateront vos invités !

Ouvert du lundi au samedi (sauf mercredi) de 6h30 à 19h30 (sans interruption) et le dimanche de 6h30 à 12h30.

355, route de Lyon,
39570 MESSIA-SUR-SORNE
Tél. : 03-84-47-18-18
Retrouvez les marchés où la boulangerie est présente sur **www.boulangerie-fumey.fr**

Manger est bon.
Avoir mangé est meilleur.

Anatole France (1844-1924)

*L'ABUS D'ALCOOL EST DANGEREUX POUR LA SANTÉ.

MONT SOUS VAUDREY 39380

CHOCOLATIER

L'Atelier des Douceurs du Val d'Amour

7 rue du Général Grévy - T. 03 63 43 93 75

Ouverte il y a une dizaine d'années, la chocolaterie de Nicolas Galmiche est une bonne référence entre Arbois et Dole. Notamment passé chez Hirsinger, le chocolatier met à profit sa longue expérience pour proposer des chocolats inspirés de la région, où les produits locaux sont mis en avant. On y trouvera également pralinés, ganaches, orangettes...

MONTAIGU 39570

VIGNERON

Domaine Pignier

11 place Rouget de Lisle - T. 03 84 24 24 30

Le Domaine Pignier, d'une surface de 14 ha, a été implanté sur les coteaux de Montaigu au XIIIe siècle par les moines chartreux. En 1794, la famille Pignier acquiert le domaine des moines. Aujourd'hui, Jean-Étienne, Antoine et Marie-Florence, représentant la 7e génération au domaine, ont choisi de travailler leur vignoble en biodynamie depuis 2002. Ils proposent des côtes-du-jura, crémants-du-Jura, macvins, vins jaunes et vins de paille. Les vins sont amples, pleins et généreux, une adresse incontournable.

MONTIGNY LÈS ARSURES 39600

VIGNERON

Lucien Aviet et Fils - Caveau de Bacchus

4 rue de la Boutière - T. 03 84 66 11 02

Le Caveau de Bacchus est le vignoble créé par Lucien Aviet, surnommé «Bacchus» par ses amis. Un grand homme du Jura disparu en mai 2021 ! Il a vinifié durant plus de 50 ans dans cette exploitation de près de 6 ha en appellation arbois, sur la commune de Montigny-lès-Arsures. C'est désormais son fils, Vincent Aviet, qui est à la tête du caveau. Il pratique la vinification et l'élevage en foudre pour toutes leurs cuvées, dont les bouteilles sont cirées. Nous avons encore en bouche le goût de son trousseau 1990... Tous les vins vieillissent à merveille.

Domaine André et Mireille Tissot

Quartier Bernard - T. 03 84 66 08 27

Le domaine André et Mireille Tissot se situe à Montigny-lès-Arsures, dans le Jura. Créé en 1962, c'est aujourd'hui Stéphane Tissot qui dirige le domaine d'une main de maître et qui s'est progressivement imposé comme une référence incontestée du Jura. Les vins produits sont d'appellations arbois, crémant-du-jura, château-chalon ou macvin. Le vignoble du domaine s'étend sur plus de 46 ha. La propriété évolue en biodynamie certifiée depuis 2004 sur l'ensemble de ses appellations. Les vins sont superbes.

PARCEY 39100

Les Jardins Fleuris 11/20

35 route Nationale - T. 03 84 71 04 84 - Menu(s) 20-53 €

Au sud de Dole, au bord de la route nationale, cette auberge jurassienne est une bonne étape régionale et traditionnelle. La maison assure une expérience conforme aux attentes avec des assiettes de bonne réalisation, une soupe de grenouilles au savagnin et crémeux de petits pois au cerfeuil, un dos de bar rôti, épeautre, asperges et vinaigrette Morteau, un quasi de veau avec une tartelette champignons et amandes. Menus bien étagés de 20 à 53 €.

PASSENANS 39230

VIGNERON

Domaine les Dolomies

40 rue de l'Asile

Céline Gormally a créé le domaine en 2008, avec l'aide et le soutien de son mari Steve et de la foncière Terre de Liens. Le domaine est situé dans le village de Passenans, lui-même accroché au flanc du Revermont. Elle travaille 3,65 ha de vignes, et le domaine est en conversion vers l'agriculture biologique depuis 2008. Lors de la création du domaine, elle a mis en place un système de location de ceps (type AMAP) et, aujourd'hui, 71 familles sont engagées pour trois ans dans ce projet !

POLIGNY 39800

BOUCHER

Charcuterie Brelot

88 Grande Rue - T. 03 84 37 12 52

Cette entreprise familiale fondée en 1962 se transmet de génération en génération et s'est instituée à Poligny comme une référence en service traiteur. La boucherie-charcuterie propose des viandes locales, des charcuteries maison et de plats traiteurs, disponibles à la boutique ou en buffet pour les événements.

ÉPICIER

Essencia

24 place Notre-Dame - T. 03 84 37 08 46

Une fromagerie pas comme les autres, au plafond tonnelé, où l'on vient autant pour les sélections de fromages que pour la collection de vins, rassemblée par un professionnel passionné. Également la charcuterie régionale.

VIGNERON

Domaine Philippe Chatillon

8bis rue du Collège - T. 06 45 39 17 63

Le domaine Philippe Chatillon, à Poligny, dans le Jura, s'étend sur 2,80 ha en Arbois et 1,30 ha en côtes du Jura. Il produit les appellations suivantes : arbois, côtes-du-jura, vin de France et macvin. Philippe Chatillon a été le régisseur du domaine de la Pinte à Arbois durant 18 ans. C'est en 2013 qu'il décide de créer son propre domaine. Ses vins sont labellisés bio Ecocert et 1,80 ha labellisés en biodynamie. Il se dirige vers l'élaboration de vins nature.

LES AOP ET AOC DES VINS DE BOURGOGNE-FRANCHE-COMTÉ

Arbois, beaune, bourgogne, chablis, chagny, château-chalon, cluny, côtes-du-jura, fixin, gevrey-chambertin, givry, irancy, mâcon-villages, macvin, mercurey, meursault, nuits-saint-georges, pommard, pouilly-fuissé, puligny-montrachet, saint-bris, santenay, savigny-lès-beaune, viré-clessé, volnay...

Hôtel Restaurant de l'Ain

LES GOÛTS VRAIS !

Dans le cadre magique des lacs du Jura, cet hôtel restaurant, labélisé Maître Restaurateur, propose une belle cuisine traditionnelle jurassienne.
Le Chef, Nicolas Pery, qui a repris l'établissement en 2016 avec sa compagne, Milvia Verjus, cuisine talentueusement les trésors locaux afin de sublimer leurs saveurs.
On adore le foie gras chaud, jus de griottes et glace pain d'épices, ainsi que la croûte aux champignons et morilles. On se délecte avec la truite en portefeuille garnie de légumes frais de saison, le tomahawk veau franc-comtois, le poulet au vin jaune* et morilles, et, pour des moments réconfortants, la boîte chaude fromager des Clarines est incontournable.
À noter que les enfants ont un menu dédié.
Le + : Pour faire durer le plaisir, installez-vous dans une des 7 chambres !

18, place de la Fontaine,
39130 PONT-DE-POITTE
Tél. : 03-84-48-30-16
hoteldelain.com

Le Café du Centre

SIMPLICITÉ, AUTHENTICITÉ ET CONVIVIALITÉ

Au cœur du Jura, dans la capitale du Comté, Xavier Chauve, le chef, accompagné de Mylène Brouillon, la cheffe de salle, propose une cuisine régionale. La morbiflette, le filet de poulet comtois, la truite sauce savagnin et les crèmes brûlées au macvin* ou Pontarlier* sont les incontournables de la brasserie. Dégustation de produits de salaison, bières, vins et fromages en toute saison. **Le + :** Terrasse avec vue sur le Croix du Dan, dès l'arrivée des beaux jours.

4, place des Déportés, 39800 POLIGNY
Tél. : 03-84-37-10-84
Facebook : Le-Centre-Poligny

> *On ne peut avoir de culture gastronomique sans vin.*
>
> Julia Child (1912-2004)

*L'ABUS D'ALCOOL EST DANGEREUX POUR LA SANTÉ.

PORT LESNEY 39600

Maison Jeunet par Steven Naessens 15,5/20

CHEF : STEVEN NAESSENS

Rue Edgar Faure - T. 03 84 73 85 85 - Menu(s) 75-155 €

L'événement de l'année dans le Jura a été l'arrivée en novembre 2021 de toute la troupe de La Maison Jeunet d'Arbois pour succéder à Pierre Basso-Moro. Véritable réplique de la mise en scène d'Arbois, toute la salle à manger voûtée a été «débaroquisée» : les rideaux, les nappes, les verres rouges ont laissé la place à un style plus épuré dans un esprit décoratif bohème d'Europe du Nord. Fleurs blanches, consoles en bois de récupération patinées en blanc, ampoules à incandescence côtoient lustres à pampilles, tables sans nappes, chaises drapées de lin. Dès l'amuse-bouche, Steven Naessens raconte en trois temps l'histoire de la Maison Jeunet à Arbois où il a pris la succession en 2016 : la mousseline d'écrevisses d'André Jeunet des années 1950 ; le pain, la réglisse et les morilles de Jean-Paul Jeunet dans les années 1980, puis la carbonade flamande revisitée sous forme de pomme de terre soufflée du chef belge. En entrée, les endives de pleine terre, coiffées de chips de racine pour le croustillant, sont rehaussées par une faisselle fumée qui plaît pour le contraste des textures. Jamais en panne d'inspiration, le chef originaire de Bruges est parfaitement à l'aise dans son terroir avec «Mon Waterzooï» de skrei cuit de façon admirable et richement accompagné d'une brandade de poisson, de quenelles, de jus de persil assez brut, de cerfeuil tubéreux et souligné d'un fumet de poissons monté au beurre. Le lapin fermier de Bourgogne farci de foie gras de canard a beaucoup de caractère avec cette puissante saveur de trompettes de la mort. On conclut avec un dessert à 2 toques : une mousse de panais rendue gourmande par le caramel. Arnaud Faivre, sommelier chevronné, s'occupe de la cave quasi exhaustive en juras. Les tarifs ne sont pas donnés, mais largement justifiés par les nombreuses attentions (superbes pains, beurre au Calendula, sélection des meilleurs poivres du monde, petits fours de qualité, etc.), et surtout l'ambiance festive due à l'incroyable ballet du service, digne d'un 5 toques parisien : il mérite à lui seul le déplacement.

Bistrot de Port Lesney 12/20

Le Pontarlier - T. 03 84 37 83 27 - Menu(s) 35 €

Annexe bistrotière de la maison Jeunet, située sur la place du village, cette grande brasserie au bord de la Loue joue la carte authentique, avec ses chaises en osier, ses nappes vichy et sa grande devanture rouge et blanche, qui évoque les auberges d'antan dans un esprit très guinguette. La carte du bistrot est en conséquence, des escargots du Petit Mercey en farci de chou vert et pousses de moutarde, une truite avec le fenouil confit grillé, le suprême de volaille et polenta crémeuse, crème au vin jaune, mélange forestier et morilles, ou encore une compotée de fraises et rhubarbe.

HÔTEL

Hôtel Château de Germigney - 5 étoiles

31 rue Edgar Faure - T. 03 84 73 85 85 - à partir de : 248€

L'adresse est avant tout le fief du chef belge Steven Naessens qui régale les gourmets de l'une des cuisines les plus séduisantes de la région, déclinée dans le très chic restaurant Maison Jeunet ou le Bistrot de Port-Lesney et ses allures de guinguette... Ultra-prisé pour sa gastronomie, ce château du XVIIIe siècle propose aussi à ses hôtes 28 chambres et suites mêlant lits à baldaquin, toiles de Jouy et objets chinés au fil des années, ce qui donne à chaque espace son charme et sa singularité. Membre du groupe Relais & Châteaux, le lieu abrite aussi un bassin de nage extérieur et un spa alliant pierre, bois et verre avec hammam, sauna et surtout une large palette de soins griffés Caudalie, à base d'actifs naturels issus de la vigne et du raisin.

VIGNERON

Domaine de la Loue

5 route de Lorette - T. 09 51 32 81 27

L'arrivée sur le domaine de la Loue de Catherine Hannoun correspond à une jolie histoire. Productrice de films, elle tombe amoureuse du Jura durant son travail sur le célèbre film de Jonathan Nossiter «Mondovino». Catherine retourne dans cette région où Emmanuel Houillon (domaine Overnoy) la prend sous son aile le temps qu'elle lance son petit domaine qu'elle nommera Loue, comme la rivière proche qui longe le Doubs. Avec des vignes à Pupillin et Marnoz, elle convertit ses vignes en bio et travaille en biodynamie.

PUPILLIN 39600

Auberge du Grapiot

13/20

3 rue Bagier - T. 03 84 37 49 44 - Carte 61€ - Menu(s) 25-80€

Dans sa maison perchée au cœur du village, la cuisine de Samuel Richardet exprime avec une fraîcheur primesautière sa vision du Jura, parfumée et moderne, qu'il traduit par des assiettes riches, généreuses et colorées. Superbe «Menu Plaisir» à 39 € avec ce tendre saumon, minestrone de kiwi et concombre, feta sélectionnée par Marc Janin, ficelle à l'olive, qui mêle saveurs grecques et sucrées. Joli dos de cabillaud skrei rôti, frais et bien cuit, généreusement accompagné et souligné par le fruit de la passion et le gingembre. En dessert, moelleux baba poché au vin de paille de Pupillin, allégé par la compote d'orange à la badiane et rafraîchi par un sorbet mandarine. Les petites attentions sont nombreuses pendant tout le repas, telles ces tuiles au comté qui attendent sur chaque table, ces superbes pains croustillants ou les petits fours proposés à la fin du repas. Le tout est servi avec beaucoup d'allant, bonne humeur et enthousiasme dans un décor informel de pierres apparentes, de tables en verre et d'amusantes chaises médaillons colorées ou sur la terrasse d'été suspendue. Le rapport qualité-prix remarquable fait de cette maison l'une des plus appréciées de la route des vins du Jura.

SAINT GERMAIN LÈS ARLAY 39210

Hostellerie Saint-Germain 14/20

635 Grande Rue - T. 03 84 44 60 91 - Menu(s) 44-78 €

Au nord de Lons-le-Saunier, l'hostellerie de Maria et Marc Tupin offre un lieu idéal pour redécouvrir les plaisirs d'une cuisine franc-comtoise revisitée. Le chef élabore des assiettes avec des produits sourcés et de bonnes idées d'alliance franco-franc-comtoise, comme le trio d'œufs en meurette, les escargots et pied de cochon, le dos de maigre aux asperges vertes et pois chiches et sabayon au vin jaune, le filet de veau Rossini aux herbes, la crème brûlée au vin jaune de Michel Gahier, croquant aux noix et sorbet ananas. Très belle cave vitrée avec plus de 300 références.

Membres de l'Académie Gault&Millau

Tables Exceptionnelles – 19/20 à 19,5/20

Tables de Prestige – 17/20 à 18,5/20

Tables Remarquables – 15/20 à 16,5/20

Tables de Chef – 13/20 à 14,5/20

Tables Gourmandes – 11/20 à 12,5/20

Tables Originales – 10/20 à 10,5/20

Le Grandvallier

LE TERROIR JURASSIEN

Ce sont des produits frais de saison et locaux que Jimmy Ligas propose dans son restaurant. Outre son vin*, le Jura est doté d'une mine de spécialités de fromages que le chef aime à cuisiner. Au menu, des spécialités jurassiennes, donc, à l'instar de la fondue ou de la morbiflette, une carte de burgers aux fromages régionaux et, pour surprendre ses convives, le cuisinier concocte des saveurs aux parfums méditerranéens. La carte est renouvelée chaque saison et un plat du jour est présenté en semaine à midi. Pour vos événements, un service traiteur « Jecuisinadomicile ». Le concept : vous apportez vos idées et le chef compose votre menu de fête, buffet froid ou chaud, cocktail... Possibilité de morbiflette géante jusqu'à 350 couverts.

Le + : Terrasse aux beaux jours.

12, rue Delezay,
39150 SAINT-LAURENT-EN-GRANDVAUX
Tél. : 03-84-41-18-98
E-mail : jljimmy@hotmail.fr

Le vin stimule l'appétit et donne du goût à la nourriture. Il favorise les discussions, l'euphorie et peut transformer un simple repas en événement mémorable.

Derek Cooper (1925-2014)

*L'abus d'alcool est dangereux pour la santé.

SAINT LAMAIN 39230

VIGNERON

Domaine Bienaimé

11 rue Principale - T. 09 52 99 75 01

Après avoir fait ses armes dans une petite exploitation familiale en Champagne, chez Vincent Laval à Cumières, Bruno Bienaimé décide de s'installer dans le Jura et de créer le domaine Bienaimé. Au terme de trois ans de recherche, il réussit à trouver en 2016 quelques parcelles à Arlay et, par la suite, d'autres autour de Château-Chalon. Il exploite actuellement seulement 3,2 ha. Il faudra suivre désormais de près la production de ce néo-vigneron, qui fait déjà de fort bons vins !

SAINTE AGNÈS 39190

VIGNERON

Domaine des Marnes Blanches

3 Les Carouges - T. 03 84 25 19 66

Situé à Sainte-Agnès, le domaine des Marnes Blanches est la propriété d'un couple de jeunes œnologues, Pauline et Géraud Frémont. Tous deux ont repris en 2006 une exploitation de 10 ha certifiés en bio depuis 2013. Ils possèdent également quelques très vieilles vignes centenaires. Les vinifications sont parcellaires avec le minimum d'intervention. Un très beau domaine qui exprime toute la complexité et la diversité de ses terroirs.

SALINS LES BAINS 39110

Restaurant des Bains 11/20

1 place des Alliés et de la Résistance - T. 03 84 73 07 54 - Menu(s) 16-34 €

L'hôtel historique de la station thermale sait dorloter ses pensionnaires et, outre les nombreux équipements, propose également sa table hôtelière, pratique et bien tenue. Le chef y réalise une cuisine d'aujourd'hui, avec un effort fait sur la diététique et qui ne manque pas pour autant de gourmandise. À la carte par exemple, poireaux vinaigrette à l'asiatique et brési fumé du Jura, truite des Planches, légumes et grenailles cuites au bleu, sauce savagnin, ou encore une côte de veau fumée sous cloche et fregola sarda en risotto. Carte des vins classique et assez bien construite, notamment en Jura et Bourgogne.

Tables Gourmandes – 11/20 à 12,5/20

SAMPANS 39100

Château du Mont Joly

15,5/20

CHEF : ROMUALD FASSENET

6 rue du Mont Joly - T. 03 84 82 43 43 - Carte 109 € - Menu(s) 52-135 €

Certainement l'une des plus tables de la scène jurassienne, la demeure de Romuald et Catherine Fassenet est un ravissement, des chambres à la table, où l'histoire se conjugue avec la modernité. La salle contemporaine et ses baies vitrées donnant sur un jardin séculaire illustre assez bien le cheminement du chef MOF et Gault&Millau d'Or 2020, qui fait aussi bien la démonstration d'une excellence académique qu'une capacité à penser le terroir régional sous une perspective toujours nouvelle. La formule «Au Pays de Pasteur» à 98 € est un voyage réussi, qui commence sur un beau médaillon de foie gras et des morilles farcies à l'ail des ours bien adouci par un bouillon de marjolaine, se poursuit sur un omble au beurre de savagnin et un gigoton d'agnelet avec un jus à l'ail noir et une déclinaison d'artichauts. Le fraise rhubarbe comme une tarte et le palet chocolat, glace au thé vert offrent une belle conclusion. Splendide cave jurassienne parfaitement commentée par Catherine Fassenet.

HÔTEL

Château du Mont Joly - 4 étoiles

6 rue Mont Joly - T. 03 84 82 43 43 - à partir de : 125€

Nichée dans une demeure XVIIIe qui a conservé sa façade rose et ses colonnades à l'italienne, cet hôtel est avant tout une histoire de famille. Celle de Catherine et Romuald Fassenet qui ont acquis le lieu en 2007 pour permettre à Romuald de concevoir en toute liberté une cuisine d'auteur (unanimement reconnue), mais aussi offrir bien davantage : un accueil et des moments partagés. La preuve avec ces 7 chambres pensées pour le bien-être et la sérénité de leurs hôtes, qui allient meubles épurés, moquettes toutes douces et vastes salles de bains. Toutes surplombent le parc de 2,5 ha accueillant une piscine extérieure et des prairies ombragées d'arbres centenaires, qui donnent envie de prolonger l'expérience en profitant de la nature alentour, miraculeusement préservée. La forêt de Chaux est à deux pas, tout comme le Mont-Roland, qui offre l'une des plus belles vues sur la ville de Dole et l'infinie douceur des paysages de la Côte-d'Or...

> **Carte**
>
> Addition moyenne d'un prix à la carte englobant le prix d'une entrée + plat + dessert

58

NIÈVRE

CHALLUY 58000

La Gabare
10/20

171 route de Lyon - T. 03 86 37 54 23 - Menu(s) 31 €

L'adresse ne se trouve pas dans un écrin des plus raffinés, mais cette halte en direction de Moulins assure tout à fait son créneau avec une cuisine traditionnelle bien faite et un service aimable. Le menu à 31 € est d'un bon rapport qualité-prix, avec les œufs brouillés aux perles de saumon, l'entrecôte sauce poivre et estragon, la tête de veau et vinaigrette aux herbes, les abricots rôtis au miel.

CHÂTEAU CHINON 58120

Le Vieux Morvan
10/20

8 place Gudin - T. 03 86 85 05 01 - Menu(s) 29,50 €

Cet hôtel mythique du circuit mitterrandien continue d'accueillir les pèlerins, qui pourront aussi se délecter d'une cuisine régionale avec une vue panoramique sur le Morvan. La carte réactualise un peu les recettes, œufs meurette au vin blanc, pavé de truite arc-en-ciel pesto d'herbes, filet mignon de porc en croûte de chorizo, jus de cochon, tomates confites et frites maison... Les chambres sont recommandées pour vivre l'expérience en entier.

APICULTEUR

Les Ruchers du Morvan

Port de l'Homme - T. 03 86 78 02 43

Située au bout d'une petite route sinueuse en plein Morvan, l'adresse n'est pas. Cette entreprise familiale de plus de 1000 ruches propose un formidable parcours autour de l'abeille, avec un écomusée dédié et une boutique, où les produits issus de la production sont à la vente : pots de miel, pain d'épices, biscuits, gelée royale et autres spécialités locales.

COSNE COURS SUR LOIRE 58200

Le Chat
13/20

42 rue des Guérins - Villechaud - T. 03 86 28 49 03 - Menu(s) 21,50-47 €

Posée au bord de la Loire, à côté de Sancerre et Pouilly, cette table aux apparences très discrètes cache une belle assiette de chef et une cave fort intéressante. Pour accompagner les crus proposés, le chef défend une bistronomie actualisée et plaisante sur la technique, une raviole de petits pois, hareng, cumin, olives et oignons frits, une brandade de lieu, salade de légumes, basilic et graines de courge, une polpette de volaille, fusilli, artichauts, champignons noirs, poivrons, fenouil et tomate confite, un clafoutis chocolat-cerise. Carte souvent renouvelée.

GLUX EN GLENNE 58370

La Petite Auberge

10/20

Le Bourg - T. 03 86 78 65 79 - Menu(s) 23-28 €

Cette valeureuse petite auberge proche de Bibracte et des sources de l'Yonne ne manque pas d'atouts, avec sa jolie terrasse, ses chambres et son esprit familial. Les cuisines y délivrent une petite cuisine de producteurs locaux, authentiquement morvandelle, des œufs en meurette, des escargots de Bourgogne, un jambon à la chablisienne, un filet de truite, un vacherin glacé... Formule à 28 €.

LA CHARITÉ SUR LOIRE 58400

Auberge de la Poule Noire

10/20

9 place des Pêcheurs - T. 03 86 59 49 28 - Menu(s) 28 €

Vieille auberge à deux pas du prieuré dans un splendide village médiéval, c'est une étape chaleureuse et historique sur les bords de la Loire. Le chef y réalise des classiques revisités, dans une veine bistrotière et abordable, comme des escargots, des œufs en meurette, un tartare de bœuf, un baba au rhum. Service souriant.

CHOCOLATIER

La Confiserie du Prieuré

11 place des Pêcheurs - T. 03 86 70 01 81

Cette maison fondée en 1921 profite des charmes médiévaux du village pour offrir aux habitants et aux touristes une petite pause sucrée, sur place au salon de thé ou à emporter. On pourra retrouver des chocolats bien réalisés ainsi que des produits de confiserie et des glaces en été.

LA FERMETÉ 58160

HÔTEL

Château de Prye - 3 étoiles

Château de Prye - T. 03 86 58 42 64 - à partir de : 188 € Ⓟ

L'un des plus beaux châteaux de Bourgogne, l'un des plus anciens aussi. Propriété d'une reine de Pologne au XVIIIe siècle, cette imposante bâtisse médiévale a conservé ses tourelles, ses écuries lambrissées de marbre et ses hauts murs qui entourent le domaine de quelque 156 ha de prairies et de forêts... Halte idéale pour savourer la vie de château, ce refuge invite ses hôtes à poser ses valises dans ses 5 chambres et suites ultra-confortables avec mobilier ancien et tissus fleuris, sans oublier deux gîtes parfaits pour un séjour en famille. Le lieu propose aussi une table d'hôtes (sur réservation) et de multiples activités (tennis de table, pêche dans l'étang) et, non loin, un circuit d'accrobranche, du canoë sur la Loire et un golf à Magny-Cours.

LUZY 58170

Hôtel-Restaurant du Morvan 14/20

26 rue de la République - T. 03 86 30 00 66 - Menu(s) 43-87 €

À l'entrée du Morvan, cette grande bâtisse apparaît comme le dernier avant-poste à la frontière de la civilisation, un pont entre le formalisme des grandes tables et la rusticité d'une contrée encore protégée du chichiteux. On apprécie chez Jérôme Raymond la conscience du terroir et le sens de l'accueil, qui donnent à voir un lieu feutré et chic bourgeois, la grande amphore de Mas Amiel au milieu de la salle, la moquette feutrant le bruit des sabots, des lignes épurées pour s'accrocher à la fuite en avant du temps, des belles tables en bois brut pour marquer l'attachement au naturel. Le menu «Mes Racines» est un hommage sincère, vrai, jusqu'au générique de fin énumérant les noms de tous les artisans ayant mis la main à l'œuvre, pour faire exister le persillé de lapin et la mousse à la moutarde à l'ancienne, le dos de sandre sur peau, échalote confite, petit épeautre et réduction de pinot, voile de lard de Colonnata, le filet de canette Miéral en basse température, les cuisses en cromesquis, écrasé de pommes de terre à l'ail des ours, jus au poivre de verveine et vinaigre de sureau, un financier, fraises fraîches et crème à la vanille. Le service est discret, bienveillant. Cave très bien pourvue.

MOUX EN MORVAN 58230

Auberge de la Queue du Lac 10/20

Route touristique les Settons - T. 03 86 76 02 46 - Menu(s) 16-30 €

Cette auberge située sur les bords du lac des Settons est le rendez-vous des familles en vacances, avec sa décoration paysanne et ses assiettes de tradition. La bonne humeur se charge d'effluves morvandiaux, celle du jambon de pays, de la truite crémée aux amandes, de la fondue bourguignonne... Desserts classiques. Menus de 16 à 30 €.

NEVERS 58000

Jean-Michel Couron 14/20

21 rue Saint-Etienne - T. 03 86 61 19 28 - Menu(s) 25,50-61 €

Une impression d'intemporel se dégage de cette maison du vieux centre, où tout semble protégé des affres du temps. La table de l'ancien second de Michel Bras est un refuge de bon sens, avec son immortelle salle voûtée, ses intérieurs d'un style contemporain en dehors des modes, sa cuisine professionnelle dont la première signature est une technique au-dessus du risque, et qui permet au chef d'élaborer, année après année, des menus irréprochables. Le menu à 61 € est une chance pour son tarif, avec son tentacule de poulpe, crème d'amandes, abricot et olives vertes, le filet de sandre est cuit à la perfection, dans une infusion des arêtes à la sauge, artichauts et gnocchi. La soupe de chocolat est peut-être un peu trop simple, quoique les matières premières sont d'une qualité certaine. Service poli et souriant.

Une Note de Vin

10/20

60 rue de Nièvre - T. 03 86 37 79 90

À l'angle d'une rue du vieux centre, ce bar à vin branché est un repaire prisé des Nivernais, qui trouvent ici les bonnes sélections en cave et les assiettes réussies. On peut s'y rendre pour de classiques planches de fromages et de charcuteries, et aussi pour des tapas un peu plus élaborées, mezzés, croque-monsieur, camembert rôti au four... Côté verre, on y retrouvera du bio et du nature, des vins d'aujourd'hui, Jonathan Pabiot en pouilly-fumé, Domaine Trapet, Olivier Pithon sur les côtes catalanes, etc.

Ô Puits

10/20

21 rue Mirangron - T. 03 86 59 28 88 - Carte 12 € - Menu(s) 26,50 €

L'été, la terrasse du restaurant est absolument idéale, installée dans un jardin pavé en face de l'église Saint-Pierre. C'est une maison d'inspiration traditionnelle qui a su se réinventer en intégrant au fil des années quelques relectures. Ainsi à la carte, si on retrouve toujours le persillé de lapin et le ris de veau aux morilles, on pourra également croiser le ceviche de thon et parmesan, le risotto de gambas et légumes, le burger charolais. Desserts classiques.

CHOCOLATIER

Au Négus

96 rue François Mitterrand

Institution emblématique de la ville, fondée en 1893, le Negus joue à fond la carte de la nostalgie et de l'authenticité, avec cette boutique conservée dans un esprit Art nouveau, qui souligne autant les décennies d'expériences que le goût des belles choses. Les produits sont emballés dans de beaux coffrets et conserves à l'ancienne, des assortiments de chocolats, des pralinés, des rochers, et bien sûr la nougatine de Nevers.

PÂTISSIER

À la Tentation

24 rue de Nièvre - T. 03 86 61 09 28

Dans le centre-ville, la pâtisserie-chocolaterie de Thierry Cagnat est appréciée, pour le charme contemporain de la boutique, en verre et brun, et les spécialités locales. On ne manquera de goûter les pavés et les nougatines de Nevers, ainsi que les pâtisseries saisonnières.

Tables Originales – 10/20 à 10,5/20

Le New Montcharlet LE RENOUVEAU, À 9KM DE LUZY

Depuis 2019, le restaurant écrit une nouvelle page de son histoire avec une cuisine maison faite de produits de saison. Raclette, fondue savoyarde, roblochonade... L'hiver, la montagne se déplace dans le Morvan ! Les produits régionaux, l'entrecôte, les salades de chèvre, les gésiers et les fameux magrets de canard du Montcharlet attirent les gourmets. Les assiettes sont belles et l'accueil est chaleureux.

✉ Le Bourg - 1, impasse du Château, 58170 CHIDDES
Tél. : 09-83-84-34-36 / 06-13-95-67-43
Facebook : Le New Montcharlet

La Table des Bordes GASTRONOMIE ET HISTOIRE

Installée depuis 2018 dans des écuries du XVIIe construites pour la reine de Pologne, cette table conviviale avec vue sur le château présente des plats de brasserie parisienne chic, selon les arrivages et les idées du patron, secondé par sa brigade. Menu du jour en semaine, carte étoffée de 7 entrées / 7 plats les soirs et week-end. Le restaurant et la salle de réception sont classés monuments historiques.

✉ Château des Bordes, rue de la Grande Vanne, 58130 URZY – **Tél. :** 09-88-18-40-36

Pizzeria L'Italia L'ITALIE À VOTRE PORTE

Rejoint par son fils, voilà trente-huit ans que Michele, Calabrais d'origine, régale avec sa cuisine et son accent chantant, toute la région !
À partir de produits en direct de la Botte, on se régale de pizzas, de viandes et poissons cuisinés comme là-bas, de raviolis et gnocchis frais... Une institution locale, très fréquentée.
Le + : Toute la carte est livrable

✉ 83, boulevard Camille Dagonneau, 58640 VARENNES-VAUZELLES
Tél. : 03-86-59-23-03
Facebook : Pizzeria L'italia CHEZ Michel

> *« L'âme du gourmand est toute dans son palais. »*
>
> Jean-Jacques Rousseau (1712-1778)

ONLAY 58370

ÉPICIER

Terrines du Morvan

Route du Mont Beuvray - T. 03 86 84 33 66

On ne pourra faire plus près du producteur que de s'arrêter directement au magasin d'usine, où les plats cuisinés et les terrines sont prêts à la vente. Le producteur élabore des recettes qui rendent hommage au terroir morvandiau, dans une veine artisanale et traditionnelle. On pourra notamment retrouver le bœuf bourguignon en bocal, le coq au vin, le crémeux d'escargots, et plus de 50 terrines.

LES AOP ET AOC DE BOURGOGNE-FRANCHE-COMTÉ

Bleu de Gex Haut-Jura ou bleu de Septmoncel, bœuf de Charolles, brillat-savarin, cassis de Bourgogne, cassis de Dijon, chaource, chapon de Bresse, comté, crème de Bresse, dinde de Bresse, fine de Bourgogne, jésus de Morteau, kirsch de Fougerolles, langres, mâconnais, marc de Bourgogne, mont-d'or, morbier, porc de Franche-Comté, saucisse de Montbéliard, saucisse de Morteau, poularde de Bresse, volaille de Bresse, volailles de Bourgogne...

POUILLY SUR LOIRE 58150

Le Relais de Pouilly

10/20

Quai de Loire - T. 03 86 39 03 00 - Menu(s) 17,90-35 €

Au cœur de la vallée de la Loire, cette grande bâtisse est une halte idéale pour les familles en vacances et les voyageurs professionnels. La table s'accorde à tous les goûts, proposant de la tradition comme des assiettes plus actuelles, à l'image des escargots au beurre persillé et du velouté froid de courgettes et chèvre frais, ou encore de la raie aux câpres et de l'andouillette de Troyes et frites fraîches. Bon menu familial à 27 €.

BISCUITIER

Les Craquants du Val de Loire

64 rue Waldeck Rousseau - T. 03 86 39 09 67

Sur les bords de la Loire, cette boutique fait un peu de tout, mais surtout des biscuits et des chocolats artisanaux. En été, la terrasse est l'occasion d'une petite assiette de charcuterie ; on pourra aussi flâner devant les étagères remplies de produits d'épicerie fine.

VIGNERON

Domaine Jonathan Didier Pabiot

1 rue saint Vincent, Les Loges - T. 03 86 39 01 32

En 2010, Jonathan s'associe avec son père pour créer ainsi le domaine Jonathan Didier Pabiot. Les 20 ha obtiennent la certification bio cette même année et, en 2016, la certification biodynamique. L'encépagement détonne avec une proportion de 80% de sauvignon blanc, pour ses AOC pouilly-fumé, et de 20% de chasselas, ce vieux cépage avec lequel Jonathan produit une cuvée confidentielle de haute volée de AOC pouilly-sur-loire. Les vins sont élancés, minéraux et précis. Jonathan et Nina, son épouse, incarnent bien la nouvelle génération du cru.

Hôtel-Restaurant de La Poste

UNE TOUCHE D'ORIGINALITÉ

Une cour intérieure avec un olivier quatre fois centenaire, un jardinet qui fait la part belle aux herbes et produits de saison, un bâtiment entièrement rénové... Bienvenue à l'hôtel-restaurant de La Poste !

Les fourneaux, où officie Juliane, sont ceux de la marque Ambassade de Bourgogne ; le bar des années 30 a pris place dans une salle de style industriel. De sa grand-mère qui travaillait dans un arborétum à Vendôme, Juliane a gardé l'amour des plantes, et de quinze ans au Château de Chambord, celui des belles associations et des produits faits maison et locaux. Son conjoint Nuno la seconde en cuisine, où ses sauces infusées de racines et feuilles accompagnent les plats chauds ou froids. Miel, épices, fruits rares, fleurs du jardin, Juliane travaille les produits, parfois à contre-pied, comme le charolais servi mariné.

6, rue du Commerce, 58330 SAINT-SAULGE
Tél. : 03-86-37-31-21
www.hotel-restaurant-delaposte.fr

Tout homme qui aime le poisson a l'esprit délicat.

Edmond de Goncourt (1822-1896)

SAINCAIZE MAUCE 58470

HÔTEL

Château Le Sallay - 4 étoiles

Lieu-dit le Sallay - T. 03 86 61 10 10 - à partir de : 90€

Les amateurs d'histoire ne jurent que par ce beau château Renaissance qui a conservé sa tour, ses corniches et sa très poétique chapelle, dotée de voûtes et de pierres gravées. Niché dans un parc de 4 ha avec ses clairières et ses vieux arbres, le lieu réunit, dans le bâtiment principal et les dépendances, 11 chambres et suites décorées de meubles patiemment chinés et de belles salles de bains, sans compter une maison d'hôtes qui compte 5 chambres également. Le salon invite à une délicieuse détente avec sa grande cheminée et ses fauteuils bien profonds, adossé à la salle à manger où l'on déguste, sur demande, un menu sur mesure. Un endroit parfait à deux ou en famille, mais également pour organiser mariages, fêtes de famille ou séminaires, le château pouvant être privatisé dans son intégralité.

SAINT ANDELAIN 58150

VIGNERON

Domaine Michel Redde & Fils

RN7, la Route Bleue, La Moynerie - T. 03 86 39 14 72

Un grand domaine historique qui remonte à 1630, réservé jadis aux moines, d'où le nom de La Moynerie. Thierry Redde et ses deux fils gèrent le domaine. Ces producteurs possèdent des vignes de chasselas (AOC pouilly-sur-loire) à côté des cuvées d'AOC pouilly-fumé, classés par terroirs, dont la dernière-née, «Barre à Mine» (vignes en haute densité plantées à la barre à mine). Aujourd'hui, La Moynerie exploite 42 ha.

SAINT HONORÉ LES BAINS 58360

Auberge du Pré Fleuri

10/20

22 avenue Jean Mermoz - T. 03 86 30 74 96 - Menu(s) 24-34€

L'endroit paraît calme, les oiseaux chantent au-dessus de ce parc discret planté d'arbres, c'est une introduction au Morvan et une station thermale paisible. La salle du restaurant, indépendante du reste de l'hôtel, offre une vue à 180° sur la nature rangée du domaine, un peu figée dans le temps, une réponse assez symétrique aux assiettes convenues et réconfortantes du chef, tournées vers une tradition connue. En plus de classiques régionaux, la soupière d'escargots comme une bouillabaisse ou le pavé de rumsteck à la fourme d'Ambert, on y trouvera aussi des invitations plus rares aux tentations marines, comme un rafraîchissant plateau de fruits de mer, une assiette fournie d'huîtres sur glace, un pavé de merlu, crème de fèves et copeaux de parmesan. Les tarifs sont dans l'ordre des choses, avec un premier menu à 24 €.

TRACY SUR LOIRE 58150

VIGNERON

Domaine Alexandre Bain

Boisfleury, 18 rue des Levées - T. 06 77 11 13 05

Alexandre Bain est un ovni sur son terroir de pouilly-fumé. Installé à Tracy-sur-Loire, il est un des rares vignerons bio sur cette appellation célèbre. Un domaine de 11 ha qu'il bichonne depuis toujours en s'orientant vers l'agriculture biologique et biodynamique. Si vous n'avez jamais eu l'occasion de goûter ses vins… alors, avis aux amateurs de sauvignons bien mûrs.

Château de Tracy

Le Château de Tracy - T. 03 86 26 15 12

Le superbe château de Tracy est érigé sur un éperon rocheux qui domine la Loire. Le domaine viticole s'étend sur près de 36 ha dans l'AOC pouilly-fumé, et un manuscrit de 1396 fait déjà état de son existence. L'entreprise familiale actuelle a été repensée en 1952 par le comte et la comtesse Alain d'Estutt d'Assay, et c'est Juliette d'Assay qui gère aujourd'hui l'exploitation dans l'esprit de l'excellence. Elle s'appuie sur l'œnotourisme avec dégustations et visites de la cave et des vignes.

VARENNES VAUZELLES 58640

Relais du Bengy

10/20

25 route de Paris - T. 03 86 38 02 84 - Menu(s) 17-34 € ♿ Ⓟ

Au nord de Nevers, la table de Dominique Gérard est une valeur sûre, qui réunit gens d'affaires et locaux bien informés. La salle en parquet et mobilier contemporain discret assure une atmosphère sage et mature, tandis que les cuisines délivrent une saveur de marché bien calibrée, autour des saisons et dans la bonne mode. On recommandera le menu à 34 €, ses crevettes sauvages poêlées, houmous de sarrasin grillé et salade d'artichauts, son filet de lotte, fenouil au tandoori, jus de poulet et tomate confite, ou encore sa selle d'agneau du bourbonnais farcie aux olives noires et aux amandes.

70

HAUTE-SAÔNE

COMBEAUFONTAINE 70120

Le Balcon 12/20

2 Grande Rue - T. 03 84 92 11 13 - Menu(s) 33-70 €

Au bord de la nationale qui mène de Vesoul à Langres ou inversement, si le cœur vous en dit, l'escale chez Jean-Philippe Gauthier est une sage décision. Grande maison traditionnelle servant autant d'hôtels 2 étoiles que de restaurant. On y retrouve une atmosphère familiale et classique, où les traditions sont chez elles. On revit là des belles pages de la gastronomie française : une cassolette d'escargots aux orties sauvages, une étuvée de homard et langoustines, champignons et nage au savagnin, un poulet au vin jaune et morilles. Desserts classiques. Très belle cave de plus de 250 références.

Membres de l'Académie Gault&Millau

Tables Exceptionnelles – 19/20 à 19,5/20

Tables de Prestige – 17/20 à 18,5/20

Tables Remarquables – 15/20 à 16,5/20

Tables de Chef – 13/20 à 14,5/20

Tables Gourmandes – 11/20 à 12,5/20

Tables Originales – 10/20 à 10,5/20

La Guillaume

LA PASSION DU TERROIR

Au détour d'un chemin forestier, près d'une magnifique petite chapelle, apparaît le restaurant de Stéphanie et Cyril. Elle en salle et lui aux fourneaux, ils reçoivent leurs convives dans le cadre dépaysant d'anciennes écuries. Le couple a sélectionné une quarantaine de producteurs de Haute-Saône, cités sur la carte du restaurant, pour travailler en collaboration des mets d'exception. Des bufflonnes produisent le lait de la mozzarella, les huiles, farines et pomme de terre sont bio – même le bison est bio –, le sandre, le brochet et la truffe sont sauvages, et 40 fromages des fermes haut-saônoises trônent sur le chariot… De jolies gourmandises pour composer de belles assiettes. Le chef, épicurien, adore surprendre avec des présentations en trompe l'œil. Une belle découverte gustative !

✉ 2, rue du Stade,
70000 COLOMBE-LES-VESOUL
Tél. : 03-84-76-23-83
www.restaurantlaguillaume.fr

Champion Boulanger

LA TRADITION ET LA GOURMANDISE RÉUNIES

À Faverney, près de Vesoul, Brice et Coralie Champion vous accueillent dans leur jolie boutique. Outre le pain de tradition française, ils vous proposent des pains spéciaux bios et sur levain, des viennoiseries pur beurre, une gamme snacking ainsi qu'un rayon de produits italiens. À ne pas rater : le Favernéen, un gâteau à base de noisettes et de griottines sur fond de pâte sucrée.

✉ 5, rue du Général Détrie, 70160 FAVERNEY
Tél. : 03-84-91-46-38

Maison Platte

LE RENDEZ-VOUS DE LA GOURMANDISE

À Fougerolles (Haute-Saône), la réputation de la boulangerie-pâtisserie Maison Platte n'est plus à faire. Depuis près de trente ans, Denis Platte et son équipe fabriquent et vendent toute une gamme de produits très variés car, en plus d'être boulangerie-pâtisserie, la Maison Platte est également spécialisée dans les chocolats, glaces et confiseries. Dans cette boutique, rénovée en 2021, tout est fait maison avec de bons produits locaux, excepté le chocolat qui provient de cacao de grands crus, et avec lequel est fabriqué une gamme de tablettes pur origine. Vous pourrez y déguster également les spécialités locales comme des confiseries à base de kirsch* et de griottes, des glaces à la cerise de Fougerolles ou encore les pralinés maison.

✉ 8, rue du Bas de Laval, 70220 FOUGEROLLES
Tél. : 03-84-49-12-14
Facebook : BoulangeriePatisseriePlatte

Dans les souvenirs d'enfance de chaque bon cuisinier se trouve une grande cuisine, une cuisinière en marche, un gâteau qui cuit et une maman.

Barbara Costikyan (1928-2020)

*L'ABUS D'ALCOOL EST DANGEREUX POUR LA SANTÉ.

La Charbonnette

SPÉCIALITÉS DE LA SAÔNE

Ce sont les poissons de la rivière qu'ont choisi de promouvoir Lucie et Damien Beller dans leur restaurant, de même qu'une cuisine concoctée à base de produits du terroir local à l'instar des volailles, bovins et fromages. Aux fourneaux, le chef et Alain, son père, mijotent des mets délicats à l'image de leurs expériences dans de grandes maisons alsaciennes. Foie gras de canard mi-cuit assaisonné au naturel et sa gelée de Gewurztraminer*, friture de carpes marinée à la bière et enrobée de farine de Gaude, dariole de brochet avec insert aux écrevisses ou choucroute de poissons d'eau douce, pain maison à la pomme de terre : les assiettes sont dignes des grands restaurants à des tarifs très accessibles. À découvrir absolument !

Les + : Véranda climatisée et insonorisée. Privatisation possible.

16, rue de Jussey, 70500 GEVIGNEY-MERCEY
Tél : 03-84-96-78-46
www.restaurant-lacharbonnette.fr

> *Il n'y a pas d'amour plus sincère que celui de la bonne chère.*

George Bernard Shaw
(1856-1950)

*L'ABUS D'ALCOOL EST DANGEREUX POUR LA SANTÉ.

L'Antre Nous

SAVOUREUSE DÉCOUVERTE

Le bonheur étant lié à des instants chaleureux autour de plats savoureux, on choisit cette adresse. Si la cuisine de la Cheffe et propriétaire, Sylviane, est plébiscitée par les plus exigeants, c'est qu'elle est succulente ! Fruit de son talent et de son exigence, elle se traduit par des plats réalisés 100% maison, de la pâte à pizza aux desserts en passant par les panures et autres sauces. Pour découvrir l'Italie, on se régale avec la pizza Tronchetto, les spaghettis alla vongole ou encore l'escalope milanaise. Pour renouer avec les emblèmes des terroirs de l'Hexagone, on craque pour la salade de chèvre chaud suivie du filet de bœuf sauce morilles et, le week-end, pour son cassoulet, sa bouillabaisse ou encore sa choucroute, créés dans les règles de l'art.
En conclusion, l'incontournable café gourmand et ses 5 desserts !

30, rue de Belfort,
70400 FRAHIER-ET-CHATEBIER
Tél. : 03-63-14-70-86
E-mail : ilristorantelantrenous.com

*Ajouter de la tomate et de l'origan,
ça devient italien ; du vin et de l'estragon,
ça devient français ; du citron
et de la cannelle, ça devient grec ;
de la sauce de soja, ça devient chinois ;
ajouter de l'ail, ça devient bon !*

Alice May Brock (1941-)

GRAY 70100

Château de Rigny 12/20

70 rue des Époux Blanchot - T. 03 84 65 25 01 - Menu(s) 41-62 €

Magnifique château lové dans un parc de 5 ha au bord de la Saône, l'occasion y est donnée de passer un moment seigneurial, dans cet écrin de faste historique où le temps semble s'être arrêté. Superbement conservé dans différents styles d'époque, avec la table Louis XVI, le salon Louis XV et le remarquable salon Louis XIII orné d'un portrait du roi, on entre ici comme dans un temple du classicisme ; la table ne pouvait que suivre en cohérence l'esprit des lieux. Les réalisations sont sérieuses et donnent des exemples réussis du foie gras maison et caramel macvin, du homard bleu cuit au grill et sauce estragon, de la caille rôtie et jus à la truffe de Bourgogne, de la pavlova aux fruits rouges. Service soigné. Des chambres sont également proposées.

LES AOP ET AOC DES VINS DE BOURGOGNE-FRANCHE-COMTÉ

Arbois, beaune, bourgogne, chablis, chagny, château-chalon, cluny, côtes-du-jura, fixin, gevrey-chambertin, givry, irancy, mâcon-villages, macvin, mercurey, meursault, nuits-saint-georges, pommard, pouilly-fuissé, puligny-montrachet, saint-bris, santenay, savigny-lès-beaune, viré-clessé, volnay...

La Bergeraine

LA TRUITE DANS TOUS SES ÉTATS

Voilà le produit phare de la maison ! Au cœur de la région des mille étangs, renommée pour son poisson, Laurence et Olivier déclinent la truite à l'infini dans leurs créations culinaires mais « pas que »... Les plats traditionnels qu'ils proposent sont d'une excellente qualité bistronomique. Le chef compose sa carte au fil des saisons (4 entrées, 4 plats dont 1 végétarien et 4 desserts) à l'instar du foie gras, des spaetzles, de la truite fumée sur place, de la truite meunière ou du ballotin de truite sur risotto d'épeautre, mais aussi du filet de bœuf, de l'onglet de veau, du suprême de volaille ou de la choucroute rouge de gibier à l'automne. Ici, tout est fabriqué maison selon l'inspiration et l'envie des maîtres des lieux. Une adresse à retenir !

Le + : Terrasse ombragée en été, espace détente.

27, rue des Vosges, 70270 MELISEY
Tél. : 03-84-20-68-02
www.la-bergeraine.fr

> *Tout homme qui aime le poisson a l'esprit délicat.*
>
> Edmond de Goncourt (1822-1896)

La Cabotte Gourmande

UNE CUISINE INTUITIVE DU MARCHÉ

Ce sont des propositions colorées et composées au fil des saisons que proposent Élise et Fabien dans leur restaurant familial du cœur de la région des mille étangs. Un menu du jour à midi, une carte à l'ardoise les vendredis et samedis soir, des planches apéritives avec de savoureux fromages régionaux et de la charcuterie locale, des tapas les soirs de semaine : l'offre est variée. Moment de détente assuré les soirs d'été en terrasse en dégustant les cocktails* de Fabien.

2, place de la Gare, 70270 MÉLISEY – **Tél. :** 06-62-86-32-42
Facebook : La Cabotte Gourmande

*L'ABUS D'ALCOOL EST DANGEREUX POUR LA SANTÉ.

ROYE 70200

Le Saisonnier

12/20

56 rue Verrerie - T. 03 84 30 46 00 - Carte 25€ - Menu(s) 22-82€

Tout près de Lure, aux portes de la Haute-Saône, ce beau corps de ferme tenu par Christopher Aubry, affiche les spécialités de la cuisine franc-comtoise. L'endroit ne manque pas d'élégance, une pierre d'époque et un mobilier d'aujourd'hui en toute sobriété accueillent les assiettes graphiques et innovantes du chef. Suprême de pintadeau crème de maïs bisque de crevettes à l'estragon duxelles de champignons, dos de julienne croûte de mélisse servie dans son bouillon façon bouillabaisse risotto de pommes de terre... Menus bien étagés de 36 à 82€.

LES 10 COMMANDEMENTS DE GAULT&MILLAU

1

« Tu ne cuiras pas trop. »

2

« Tu utiliseras des produits frais et de qualité. »

3

« Tu allégeras ta carte. »

4

« Tu ne seras pas systématiquement moderniste. »

5

« Tu rechercheras cependant ce que t'apportent les nouvelles techniques. »

6

« Tu éviteras marinades, faisandages, fermentations, etc. »

7

« Tu élimineras les sauces riches. »

8

« Tu n'ignoreras pas la diététique. »

9

« Tu ne truqueras pas tes présentations. »

10

« Tu seras inventif. »

Au Pain Comtois

DES PRODUITS DANS LA PURE TRADITION FRANC-COMTOISE

Situé dans le centre-ville de Vesoul (Haute-Saône), Arnaud Hennequin, boulanger depuis treize ans à la boulangerie-pâtisserie Au Pain Comtois, est un artisan passionné et reconnu pour son travail. Preuve de ce savoir-faire de haute qualité, l'homme a été sélectionné pour représenter la baguette de tradition française lors de la finale nationale qui s'est déroulée en octobre 2021 à Paris.
Outre cette spécialité, il propose une gamme de pains bios, de pains à base de levain naturel, des viennoiseries ainsi que des gâteaux aux multiples saveurs à base de produits locaux dont le gâteau de la Motte, qu'il a lui-même créé. Cette gourmandise, dont le nom rappelle le point culminant de la ville de Vesoul, se compose d'une pâte sablée, de crème amande-pistache, de griottines et d'un biscuit macaron. Un vrai régal !

✉ 19, rue Georges Genoux, 70000 VESOUL
Tél. : 03-70-08-24-50
E-mail : aupaincomtois@gmail.com

Le Pic Assiette

LES VRAIES VALEURS DE LA TERRE

Voilà ce que souhaitent transmettre Anne et Franck. C'est dans une vieille bâtisse du XVIIIe siècle que la cheffe prépare des plats mijotés comme les concoctaient nos grands-mères. Bœuf bourguignon, tête de veau, escalope de veau cancoillotte, tartes aux fruits de saison, ici tout est cuisiné maison avec des produits frais et s'accompagne de vins* régionaux.
Le + : Terrasse ombragée aux beaux jours.

✉ 23, rue des Tanneurs,
70000 VESOUL
Tél. : 03-84-76-21-64
Facebook : Pic Assiette

*L'ABUS D'ALCOOL EST DANGEREUX POUR LA SANTÉ.

71

SAÔNE-ET-LOIRE

AUTUN 71400

La Tête Noire

11/20

3 rue de l'Arquebuse - T. 03 85 86 59 99 - Menu(s) 23,50-49 €

Institution à Autun, la Tête Noire traverse les années et les vies des Autunois sans faiblir, se faisant l'endroit de toutes les grandes occasions. L'endroit est sobrement décoré, un style bourgeois et une mise en table sérieuse, pour les réunions familiales et les repas d'affaires ; les assiettes restituent des valeurs sûres, le saumon fumé au bois de hêtre, le filet de sandre au vin rouge, le filet de bœuf charolais aux trompettes ou le filet de canette à l'orange, un dôme glacé au miel et coulis de fruits rouges... Service professionnel.

Hostellerie du Vieux Moulin

10/20

Chemin Jeanne Barret - T. 03 85 52 10 90

L'ancien moulin situé à deux pas de la porte d'Arroux, célèbre vestige gallo-romain, est un lieu sage et chaleureux, où les traditions bourguignonnes sont aux commandes. L'auberge aligne les classiques d'une réalisation honorable, les escargots de Bourgogne, la côte de bœuf charolaise, les œufs en meurette...

HÔTEL

Hôtel Les Ursulines - 4 étoiles

14 rue de Rivault - T. 03 85 86 58 58 - à partir de : 88 €

Au cœur de la vieille ville d'Autun et proche de la cathédrale Saint-Lazare, cet hôtel a été aménagé dans un ancien couvent du XVIIe siècle, dont il a conservé l'atmosphère sereine et lumineuse. Décorées avec une élégance tout en épure, les 45 chambres et suites ont gardé leurs tomettes et leurs poutres en bois dans la partie la plus ancienne du couvent ; déclinant une atmosphère plus contemporaine dans le reste des bâtiments. La plupart s'ouvrent sur de beaux jardins à la française, surplombant également les remparts romains de la ville avec, en toile de fond, la haute silhouette des monts du Morvan. Une terrasse panoramique et de petits salons viennent compléter l'offre de cette belle adresse, chaleureuse et hors du temps.

BARON 71120

TRAITEUR

Domaine des Marguerites - Ferme Auberge de Chamoge

Ferme de Chamoge - T. 06 28 42 37 74

À quelques kilomètres au nord de Charolles, Mélanie et Cédric Capon élaborent de nombreuses terrines et rillettes disponibles en conserves de verre, volaille et tomate, agneau et pouilly-fuissé, volaille abricot, volaille et bœuf, et des préparations, comme les rognons de génisse ou le jambon persillé. Sur place, gîte et distractions diverses, dont un escape game.

BAUDEMONT 71800

Auberge de Baudemont 14/20

2 rue des Bambins - T. 03 85 26 81 22 - Menu(s) 20-76 €

L'adresse sûre et régionale de Mickaël Monterrat et de son épouse Sylvie constitue l'étape de choix dans cette campagne brionnaise. Le maître restaurateur sait recevoir dans cette maison bourguignonne typique avec sa terrasse sous les arbres, et régaler avec des plats justes, sans excès de sophistication, mais avec une dose raisonnable de modernité : escargots du Brionnais persillés et émietté de veau citronné, omble chevalier émulsion vin rouge vinaigre de myrtille, entrecôte charolaise au jus et le soufflé chaud au vieux rhum martiniquais en spécialité de dessert, que l'on peut faire précéder des bons fromages de chez Mons. Un très bon «Menu du Chef» à 39 €, une cave bourguignonne bien fournie et le service pro orchestré par Sylvie Monterrat.

BOURBON LANCY 71140

Le Cloître 11/20

Parc Thermal - T. 03 85 89 18 91 - Menu(s) 21-31 €

Juste en face des thermes en bas de la cité médiévale, cette petite table bistrotière assure une cuisine traditionnelle pour tous les jours, qui convient autant aux locaux, résidents à l'année ou aux gens de passage. Le «Menu des Bourbonniens» à 31 € tient ses promesses : bœuf charolais et sauce fromagère, dos de cabillaud sauce dijonnaise... Une option végétalienne est également proposée.

BOUZERON 71150

VIGNERON

Domaine de Villaine

2 rue de la Fontaine - T. 03 85 91 20 50

Le domaine de Villaine est installé depuis 1971 à Bouzeron, premier village de la côte chalonnaise. Depuis des siècles, on y produit, notamment à partir du cépage aligoté doré, des vins à forte personnalité, mais également des vins issus de chardonnay et de pinot noir. Depuis 2003, c'est Pierre de Benoist qui dirige le domaine. Les 30 ha sont travaillés selon les méthodes de l'agriculture biologique depuis 1986. L'AOC bouzeron est élaborée uniquement avec l'aligoté.

BRIANT 71110

Auberge de Briant 12,5/20

Le Bourg - T. 03 85 25 98 69 - Menu(s) 34-65 €

Une jolie table, bien tenue et agréablement décorée dans une grande et chic maison bourguignonne, chez le maître restaurateur Filipe Pereira et son épouse. Filipe a fréquenté quelques belles maisons, en montagne et sur la Côte (Mas du Langoustier, à Porquerolles, la Barbacane, à Carcassonne...), connaît l'art de la belle assiette et du dressage soigné. Ses menus sont bien composés, notamment une attrayante formule à 45 €, avec la longe de veau coupée au couteau façon tonnato et pois gourmands, le cabillaud en croquant vert écume céleri amande ou le suprême de pintadeau farci sous peau écrevisse coriandre et coulis de crustacé. Service bien contrôlé, ambiance élégante et cave généraliste.

ÉLEVEUR

L'Escargot Brionnais

Vaux - T. 06 87 86 19 91

À l'ouest de La Clayette, Corine Rubod réalise ses propres préparations à partir de ses escargots (helix aspersa) bouillonnés et condimentés, par exemple avec moutarde, persil, échalotes et herbes pour l'«Escapéro», une marinade en bocal de deux douzaines d'escargots.

CHAGNY 71150

Lameloise 17,5/20

CHEF : ÉRIC PRAS - *CHEF PÂTISSIER :* MARIE SIMON - *DIRECTEURS DE SALLE :* PASCAL MICHEL ET PATRICK MANIÈRE - *SOMMELIER :* SÉBASTIEN REYMOND

36 place d'Armes - T. 03 85 87 65 65 - Menu(s) 189-260 €

Le charme discret des grandes maisons ? Faites un tour à Chagny ! En divisant le nombre de couverts par deux, tout en gardant sa magnifique équipe en salle, Éric Pras donne à cette institution une dimension d'exclusivité qui rallonge encore le délai de réservation (comptez un bon mois), mais apporte ce confort ineffable, ce feutré distingué qu'une telle institution doit cultiver. Sa cuisine reste elle aussi fidèle à la glorieuse lignée Lameloise-Pras : une lecture à la fois fidèle et astucieuse du terroir bourguignon, par les produits comme par les clins d'œil (l'œuf de caille frit et sa crème anglaise façon meurette en mise en bouche, par exemple...), à piocher dans un unique grand menu, avec cette capacité permanente de séduire par une création de saison. Son tourteau en raviole champignon foie gras, filet de rouget et confit d'orange, pleurotes acidulés et jus champignon monté à l'huile de cassis est une merveille de délicatesse iodée, fine et aiguë comme un pizzicato. Les escargots et rattes, plus rustiques, mais plaisamment amarinés par le fumet de roche et le cannelloni d'encornets aux herbes potagères, annoncent le pigeon Miéral, cuit en feuille de cerisier, flanqué de diaboliques cerises à l'ail noir sur encre de seiche, cuisse effilochée en tempura, jus à la bière de Bourgogne, un modèle d'acidité subtile et de chair gourmande, dans une harmonie sans faille. Le chef est visiblement aussi attentif aux réalisations des desserts, comme le montre la très belle composition sur la fraise et angélique, complexe, fraîche et adroite. Service assuré par des cadres de haute tenue, sans aucune faille, cave bourguignonne exactement comme on peut l'espérer, tous climats, grands noms et d'autres plus furtifs, et la possibilité de boire bon de 70 à 17000 €, conseillée avec modestie, justesse et érudition par Sébastien Reymond, présentant un choix au verre également large et conséquent.

Pierre et Jean

12,5/20

2 rue de la Poste - T. 03 85 87 08 67 - Menu(s) 19,50-35 €

La belle maison bourguignonne de pierre et à toit de tuiles réserve un espace à la fois chic et rustique qui n'est pas un simple faire valoir pour la grande Maison Lameloise toute proche. Les équipes d'Éric Pras font un très beau travail pour valoriser le terroir, dans une prestation de très bon niveau et à prix serré : escargots pommes darphin, râble de lapin aux olives polenta courgettes jus romarin, joues de porc braisées pois chiches artichaut jus aux dattes dans le bon menu à 35 € qui s'achève joliment avec les fraises marinées au Timut crème amande riz soufflé. Un extrait de la grande cave de la maison mère permet un bel approvisionnement avec la même justesse tarifaire (le hautes-côtes-de-beaune Chevrot à 36 €).

Le Grenier à Sel

12/20

4 rue Marc Boilet - T. 03 85 87 09 10 - Menu(s) 20 €

«Ah, c'est une institution !» Telle fut l'exclamation complice d'un Chagnotin informé de notre venue au Grenier à Sel, à la fois jaloux et heureux de nous savoir entre de bonnes mains. L'expérience fut à la hauteur de la promesse, une messe réunissant tout le village, dans une salle seigneuriale si conviviale qu'on aurait cru être tous à la même table, des voûtes en pierre remarquables d'histoire, une cave à vin vitrée infiniment séduisante, une spectaculaire rôtisserie ouverte, d'où se dégage des odeurs culpabilisantes. Ici, pas de chichis, que des classiques et de bonnes viandes, une anthologie gourmande, comme cette andouillette de Troyes, aussi simple qu'efficace, un pied de porc à l'ancienne encore fumant, un confit de canard d'école idéalement confit et fondant, mettant l'eau à la bouche, une crème brûlée vanille qui rivalise avec nos souvenirs d'enfance. La maison aligne d'autres spécialités, les fondues, bourguignonne, vigneronne, bressanne, à la viande de canard. La cave est pleine des crus locaux, le pichet de mâcon blanc est imbattable.

HÔTEL

Maison Lameloise - 4 étoiles

36 place d'Armes - T. 03 85 87 65 65 - à partir de : 195 €

On ne présente plus la légendaire Maison Lameloise, mondialement connue pour l'excellence de sa table emmenée par Éric Pras. On sait moins, en revanche, que cette adresse nichée, ancien relais de poste du XVe siècle, propose également 16 chambres et suites qui infusent une élégance discrète et intemporelle avec de belles pierres de Bourgogne associées au bois, au fer forgé, le tout baigné d'une douce lumière. Au sud de Beaune, une halte incontournable, symbole de l'art de vivre à la française et membre du groupe Relais & Châteaux.

CHAINTRE 71570

La Table de Chaintré

15/20

CHEF : **SÉBASTIEN GROSPELLIER**

72 place du Luminaire - T. 03 85 32 90 95 - Menu(s) 75 €

À un petit quart d'heure de Mâcon, dans un bourg viticole, Sébastien Grospellier possède à coup sûr la bonne formule, celle du succès depuis près de vingt ans, en gardant son identité et sa belle technique. Un seul menu, mais il n'est pas caché, des produits qui ne viennent pas tous du potager, mais de la noblesse de tradition qui s'habille dans le XXIe siècle ; pour les locaux comme pour les voyageurs, il s'agit bien d'un excellent choix. Avec Floriane, son épouse, ils mènent cuisine et service en toute fluidité pour leur quinzaine de couverts tout au long de l'année et font défiler, après la mise en bouche régionale (friture de Saône, gâteau de foies de volailles), les bêtes de concours toujours bien escortées : la tartelette de langoustines, artichaut et vinaigrette fraise, le turbot, carotte et bouillon de crevettes grises, le veau parfaitement rosé, avec les fèves et courgettes d'Annie Bertin, à laquelle la maison est fidèle depuis des années. Bon dessert classique sur les thèmes de saison (fraise rhubarbe, cerise chocolat...), cave de connaisseur, large sur le vignoble proche et les vignerons amis, pointue en de nombreuses régions (beaujolais et jura, notamment), avec une franche tendance aux apôtres du naturel, et de nombreuses découvertes en vin de France, qui font regretter le choix si mince en vins au verre.

CHALON SUR SAÔNE 71100

Le Bistrot

13/20

31 rue de Strasbourg - T. 03 85 93 22 01 - Menu(s) 29-50 €

Derrière son apparence sage, la table de Patrick et Marie-Laure Mézière reste dans l'allure de son époque. Exit le rouge, place à un gris plus sobre, du bois et du végétal pour un côté zen. La décoration annonce une assiette bistronomique actualisée et dressée avec recherche, un travail intéressant sur le homard et le tourteau, pimenté d'un yuzu et d'une gelée de tomates à l'angélique des montagnes, un croustillant de crevettes pour contrebalancer le moelleux, un très beau lieu jaune comme un jardin potager, poulpe rôti à l'ail et citron, macération de fenouil et herbe potagère, un jeu de contraste saisissant sur le chocolat, avec le praliné amande noisette et le chou craquelin. Les conseils de Marie-Laure vous guideront sûrement sur les chemins viticoles de la Bourgogne.

Aromatique

12/20

14 rue de Strasbourg - T. 03 58 09 62 25 - Menu(s) 26-55€

On vient chez Émilie et Fabien Denisot pour l'élégance et le minimalisme du projet, qui est tout aussi soigné sur la forme que sur le fond. La table bistronomique du couple arbore un style épuré un peu loft avec des couleurs discrètes et des belles matières, du bois, du cuir, un peu de patine, et des assiettes qui démontrent un même sens du graphisme. Le chef a élaboré une belle carte, simple et en slash, faisant la part belle aux produits comme une raviole de homard, œuf, tandoori et céleri, une lotte aux petits pois, fumet grillé et salade d'herbes, un filet de bœuf, carottes et sarrasin, une douceur aux fraises, safran et chocolat blanc.

La Forge

12/20

21 rue de Strasbourg - T. 09 83 99 05 58 - Menu(s) 40€

À mi-chemin de la rue de Strasbourg, la plus gourmande des rues de Chalon, la sobre devanture de l'établissement pose le sérieux de l'adresse, qui défend une bistronomie soignée et engageante. L'intérieur est élégant, comme un atelier d'artisan, les poutres et les murs en chaux, les tons doux et un mobilier discret. La carte en slash dévoile des associations logiques et attractives, mises en avant par une réalisation soignée ; on y apprécie le ris de veau doré au sautoir avec une sauce ivoire, le saumon en croûte comme un koulibiak, le suprême de poulet, sauce crème et morilles, crêpes vonnassiennes, le flan à la parisienne.

Le Clown Gourmand

11/20

13 rue de Strasbourg - T. 03 85 93 64 61 - Menu(s) 24-35€

Ce bistrot lumineux et coloré est à l'image de sa bonne humeur, qui réunit les amis le soir pour une bonne assiette d'aujourd'hui. Les chaises de couleur contrastent avec le blanc des murs et les assiettes ont aussi de la fantaisie, le foie gras avec la mangue et la passion, le saumon avec des carottes et une crème de citron confit, le presa de porc avec une polenta à la tomate et sauce soubressade. Service amène.

Les Gourmands Disent

11/20

59 rue de Strasbourg - T. 03 85 48 75 21 - Menu(s) 29-40€

Tout au bout de l'île Saint-Laurent, la dernière étape gourmande de la rue avec ce bistrot tout en blanc et pierre brute, qui marque une modernité également présente dans l'assiette. La carte associe les saveurs dans la bonne tendance, comme la bûche d'asperges blanches et vertes, ail des ours et vinaigrette noisette, le filet de dorade, mousseline de chou-fleur, coques marinées et pâte de citron, le râble de lapin farci à la tomme de Savoie, gaufre de pommes de terre et épinards. Menu du soir à 40 €.

Tables Gourmandes – 11/20 à 12,5/20

Chez Jules

10,5/20

11 rue de Strasbourg - T. 03 85 48 08 34 - Menu(s) 20-23 €

Au départ de la rue de Strasbourg, la table de Jérôme Ruget se place en bonne position sur le registre des bistrots d'aujourd'hui, avec une cuisine de marché et de saison, et des propositions bien dans l'air du temps. Le cadre est assez sobre, sous un plafond de poutres blanches, le service bien mené délivre carpaccio de thon et tartare de mangue, escargots de Bourgogne et duxelles de champignons, un loup avec une brunoise de chorizo et écrasé de pommes de terre, un paleron de bœuf basse température, polenta et fond brun à l'huile de truffe. Menus bien étagés à partir de 20 €.

L'Epicurieux

10,5/20

43 rue de Strasbourg - T. 03 85 48 49 37 - Menu(s) 18-21 €

Aux Cœurs Fidèles a ainsi succédé l'Épicurieux de Yoan Romain, table niçoise offrant un petit coin de soleil au cœur de la Bourgogne. Le chef a le goût des jolies choses, un logo Keith Haring et une décoration très simple dans un genre scandinave, des lignes symétriques et épurées, tandis que les assiettes restituent un bon répertoire méditerranéen : salade d'encornets et pignons de pin, steak de thon rouge en croûte de nigelle et bisque de supions, une souris d'agneau au thym et romarin.

Parcours

10,5/20

32 rue de Strasbourg - T. 03 85 93 91 38 - Carte 15 € - Menu(s) 23-49 €

Avec son caveau en pierre et sa belle devanture rouge, la maison annonce d'emblée un esprit terroir qui donne l'eau à la bouche ; et que l'on retrouve par des produits choisis avec soin. Les assiettes sont de saison et font preuve d'une créativité intéressante, la salade d'artichauts barigoule et la chiffonnade de jambon Mangalica, le dos de lieu jaune et pâtes parfumées, la noix d'entrecôte de veau aux asperges vertes et jus à la moutarde au cassis de la maison Fallot. De 33 à 49 €.

Le Bourgogne

10/20

Ile Saint-Laurent - T. 03 85 48 89 18 - Menu(s) 23-38 €

Une bonne adresse pour le déjeuner entre collègues, pilotée par Cédric Caillet qui y propose une cuisine de brasserie plaisante et compétitive. Des classiques actualisés sont au rendez-vous à partir de 16 € jusqu'à 38 €, médaillon de lotte, escargots de Bourgogne, salade paysanne, daurade royale aux agrumes, pavé d'agneau et jus réduit... Un menu végan est également proposé.

Les Canailles

10/20

7 rue de Strasbourg - T. 03 85 93 39 01 - Menu(s) 25 €

Le bouchon de Julien et Marie-Claire porte bien son nom, avec un cadre attrayant, les petites tables et l'ardoise au mur, la pierre nue, le rouge et blanc qui rappelle les nappes vichy, et des assiettes dans le thème, évidemment canailles. À 25 €, le pâté maison, le retour de pêche et fregola sarda, la cuisse de pintade et tian de légumes, une bonne tête de veau sauce gribiche, pour finir un moelleux au chocolat et crème anglaise au poivre de cassis.

Le Verre Galant

10/20

8 place Saint-Vincent - T. 03 85 93 09 87 - Menu(s) 16,50 € ♿

Rendez-vous prisé des Chalonnais, notamment les jours de marché, cette brasserie au pied de la cathédrale Saint-Vincent assure une cuisine de spécialité traditionnelle. La carte est standard et efficace, œufs en meurette, camembert rôti, tartare de bœuf, tête de veau, entrecôte sauce époisses ; le tout servi rapidement et sans faute. Bonne formule du midi à 16,50 €.

BOULANGER

Boulangerie La Meulière

25 rue du Général Leclerc - T. 03 85 42 90 90

Assurément l'une des meilleures boulangeries de Chalon, en plein centre, non loin des rues piétonnes. L'établissement, en intérieur brique et bois assez traditionnel, est spécialisé dans le pain au levain, décliné en une vingtaine de variétés.

LES AOP ET AOC DE BOURGOGNE-FRANCHE-COMTÉ

Bleu de Gex Haut-Jura ou bleu de Septmoncel, bœuf de Charolles, brillat-savarin, cassis de Bourgogne, cassis de Dijon, chaource, chapon de Bresse, comté, crème de Bresse, dinde de Bresse, fine de Bourgogne, jésus de Morteau, kirsch de Fougerolles, langres, mâconnais, marc de Bourgogne, mont-d'or, morbier, porc de Franche-Comté, saucisse de Montbéliard, saucisse de Morteau, poularde de Bresse, volaille de Bresse, volailles de Bourgogne...

Pixelles Pintxos

COULEURS ET SAVEURS D'ESPAGNE

L'espace est chaleureux, la cuisine généreuse et gourmande. Ce restaurant à tapas, créé par une équipe exclusivement féminine – Isabelle et Claire Garcia-Large, Louise Desforges et Héléna Gibot – propose des pintxos. Ces tapas typiques du Pays basque espagnol s'habillent de produits frais, de terroir et de saison. À la carte, pintxos, quesadillas et tapas classiques, plat bistrot le midi. Beau choix de desserts.

Le + : Vente à emporter.

✉ 42, rue aux Fèvres,
71100 CHALON-SUR-SAÔNE
Tél. : 06-24-43-70-83
E-mail : pixellespintxos@gmail.com
Facebook : Pixelles Pintxos
Click&collect : pixellespintxos.tastycloud.menu

Aux 4 Marmoins

LE CHAROLAIS AU CŒUR DE L'ASSIETTE

Les spécialités charolaises préparées par les frères Fayolle, Christophe et David, et leur équipe, s'invitent au cœur de l'assiette.
Bavette grillée, bœuf bourguignon, entrecôte charolaise, escargots de Bourgogne, cuisses de grenouille… Mais avant cela, il faudra déguster les œufs meurette, ces œufs pochés avec une sauce bourguignonne.
Les produits sont frais, les desserts sont faits maison comme la mousse au chocolat, le tiramisu, le crumble citron meringué ou la crème brulée. Dans le quartier historique, on apprécie, l'été, la terrasse ombragée. Belle carte de vins* de Bourgogne.
Ouvert le midi du mardi au jeudi, midi et soir les vendredi et samedi (en hiver) ; midi et soir du mardi au samedi (en été).

Le + : Service traiteur et vente à emporter.

✉ 15, rue Baudinot, 71120 CHAROLLES
Tél. : 09-83-59-61-00
E-mail : aux4marmoins@gmail.com
Facebook : Restaurant Aux 4 Marmoins

> *Bien boire et bien manger font bien travailler.*
>
> Proverbe français

*L'ABUS D'ALCOOL EST DANGEREUX POUR LA SANTÉ.

CHAMILLY 71510

VIGNERON

Château de Chamilly

7 allée du Château - T. 03 85 87 22 24

Le château de Chamilly, à Mercurey, fut édifié au XVIIe siècle. Au début du XIXe, la famille Desfontaine fit l'acquisition du château ainsi que des terres qui l'entourent. Véronique Desfontaine est à la tête du domaine depuis 1999. En 2007, ses deux fils, Xavier et Arnaud, l'ont rejointe. En 2008, ils achètent le château de Cary Potet à Buxy. Ils exploitent ensemble un vignoble de 30 ha dans les appellations mercurey et montagny. Une visite s'impose !

CHARNAY LÈS MÂCON 71850

Le Moulin du Gastronome

11/20

540 route de Cluny - T. 03 85 34 16 68 - Menu(s) 28-70 €

Ce charmant hôtel 3 étoiles au sortir de Mâcon est bien équipé, avec ses 8 chambres, sa piscine et son agréable jardin. On y retrouve Philippe et Mathieu, qui défendent une cuisine de marché à quatre mains, de belle composition. Les idées suivent les saisons, sur une truite fumée avec un blanc-manger de coquillages et vinaigre de sureau, sur un maigre de ligne aux petits pois à la française et guanciale, ou encore un filet de bœuf charolais flambé au marc de Bourgogne et carottes des sables. Formules à partir de 23 €.

CHOCOLATIER

Éclat de Chocolat

99 bis grande rue de la Coupée - T. 03 85 22 01 45

En banlieue de Mâcon, cette grande maison contemporaine surmontée d'une grande tablette ne trompe pas sur l'objet et la modernité du projet. La chocolaterie de Mickaël Martin est une référence locale, pour ses chocolats, ses entremets et ses macarons. Les spécialités de fête y sont très appréciées.

CHAROLLES 71120

Restaurant Frédéric Doucet

16,5/20

CHEF : FRÉDÉRIC DOUCET

2 avenue de la Libération - T. 03 85 24 11 32 - Carte 113 € - Menu(s) 45-145 €

Frédéric Doucet mène l'ensemble de cette maison du bonheur comme elle a toujours été et comme elle doit le rester : comme une très belle auberge familiale. En l'amenant vers l'excellence, sans jamais oublier ses racines, à la façon de La Côte d'Or (à Saulieu) ou de La Côte Saint-Jacques (à Joigny), pour utiliser des références régionales. Chez les Doucet, il y a cette âme et cet attachement au Charolais qui transcende tout un univers, celui de cette belle demeure devenue si élégante et raffinée qu'elle rivalise en confort avec les plus prestigieuses. Quant à la cuisine du chef, elle n'a bien sûr plus de barrières ; elle est plurielle, parfois primesautière, parfois enracinée, avec cette finesse et cette justesse qui caractérise un chef à maturité. Son menu «Essences de ma Bourgogne» est à cet égard exemplaire : fleur de courgette et sorbet estragon pour se faire la bouche en fraîcheur, jambonnettes de grenouilles qui prennent un accent champêtre d'une grande intensité, comme la fleur de brochet œufs fumés et oxalis, dans la suavité d'un goût enveloppant, le homard bleu à l'élixir de suc charolais, la volaille de Bresse aux morilles pour le plaisir... Les desserts ont trouvé aussi la même veine, gourmandise et haute technicité, ainsi la finesse de chocolat grand cru et glace à la sauge, et le service dans son ensemble est bien celui qui convient à la Bourgogne comme aux Relais & Châteaux. Grande cave de grands crus, de beaux millésimes, mais aussi de bouteilles accessibles en mâconnais, beaujolais et côte chalonnaise.

Le Bistrot du Quai

12/20

1 avenue de la Libération - T. 03 85 25 51 75 - Menu(s) 31€

L'annexe de la grande maison Doucet, juste en face, fait un bistrot étape de belle tenue. Dans le cadre comme dans le service, la prestation est solide et professionnelle, et «l'Inspiration du moment», à 31 €, vaut son pesant de charolais, toujours inscrite dans la fraîcheur saisonnière : tarte tomate et poivrons salade d'artichauts du jardin et scampis, aïoli de morue confite à l'huile, fricassée de rognons de veau, beurre de pamplemousse à la coriandre et mousseline de pomme de terre. Desserts légers et bien pensés, bon choix vinicole sur toute la région, jusqu'en beaujolais.

Le Charolles

11/20

1 place Charles Le Téméraire - T. 03 85 24 03 20 - Menu(s) 21-34€

La table de Dominique et Caroline jouit d'une situation idéale dans la capitale du charolais, sur cette place centrale où elle peut installer sa terrasse et ses bonnes idées. L'intérieur, rénové dans un style contemporain, offre un cadre désigné pour les affaires, avec ses lignes sobres, ses tons harmonieux entre nappes blanches, parquet et murs gris, poutres au plafond et luminaires design. Le chef y réalise des classiques de brasserie, mettant évidemment en avant les bons produits d'ici, les escargots de Bourgogne, un burger à l'époisses, l'entrecôte et le rumsteck de viande charolaise. Desserts classiques.

HÔTEL

Maison Doucet - 4 étoiles

2 avenue de la Libération - T. 03 85 24 11 32 - à partir de : 180€

Le fief du chef Frédéric Doucet, qui a repris cette belle maison où il a grandi et appris le métier, sous la houlette de son père, Daniel. Soucieux d'offrir à leurs fidèles une hôtellerie à l'image de l'excellence de leur table, Frédéric et sa femme, Anne, ont aménagé 17 chambres et suites au luxe discret : lits king size, mobilier ancien et pièces chinées, le tout rehaussé de tonalités claires et douces. Pensé pour le bien-être de ses hôtes, le lieu abrite une piscine extérieure chauffée et un spa qui réunit sauna japonais, hammam, jacuzzi et palette de soins griffés Vinésime, marque de cosmétiques basée sur l'excellence des actifs issus du patrimoine végétal de la région. Un établissement aux allures de maison de famille, respectueux de la nature et pensé dans une démarche écoresponsable avec, notamment, ses propres verger et potager.

BOUCHER

Boucherie Jardin

10 rue du Général Leclerc - T. 03 85 24 00 09

Un boucher-charcutier-volailler dans la capitale du charolais. Vous pouvez suivre son bœuf sans barguigner. Mais il faut aussi s'intéresser à la charcuterie et ses spécialités, la terrine de queue de bœuf, la terrine de veau Lucullus, le jambon cuit maison, les saucisses et saucissons.

CHARRECEY 71510

Le Petit Blanc

11,5/20

Le Pont Pilley - T. 03 85 45 15 43 - Menu(s) 18-31€

Au bord de la route entre Charrecey et Mercurey, cette petite auberge qui ne paye pas de mine est une bonne étape sur la route des vins ou des vacances, avec ses plats typiques et traditionnels. La maison veille à restituer une atmosphère d'authenticité, avec ses charmantes nappes vichy et son service souriant, qui délivre ainsi un répertoire maîtrisé : œufs en meurette, quenelle de brochet à l'oseille, coq au vin ; et bien sûr, dans le verre, les crus de la région. Premier menu à 18 €.

CHASSIGNY SOUS DUN 71170

ÉLEVEUR

Le Porc Brionnais

Vervier - T. 06 81 16 56 95

Du bon porc de la région, mais aussi des volailles pour élaborer toutes sortes de charcuteries, sans colorants ni conservateurs, et à partir d'animaux exclusivement nourris à la ferme avec les produits d'ici. Pâté de campagne, fritons, échine séchée, fromages de tête...

Tables Gourmandes – 11/20 à 12,5/20

CHÂTEAUNEUF 71740

BRASSEUR

La Sale Affaire

Le Bourg - T. 06 50 15 37 75

Une brasserie artisanale où les bières, issues de malts de Belgique et d'Allemagne, sont brassées entièrement sur place par Xavier Julien. Du naturel et du brut dans ces bières non filtrées et non pasteurisées, et beaucoup de caractère dans la strong ale, la blanche ou l'ambrée.

CHÂTENOY LE ROYAL 71880

Auberge des Alouettes

10/20

1 route de Givry - T. 03 85 48 32 15 - Menu(s) 29-39 €

Dans la banlieue de Chalon, aux portes du vignoble et à quelques minutes de l'autoroute du Soleil, l'auberge d'André Daniel est une étape sûre et traditionnelle, où l'on retrouve les classiques français. L'endroit est sobre, les tables sont bien dressées, avec sagesse, dans l'esprit de la cuisine. Le menu à 33 € est un bon compromis, avec le gratin d'écrevisses sauce Nantua, la daurade meunière sauce grenobloise, le carré d'agneau aux herbes de Provence. Cave bien pourvue en crus locaux.

TRAITEUR

Morey Traiteur

22 avenue du Général Charles de Gaulle - T. 03 85 87 83 36

Cette grande maison au nord de Chalon-sur-Saône est une institution depuis 1951, dont le savoir-faire est transmis de génération en génération. Une gamme de produits de charcuterie, de boucherie, de poissonnerie très élargie, pâté en croûte, jambons, foie gras, terrines, pâtisseries salées, poissons, viandes et volailles, plats à réchauffer et un service traiteur complet.

CLESSÉ 71260

Château de Besseuil

14/20

Château de Besseuil - T. 03 85 36 92 49 - Carte 60 € - Menu(s) 42-66 €

Au milieu des vignes de viré-clessé, ce splendide château en pierre du XVIIe siècle est aujourd'hui un hôtel 4 étoiles avec piscine, un petit éden de luxe avec une agréable table d'aujourd'hui. Le chef applique ses bonnes techniques à une assiette convaincante et actuelle, où l'on croisera le poulpe, leche de tigre et ravioles de betterave, le sandre de Saône, houmous, vinaigrette de fenouil et boulgour, un ris de veau braisé, asperges vertes en viennoise de morilles et jus au vin jaune, une déclinaison de chocolat et framboises. Les vins du domaine sont évidemment sur la table.

VIGNERON

Domaine de la Bongran

199 rue des Gillets - T. 03 85 36 94 03

Le domaine de la Bongran, certifié bio depuis 2008, est une propriété familiale depuis plusieurs siècles. Il s'étend sur 15 ha sur la terre de Quintaine. Jean Thévenet et son fils Gautier font perdurer la tradition des vins blancs avec sucres résiduels. La mention levrouté (moelleux) a été officialisée pour les vins de l'appellation viré-clessé en 2018. Les vins conjuguent légère sucrosité et tension acide, qui les portent naturellement à table avec de belles volailles.

Domaine Guillemot-Michel

664 route de Quintaine - T. 03 85 36 95 88

Le domaine Guillemot-Michel est situé à Quintaine, au cœur de l'appellation viré-clessé, dans le Mâconnais. En 1982, Pierrette Michel et Marc Guillemot retournent sur le domaine familial. En 1985, ils embouteillent leur premier millésime sous le nom Guillemot-Michel. Ils cultivent 6,5 ha de vieilles vignes de chardonnay conduites en biodynamie certifiées depuis 2017. Depuis 2012, leur fille Sophie, désormais aidée de son mari Gautier Roussille, reprend la gestion du domaine. Les vins sont superbes et on ne se lasse jamais de ce style ample, aux sucres résiduels parfaitement fondus.

CLUNY 71250

Hostellerie d'Héloïse

11,5/20

7 rue de Mâcon - T. 03 85 59 05 65 - Menu(s) 25-55 €

À l'écart de la ville, un modeste Logis de France en bord de route, qui cache pourtant une cuisine valeureuse d'un bon professionnel. Dans une ambiance un brin moderne, on se concentre sur l'assiette et ses bonnes réalisations traditionnelles, la ballottine de volaille farcie aux morilles avec une mayonnaise épinard et persil, le rond de veau rôti ratatouille rattes sautées et jus de veau au foie gras, le crumble en tartelette rhubarbe compotée fraises et sorbet fraise d'un bon menu de saison à 35 €.

Café du Centre - Chez Sissis

11/20

4 rue Municipale - T. 03 85 50 01 63 - Menu(s) 14 €

C'est la bonne pioche, tout près de l'abbaye, que ce simple café de potes devenu une destination touristique pour la cité abbatiale. Grâce à l'accueil, la variété et la modernité de l'ardoise, un ensemble qui contente tout le monde : une terrine généreuse, un tartare de charolais de 180 g, une andouillette lyonnaise, mais aussi le burger falafel et avocat, la blanquette de veau et la faisselle d'Etrez. Et même une bonne gibelotte de lapin aux champignons et linguine dans la formule du jour, des crêpes et des glaces à toute heure.

Le Potin Gourmand

11/20

4 champ de Foire - T. 03 85 59 02 06 - Carte 49 €

Le bâtiment est superbe, à l'écart du centre, et le restaurant ne fonctionne plus maintenant que le soir (sauf samedi midi) pour une cuisine traditionnelle de bon ton : foie gras compotée de figues, selle d'agneau purée de patate douce, artichauts barigoule, tournedos Rossini, jusqu'aux desserts du répertoire, baba, vacherin, gratin de framboises...

Le Comptoir

10/20

8 rue Filaterie - T. 03 85 36 78 56

Un dépannage plaisant dans la rue principale menant à l'abbaye, à prendre avec simplicité, notamment à l'heure de l'apéro pour un grignotage tapas : guacamole, ceviche, jambon ibérique, escargots, œuf meurette, acras, chicken crispy... On peut prolonger avec l'ardoise du moment, burger, fish and chips, escargots, tartiflette...

BOUCHER

La Basse cour Cannata

22 rue Lamartine - T. 09 67 03 25 00

Le temple de la bonne volaille dans cette belle et grande boutique d'un spécialiste, boucher, charcutier, volailler, traiteur, également réputé pour la paella et le couscous. Au quotidien, charcuteries, pièces préparées pour barbecue, pâté en croûte, lasagne, chou farci à la volaille, sauté de porc au chorizo, tomates farcies...

Roux et Rey

15 rue Filaterie - T. 03 85 59 08 10

Un spécialiste du boudin noir et du jambon persillé, un bel étal et des bêtes identifiées et locales au rayon boucherie. Voilà un professionnel sérieux qui propose aussi quelques plats préparés, ragoût d'agneau, lasagne, couscous avec une gamme étendue le week-end.

BOULANGER

Polisson

2 rue de la République - T. 03 85 59 06 55

De l'artisanat de qualité dans la boutique pimpante de Jérémy Maigret. Du 100% maison avec des pains variés, des sandwichs, quelques préparations traiteur, et un bon rayon pâtisserie, incluant notamment macarons et cookies.

CAVISTE

Le Cellier de l'Abbaye

13 rue municipale - T. 03 85 59 04 00

Une cave bien installée depuis 1988 pour remplir le calice après la visite de l'abbaye. Désormais aux mains de deux jeunes gens enthousiastes, Lorentz et Valentin, elle présente, dans un espace modernisé, toute la Bourgogne (de belles références d'aujourd'hui, comme Sylvain Pataille ou Nicolas Rossignol), surtout la plus proche, mâconnaise et chalonnaise, avec les pouilly-fuissé et autres vinzelles, mais aussi un choix sage et varié sur les autres régions, le Rhône et le Languedoc-Roussillon notamment (les magnifiques cuvées de Marjorie Gallet, par exemple).

PÂTISSIER

Pâtisserie Chocolaterie Germain

25 rue Lamartine - T. 03 85 59 11 21

La boutique a belle allure, la maison est traditionnelle, presque à l'ancienne dans sa présentation et son accueil. Le chocolat est de qualité, bien varié dans les ballotins, coûteux, et excellent en tablettes, notamment celles au poids, bien épaisses et savoureuses, à l'image du noir aux noisettes, à 70 € le kilo et très addictif. Un rayon pâtisserie avec une réalisation soignée sur les petits formats, et de nombreuses tartes salées à l'heure du déjeuner.

COUCHES 71490

Les 3 Maures

11,5/20

4 place de La République - T. 03 85 49 63 93 - Menu(s) 19-48 €

Au bord de la départementale, non loin de quelques noms fameux comme Santenay ou Rully, cet hôtel 3 étoiles restitue les charmes d'une Bourgogne traditionnelle. La cuisine classique évolue selon les saisons, un peu plus ensoleillée l'été, une poêlée d'escargots à la catalane, un filet de daurade royale à la provençale, un filet de bœuf à la vigneronne. Les menus naviguent de 19 à 48 €.

CRUZILLE 71260

VIGNERON

Domaine Guillot-Broux

42 route de Martailly - T. 03 85 33 29 74

Jean-Gérard Guillot, décédé en 2008, fonde en 1978, avec son épouse Jacqueline Broux, le domaine Guillot-Broux. Il avait comme devise «Transmettre, c'est accomplir sa création.» Ses fils ont repris le domaine : Emmanuel en tant que responsable commercial et Patrice en tant que chef de culture. Le domaine compte 17 ha de vignes répartis sur 3 villages, en 3 appellations. Le domaine est certifié en agriculture biologique depuis 1991. Une référence.

DAVAYÉ 71960

La Patte d'Oie 12/20

40 route des Allemands - T. 03 85 35 86 50 - Menu(s) 21-24 €

Entre Solutré et Mâcon, aux portes du vignoble, cette charmante maison de campagne est tenue par Estelle et David, qui y font vivre une atmosphère familiale et humaine. La carte est de bonne composition avec des classiques bistrotiers bien présentés : salade de lentilles, œuf mollet et sauce meurette, dos de cabillaud, asperges et vinaigrette à la bergamote, fricassée de volaille de Bresse, sarrasin et jus à la drêche, nougat glacé au miel de Solutré. Service souriant.

VIGNERON

Domaine Rijckaert

181 route de Mâcon - T. 03 71 41 00 06

Le domaine a été créé en 1998 par le Belge Jean Rijckaert. Depuis, il a acquis 9 ha répartis sur deux régions : 4 dans le Mâconnais et 5 dans le Jura. En 2013, Jean Rijckaert a entamé une transmission progressive de son domaine à Florent Rouve, toujours aux commandes du domaine, qui poursuit son travail avec la même exigence et visiblement avec succès. Vous y trouverez des côtes-du-jura et des arbois. Les vins sont éclatants de fruits et l'ensemble de très beau niveau.

DIGOIN 71160

Les Diligences 11/20

14 rue Nationale - T. 03 85 53 06 31 - Menu(s) 32 €

Actualisé dans un style plus contemporain, avec un mobilier aux lignes plus épurées et aux couleurs plus sobres, l'ancien relais de poste du XVIIe siècle continue d'occuper ses fonctions en bonne évolution. Le chef y délivre une cuisine bourgeoise classique et universelle, un foie gras au torchon, des escargots de Bourgogne en persillade, un suprême de sandre au basilic, un magret de canard au cassis, une charlotte aux fraises. Bonne formule à 32 €.

DRACY LE FORT 71640

La Garenne 11/20

4 rue du Pressoir - T. 03 85 87 81 81 - Menu(s) 27-50 €

Entre Givry et Chalon, à quelques minutes de l'autoroute du Soleil, cette hostellerie-restaurant constitue une bonne escale sur le chemin des vacances. Le chef Sébastien Di Noto y réalise une cuisine de marché accessible et de bonne facture : marbré de sandre aux petits légumes, espuma d'écrevisses, mousse betterave et pesto roquette, filet de merlu, langoustine et épinards frais, billes de légumes, onglet de veau basse température, pommes boulangères, morilles et compotée de légumes, enfin un crémeux mascarpone, vanille, persil et fraises.

ÉTANG SUR ARROUX 71190

Restaurant Les Gourmets

11/20

45 rue Gabriel Bouthière - T. 03 85 54 11 75 - Menu(s) 27-37,50 €

Dans un petit village à l'entrée du Morvan, cette auberge de grand passage est prisée des touristes étrangers qui descendent en Espagne, en camping-car comme à moto, et qui s'arrêtent ici le temps d'une assiette morvandelle bien calibrée. Le menu à 37.5 € fait bien l'affaire, avec une salade gourmande de foie gras poêlé et œuf poché, un encornet farci à la sétoise, une poitrine de veau farcie aux escargots de Bourgogne et fondant de patates douces. Service sympathique.

FLEURVILLE 71260

BOULANGER

Boulangerie Pascal Picca

59 rue Rabelais - T. 03 85 35 14 37

À mi-chemin de Mâcon et Tournus, ce grand établissement s'est mis à la hauteur des idées de Pascal Picca. La boulangerie XXL est ouverte toute la journée, et vend des spécialités à consommer sur place ou à emporter. Le grand «cube noir» avec parking délivre de nombreux pains spéciaux, des pâtisseries de pro, mais encore un service de restauration rapide, avec pizzas, sandwichs et quelques vins de Bourgogne et du Rhône au verre ou à la bouteille.

FUISSÉ 71960

VIGNERON

Domaine Robert Denogent

Le Plan - T. 03 85 35 65 39

En 1988, Jean-Jacques Robert décide de reprendre le domaine familial constitué d'un vignoble sur les terroirs de Fuissé et de Solutré, qui s'appelle désormais domaine Robert-Denogent. La plupart des vignes oscillent entre 50 et 70 ans, certaines d'entre elles étant presque centenaires. Aujourd'hui, le domaine exploite - avec les enfants Nicolas, Victor, Antoine et Eleonora - une trentaine de parcelles sur 10 ha étendus sur cinq communes. Une référence.

Domaine J.-A. Ferret

61 rue du Plan - T. 03 85 35 61 56

Fondé en 1840, le domaine Ferret fait une large place aux femmes : Jeanne Ferret, puis sa fille Colette, décédée en 2006, et enfin Audrey Braccini, qui perpétue aujourd'hui le savoir-faire du domaine qui couvre 18 ha intégralement répartis sur l'appellation pouilly-fuissé. La vinification parcellaire selon chaque terroir est remarquable. La maison Louis Jadot a acquis la propriété en 2008. Les vins sont hautement recommandables et sans doute parmi les meilleurs de l'appellation. Tous vieillissent à merveille.

Château des Rontets

814 chemin des Rontés - T. 03 85 32 90 18

Le château des Rontets est un domaine familial depuis 1870, situé dans un clos au sommet de la colline qui domine le village de Fuissé. Le domaine est certifié bio depuis 2005. Il appartient au couple franco-italien Claire Gazeau et Fabio Montrasi, deux architectes qui ont abandonné leur activité en 1993 pour celle de viticulteur et de vinificateur. Ils savent utiliser leur magnifique terroir pour réaliser de superbes pouilly-fuissé. Leurs vins font partie des incontournables de l'appellation.

Domaine Thibert Père et Fils

20 rue Adrien Arcelin - T. 03 85 27 02 66

Le domaine a été créé en 1967 par Andrée et René Thibert, dont la famille se composait de vignerons depuis déjà huit générations. Depuis 1991, ce sont leurs enfants, Sandrine et Christophe, qui gèrent le domaine dans lequel toutes les appellations du sud du Mâconnais sont représentées. Aujourd'hui, il s'étend sur près de 30 ha. Le vignoble est conduit en viticulture HVE afin de respecter au mieux les sols et les vignes.

GIVRY 71640

VIGNERON

Domaine Joblot

12 rue Pasteur - T. 03 85 44 30 77

Le domaine Joblot est une référence incontournable de la côte chalonnaise. Les Joblot produisent vraisemblablement les meilleurs vins de Givry, très recherchés par les amateurs. Le domaine s'étend sur 14 ha où la proximité est la clé du soin apporté aux vignes. Jean-Marc Joblot, qui œuvre au chai, est rejoint en 1986 par son frère Vincent, en charge des vignes. Juliette, fille de Jean-Marc et œnologue de formation, dirige le domaine depuis 2012. Une référence.

Domaine François Lumpp

36 avenue de Mortières, Le Pied du Clou - T. 03 85 44 45 57

L'histoire du domaine François Lumpp, c'est d'abord l'histoire d'une famille. Si François travaille la vigne depuis la fin des années 1970, c'est en 1991 qu'il décide, avec son épouse Isabelle, de créer son propre domaine à Givry. Le domaine atteint une taille actuelle de 9,5 ha, avec un encépagement très qualitatif. Les enfants, Pierre et Anne-Cécile, ont rejoint leurs parents. Le domaine s'inscrit aujourd'hui, avec le domaine Joblot, comme les figures de proue de l'appellation.

Clos Salomon

16 rue du Clos Salomon - T. 03 85 44 32 24

Le Clos Salomon tire son nom de la famille Salomon, installée à Givry dès le XIVe siècle. En 1632, le clos passa dans la famille de Chanay, les ancêtres de la famille du Gardin de Séveirac, actuels propriétaires et exploitants des lieux. Le vignoble est constitué d'un clos, monopole historique de 6,98 ha en givry rouge premier cru, complété de 2,6 ha (deux parcelles) de chardonnay. On trouve aujourd'hui aux commandes Ludovic du Gardin et Fabrice Perrotto.

IGUERANDE 71340

La Colline du Colombier

14/20

Le Colombier - T. 03 85 84 07 24 - Carte 86€ - Menu(s) 49€

La salle est réellement magnifique, l'environnement aussi, à la lisière du Brionnais, au milieu de vertes collines parfaitement vallonnées. Sous la haute charpente, pierre brute, grosses poutres et grande cheminée plantent le décor d'un grandiose pique-nique paysan orchestré par la famille Troisgros. Sous ce label, on se doute que la ripaille n'est pas engoncée dans un terroir ni même un peu popu. Et si l'on est accueilli comme à la ferme par la soupe du jour, on est ici loin du café de village, réservant sa table bien à l'avance en laissant une empreinte bancaire, la relative modicité du menu unique à 49 € amenant néanmoins une clientèle locale bien représentée. Ce parti pris chic rustique a de nombreux bons côtés pour apprécier sereinement le menu du moment proposé par Léo Troisgros avec sa jeune équipe, la battuta de veau aux anchois et herbes, la julienne en saltimbocca, à l'acidité bien présente et maîtrisée, accompagnée d'un riz vinaigré, des assiettes qui ne cachent pas les prédilections italo-japonaises de la famille, avant la gentille et simple arlette sur fraise et pomme. Cave bien vue, variée et intéressante, dans une zone tarifaire bien ciblée.

HÔTEL

La Colline du Colombier - 4 étoiles

Le Colombier - T. 03 85 84 07 24 - à partir de : 750€

La famille Troisgros ne nous régale pas seulement d'une cuisine unique, elle propose aussi de faire l'expérience d'un lieu rare, symbole d'un partage authentique et sincère de leur art de vivre. Elle a, pour cela, confié à l'architecte Patrick Bouchain la conception de ce domaine qui compte l'ancienne étable réaménagée en restaurant, la longère et la tour, magnifiquement transformées en gîte et, enfin, des cadoles qui doivent leur nom aux anciens abris des vignerons de la région. Réinventées, celles-ci prennent désormais la forme de cabanes aux formes bien rondes, posées sur pilotis. Des lieux extraordinaires qui réunissent de grandes terrasses en bois, des pièces à vivre ornées de beaux objets design et des chambres aux allures de nids douillets. Les petits déjeuners sont apportés dans des paniers chaque matin. Au réveil, on s'installe sur la terrasse pour goûter les délices locaux, paresser et organiser sa journée. On a ici l'embarras du choix... Rejoindre le restaurant ou partir à la découverte des pépites alentour : les rives de la Loire, le village médiéval de Semur-en-Brionnais, son château et ses ruelles pavées.

LA CLAYETTE 71800

La Clé Toise

11/20

62 rue Centrale - T. 03 85 28 02 80 - Menu(s) 25 €

La bonne adresse d'aujourd'hui en centre-ville. Après la visite du château, empruntez cette longue rue de traverse aux maisons bourguignonnes bien alignées. La façade grise moderne inspire confiance, Loïc Froizy confirme dans l'assiette avec une cuisine d'aujourd'hui autour de son terroir, simple et régionale : terrine de canard, tranche de charolais, cuisse de lapin crème moutarde fromage blanc, dans un équitable menu à 25 €.

CHOCOLATIER

Bernard Dufoux

32 rue Centrale - T. 03 85 28 15 76

Une signature dans la chocolaterie régionale : la maison Bernard Dufoux (qui fut formé chez Bernachon) est installée à La Clayette depuis soixante ans et, d'une génération à l'autre, a fait prospérer l'héritage et le savoir-faire. De nombreuses spécialités ont été créées au fil des décennies et la maison propose aujourd'hui plus d'une centaine de chocolats différents. Un atelier de 1200 m^2 a été créé à Charolles, et d'autres boutiques ont vu le jour, à Chalon, Mâcon, Dijon, Lyon, Paray-le-Monial...

LA ROCHE VINEUSE 71960

VIGNERON

Domaine Olivier Merlin

305 route de la Boisserole - T. 03 85 36 62 09

Corinne et Olivier Merlin ont repris le domaine du Vieux Saint-Sorlin, à la Roche-Vineuse, en 1987, rebaptisé de leur nom. Ils ont progressivement agrandi le vignoble à la suite de l'acquisition du domaine Arcelin, à La Roche-Vineuse, leur permettant ainsi de compléter leur gamme de vins blancs du Mâconnais. Le domaine compte aujourd'hui 22,30 ha sur de nombreuses appellations. Leurs deux fils, Paul et Théo, les ont rejoints. Les vins sont très qualitatifs en rouge comme en blanc.

Tables Gourmandes – 11/20 à 12,5/20

LE CREUSOT 71200

PÂTISSIER

Aux Bûchettes du Morvan

27 rue Maréchal Leclerc - T. 03 85 55 10 75

Sur la rue principale, cette belle pâtisserie rénovée dans un style moderne et épuré est l'occasion de découvrir les créations originales de Ludovic Gautheron. Ce dernier fait preuve d'imagination, sur une douzaine de chocolats, praliné aux noisettes du Morvan ou cassis par exemple. On y trouvera également des entremets, des tartes, des confiseries et des briochés. Également un salon de thé.

TORRÉFACTEUR

Monika Café

325 rue des Bruyères - T. 03 85 56 06 17

Torréfacteur depuis 1966, cet artisan installé dans une zone un peu triste en périphérie du Creusot mérite toutefois la visite pour ses nombreuses variétés de cafés. On en compte aujourd'hui 13, du Nicaragua, du Mexique, des assemblages maison, et encore des sélections de thés et infusion et du matériel pour la maison, machines à café et cartouches filtrantes.

LOUHANS 71500

Le Moulin de Bourgchâteau 12/20

Rue du Guidon - T. 03 85 75 37 12 - Carte 60 € - Menu(s) 29-49 €

Magnifique hôtel de charme, cet ancien moulin céréalier de 1778 posé en arches sur un bras de la Seille dégage une impression pittoresque des plus saisissantes. Repris par Massimo Donatelli en 2002, la salle sobrement décorée permet de découvrir une intéressante cuisine italo-bourguignonne, où les Abruzzes rencontrent la Bresse avec un bel équilibre. Le menu à 39 € a bien assuré ses arrières, avec les œufs en meurette, le risotto de la mer, pièce de charolais, roquette romain et copeaux de parmesan, un soufflé glacé au limoncello. Bonne direction en salle par son épouse Barbara.

Carte

Addition moyenne d'un prix à la carte englobant le prix d'une entrée + plat + dessert

Les deux tilleuls

CUISINE TRADITIONNELLE ET FAMILIALE

La cuisine de Samuel Michaud sent bon la tradition et la convivialité. Avec Danièle Servaton et son équipe, ils vous accueillent pour vous proposer des produits frais et de qualité. Aux côtés de l'entrecôte charolaise ou de la cassolette d'escargots, on apprécie la gardiane de taureau camarguais ou la carbonade flamande au bœuf charolais. En dessert, amandine aux poires ou tarte aux pommes normande. **Les + :** Grand parking accessible, soirées animations.

✉ Champ-Tout-Seul, 71600 HAUTEFOND
Tél. : 03-85-88-16-05
E-mail : ladeessepeanut@outlook.fr
Facebook : restaurant les 2 tilleuls à hautefond

Café Saint-Martin

AMBIANCE ANNÉES 1900

On découvre le bar-crêperie dans le centre historique de la Grande Rue, niché sous les anciennes arcades. Dans une ambiance de brasserie parisienne, Éric Gery vous propose des galettes de sarrasin assorties de bons produits locaux frais et autres moments gourmands. Aux beaux jours, on déguste, sur la terrasse, salades, moules-frites et plateaux de fruits de mer le week-end.
Ouvert du lundi au samedi, jusqu'à 20h l'hiver, 23h l'été.

✉ 74, Grande Rue, 71500 LOUHANS
Tél. : 03-58-62-77-70
E-mail : creperie.saintmartin.louhans@gmail.com
Facebook : @creperiesaintmartinlouhans
www.cafesaintmartin.fr

La Table d'Alphonse

AU PAYS DU POÈTE LAMARTINE

La cuisine est simple, bonne et régionale. Dans ce petit restaurant de village, à une dizaine de mètres de la maison du poète, on déguste la quenelle de brochet ou de volaille, l'andouillette mâconnaise, le poulet fermier aux écrevisses ou encore des salades qui s'égayent de produits de saison.
Rachel, Loïc et Johan Ducrozet vous accueillent le midi du mardi au dimanche, le soir du mercredi au samedi.

✉ 2, place de l'Église, 71960 MILLY-LAMARTINE
(anciennement L'Auberge de Jack)
Tél. : 03-85-36-63-72
E-mail : auberge.de.jack@gmail.com
auberge-de-jack.eatbu.com

MÂCON 71000

Restaurant Pierre 14/20

7-9 rue Joseph Dufour - T. 03 85 38 14 23 - Menu(s) 36-108 €

Depuis plus de trente ans déjà, la maison d'Isabelle et Christian Gaulin s'est imposée à Mâcon comme l'une des adresses les plus incontournables de la scène culinaire locale. Idéalement situé dans une rue piétonne du centre, l'établissement avec terrasse est le lieu d'une gastronomie bourgeoise de belle évolution, capable de se réinventer dans les formes et le fond ; les savoir-faire développés par le chef au contact de Paul Blanc et Jean Ducloux n'y étant sans doute pas étrangers. Le menu «Terroir» à 62 € est un bon premier contact, avec une poêlée d'escargots extirpée de sa tradition par une émulsion de topinambour et un croustillant de kadaïf, une probante version de la volaille de Bresse de chez Miéral en déclinaison aux morilles et oignons cébettes, purée à l'huile de noisette, tuile sarrasin et jus de cuisson réduit à la crème d'Étrez. Les desserts sont du même niveau. Pour une grande occasion, les menus «Gastronomique» et «Découverte» poussent l'expérience un cran au-dessus, à des tarifs au niveau des attentes. Très belle cave bourguignonne.

Cassis 13/20

74 rue Joseph Dufour - T. 03 85 38 24 53 - Menu(s) 35 €

La modernité est en marche dans cette cité viticole, grâce à un jeune couple qui va de l'avant et crée une animation de qualité au cœur de la ville. Célie reçoit chacun avec aisance et sourire, chouchoute ses habitués et navigue entre les salles, claires et accueillantes, dont la première à tables hautes. Le chef, Aymeric Buiron peaufine son répertoire, avec des menus à l'aveugle le soir qui trouvent aisément leur public (42 et 59 € en 4 ou 7 services). Il a le sens de la belle assiette, il montre du goût et sait détourner la tradition avec subtilité, à l'image de la tête de veau gribiche, à la présentation bien personnalisée et savoureuse dans un imbattable menu déjeuner à 22 €. La cave est intéressante, pour sa variété et son esprit de recherche sur tous les vignobles alentour. Deux toques cette année.

L'Ambroisie Mâconnaise 12/20

103 rue Marcel Paul - T. 03 85 38 12 21 - Menu(s) 17,90-40 €

À l'écart du centre-ville, cette grande brasserie chaleureuse est un bon rendez-vous de quartier depuis maintenant près de quatorze ans. La formule est simple, une décoration sobre et engageante avec quelques références logiques, les chaises Thonet et les banquettes, une ambiance complice, et des assiettes bien renouvelées sur le registre, qui présentent ainsi l'escabèche de coquillages et légumes croquants, le filet de canard sauce aigre douce, chou-fleur et riz sauté, un fromage blanc d'Etrez aux fruits rouges. Très belle cave, notamment sur les bourgogne.

L'Ethym'Sel

11/20

10 rue Gambetta - T. 03 85 39 48 84 - Menu(s) 20-42 €

À l'entrée du centre piétonnier, cette maison grise bénéficie d'une situation facilement accessible et d'une terrasse en teck toute trouvée pour les beaux jours. On y retrouve Nicolas et Lucie Pagnon, qui ont repris l'enseigne pour faire vivre une cuisine bistronomique dans l'air du temps et très soignée. Le chef fait l'effort d'une cuisine de saison bien dressée et qui témoigne d'une certaine recherche, à l'image de ce dos de silure confit au poivre tchuli, courgettes et mayonnaise aux agrumes, de cet espadon passé au barbecue avec une jardinière de légumes. Les formules sont établies de 20 à 56 €. Cave bien pourvue sur la Bourgogne.

HÔTEL

Panorama 360 - SPA & Skybar - 4 étoiles

4 rue Paul Gateaud - T. 03 85 50 20 42 - à partir de : 119 €

L'ancien Hôtel des Postes de Mâcon a été transformé en hôtel 4 étoiles et c'est tant mieux, car il constitue un parfait refuge au cœur de la ville. Idéale pour les affaires comme pour le tourisme, cette demeure 1900 réunit 69 chambres et suites à l'élégance contemporaine : lit king size, mobilier design, camaïeux de beiges et d'ocres. Pensé pour la détente et le bien-être, l'hôtel dispose d'un spa avec hammam, sauna, jacuzzi, cabines de soin et piscine intérieure chauffée (rare en centre-ville). Dernier atout, et non des moindres, l'établissement a fait de son toit l'un des plus beaux rooftops de Mâcon, offrant une vue à 180° sur la ville, les eaux bleutées de la Saône et même le mont Blanc par temps clair. Un panorama de rêve, à découvrir en dégustant des tapas toutes fraîches et un cocktail au Skybar 360°, sous le dôme de verre ou l'une des deux terrasses aménagées...

BOULANGER

Pâte à Choux

299 rue Carnot - T. 03 85 35 63 80

Idéalement située dans une rue piétonne du centre, la boulangerie d'Emmanuel Piazza assure l'approvisionnement local en pains, viennoiseries et pâtisseries. La décoration est sobre et moderne pour cette adresse en angle ; on y trouvera une bonne variété de pains spéciaux, ainsi que des produits salés pour le déjeuner.

PÂTISSIER

Pâtisserie Noyerie

39 rue de la Barre - T. 03 85 38 31 11

MOF 1986, Joël Noyerie tient cette institution mâconnaise en famille, et fait vivre une chocolaterie-pâtisserie dont la réputation n'est plus à faire. On vient pour les classiques de la maison, l'«Idéal mâconnais», variante du succès, les entremets et les chocolats, ou encore les glaces maison.

MARTAILLY LÈS BRANCION 71700

La Montagne de Brancion 13/20

Les Grands Crays - T. 03 85 51 12 40 - Menu(s) 35-45 €

Hôtel 4 étoiles uniquement ouvert à la belle saison, c'est un petit havre de paix en Bourgogne du Sud, en surplomb du vignoble, une maison rouge et contemporaine offrant une vue panoramique sur les environs. Pour profiter du paysage, le chef propose des assiettes au gré du marché de bonne réalisation, à partir de 35 €, avec les œufs meurette, l'aïoli de cabillaud poché sur pommes mousseline et légumes de saison, un paleron de bœuf confit au vin rouge, légumes et grenailles, une traditionnelle tarte tatin. Cave bien pourvue sur la région.

MERCUREY 71640

CAVISTE

À Ma Cave

40 Grande Rue - T. 03 85 45 28 28

Au cœur du vignoble bourguignon, cette cave est toute désignée pour partir à la découverte des vins de Bourgogne. Sur la départementale, la grande maison avec parking est pratique d'accès. On y trouvera également des vins d'autres régions, ainsi que des bières artisanales locales.

VIGNERON

Château de Chamirey

13 rue du Closeau - T. 03 85 45 21 61

Depuis le XVIIIe siècle, le château de Chamirey surplombe le vignoble de Mercurey. En 1934, le grand-père d'Amaury et d'Aurore Devillard, les actuels responsables, avec leur père Bertrand Devillard, produisait la première bouteille d'un mercurey rouge du château de Chamirey. Le domaine s'étend sur 37 ha, dont 15 sont classés en premiers crus. La famille Devillard est aussi présente dans d'autres appellations de France. Soucieux de partager leur passion, les propriétaires vous proposent de l'œnotourisme.

Domaine Michel Juillot

59 Grande Rue - T. 03 85 98 99 89

À Mercurey, sur la côte chalonnaise, le domaine Michel Juillot exploite 31 ha de vignes qui représentent un large choix des meilleurs climats de mercurey. Laurent Juillot est la quatrième génération de vignerons au domaine familial. Les mercureys rouges affirment, par leur fruit et leur élégance, le caractère et la réelle qualité de ce vignoble. Quant aux vins blancs, ils constituent une fantastique suite de senteurs florales et fruitées.

Domaine Theulot-Juillot

4 rue de Mercurey - T. 03 85 45 13 87

Le domaine Theulot-Juillot est une exploitation familiale créée au cœur de l'AOC mercurey par Émile Juillot, qui sut mettre en valeur des terroirs choisis avec soin. Assistée par son mari Jean-Claude, c'est Nathalie Theulot, sa petite-fille, qui dirige l'exploitation depuis 1987. Aujourd'hui, elle compte près de 11,70 ha répartis sur l'appellation, dont plusieurs premiers crus, avec 8 ha plantés en pinot noir et deux en chardonnay.

MONTAGNY LÈS BUXY 71390

VIGNERON

Domaine Stéphane Aladame

20 rue du Lavoir - T. 03 85 92 06 01

Ce domaine a été créé en 1992 par Stéphane Aladame. Ce jeune domaine de montagny (appellation qui ne produit que des vins blancs) n'en est pas moins devenu une référence des grands vins blancs de Bourgogne. En plus, il a la particularité de ne produire que... du montagny. Stéphane Aladame, avec son épouse Julie, exploitent 8 ha, dont 7 en premiers crus ! Il est conduit en lutte raisonnée. Les traitements sont réalisés uniquement avec des produits naturels.

MONTBELLET 71260

La Marande

13/20

Hameau de Mirande - T. 03 85 33 10 24 - Menu(s) 35-115 €

Entre Tournus et Mâcon, cette maison cossue accueille des chambres pour la nuit et une belle gastronomie signée Philippe Michel. Avec son épouse Élisabeth, il entretient une expérience traditionnelle régionale et bourgeoise, idéale pour les grandes occasions. Le menu «Plaisir» à 48 € est un bon compromis, avec le dos de cabillaud caramélisé au thym et romarin, sauce vin blanc et moules de bouchot, une tranche de côte de veau, légumes de saison et jus réduit. Cave bourguignonne.

MONTCEAU LES MINES 71300

Jérôme Brochot

14/20

7 place Beaubernard - T. 03 85 67 95 30 - Menu(s) 30-75 €

On revient toujours chez Jérôme Brochot avec le plaisir d'une cuisine technique et inventive, qui prouve que le chef n'a rien perdu de son envie et de son talent. L'hôtel-restaurant a toujours la prééminence sur la scène locale, par son cadre à la fois raffiné et légèrement modernisé, qui se prête ainsi aux grandes occasions comme aux déjeuners moins formels. Le «Menu du marché» à 30 € est plein de créativité, un homard en consommé gélifié, fenouil et émulsion à l'anis vert, un exemplaire pressé de foie gras et volaille de Bresse, ou encore un suprême de volaille aux légumes et jus de cuisson, parfaitement exécuté. Le soir, le chef propose un grand menu à 75 € pour 6 services. Service impeccable. La cave est une des plus belles de la région.

Le Relais des Perrons

10/20

Les Perrons - T. 03 85 79 80 87 - Menu(s) 20,30-39 €

Ce relais sur les hauteurs de Montceau-les-Mines propose une expérience traditionnelle et bourguignonne, dans une ambiance chaleureuse et aux classiques sans chichis. L'esprit est celui des auberges d'antan, celles où l'on fait une étape avec les fameux œufs en meurette, un dos de sandre au saint-marcellin, une andouillette crème de moutarde au cassis, la volaille fermière aux légumes, un nougat glacé et coulis de fruit. Tarifs avenants.

CHOCOLATIER

À la Mine de Chocolat

3 rue de la République - T. 03 85 58 04 41

Cette belle devanture violette renferme les plaisirs sucrés de Guillaume Thévenin, dont l'adresse est idéalement située dans le centre piétonnier. L'artisan réalise de belles gammes de chocolat pour toutes les occasions, du classique comme du plus original, ainsi des pâtes à tartiner, des tablettes ou encore des bouchées.

MONTCENIS 71710

Le Montcenis

13/20

2 place du Champ de Foire - T. 03 85 55 44 36 - Menu(s) 36-65 €

À l'ouest du Creusot, la table de Laurent Dufour se démarque par sa créativité, apportant un vent de fraîcheur dans une région où les traditions sont fortes. L'ancien relais de chasse est bien tenu, avec un mobilier plutôt discret et une lumière bien répartie ; le ton est légèrement bourgeois et des petites touches de couleur apportent un peu de chaleur. De 36 à 65 €, les idées du chef sont plus ou moins élaborées avec un beau travail sur le produit : opéra de chair de cabillaud et une gribiche de lentilles et chou vert mariné, dos de merlu et fenouil braisé, grenailles et bouillon d'artichauts barigoule, poitrine de poulet au lard fumé, pleurotes et carottes, jus acidulé au thym frais, tiramisu à la noix concassée, pain d'épices et pruneau d'Agen. Cave bien équipée.

Tables de Chef – 13/20 à 14,5/20

NAVOUR SUR GROSNE 71520

Moulin de Brandon

11/20

Le Grand Moulin - T. 03 85 32 97 62 - Menu(s) 33-43 €

Simple, rustique et pourtant chic, ce beau moulin dans la campagne est un havre délicieux, surtout en été avec sa terrasse ouvrant sur un beau paysage de verdure. On vient de Mâcon ou de Chalon, et même de Belgique pour rencontrer les compatriotes, Sarah et Joeri, Gantois d'origine tombés en amour pour la région et ses richesses bovines. Car c'est bien là que vous savourerez de belles pièces grillées : après la caille grillée ou le vitello tonnato, l'entrecôte charolaise sauce chimichurri est presque incontournable, à moins de se laisser tenter par les côtes d'agneau ou le saumon d'Écosse. Desserts simples, «Menu du Chef» à 43 € et, last but not least, quelques chambres pour l'étape.

OZENAY 71700

Le Relais d'Ozenay

13,5/20

Le bourg - T. 03 85 32 17 93 - Carte 81 € - Menu(s) 26-79 €

Un petit détour qui se mérite pour les voyageurs de l'A6 qui trouveront là une table régionale agréable et fidèle grâce au chef Florian Giraud qui fut Jeune Talent en 2010. La salle est jolie, la mise de table moderne et épurée, comme le travail du chef sur un fond traditionnel bien maîtrisé. Menus bien conçus dans une carte aux produits de saison, très bon accueil de Nathalie, la maîtresse de maison.

PARAY LE MONIAL 71600

L'Évidence

13/20

69 avenue Charles de Gaulle - T. 03 85 25 07 26 - Menu(s) 34-84 €

L'Apostrophe est devenue une Évidence avec Nicolas Martin, jeune chef bien décidé à faire bouger les lignes dans la cité abbatiale. Cette cuisine moderne, soucieuse du produit, de la saisonnalité et de la rigueur dans l'exécution nous plaît beaucoup, à l'image du «simple» menu «de l'Instant», à 34 €, qui révèle déjà beaucoup : avec le filet de truite à basse température façon grenobloise gel de câpre et vichyssois froide, la longe de porc fermier mousseline de courgettes et cébettes grillées, la rhubarbe pochée et relevée au piment d'Espelette crème amande sorbet rhubarbe piment. C'est maîtrisé, technique et en même temps emballant, donnant envie de revenir pour la formule à 49 €, ou l'opulent menu dégustation à 84 €, qui inclut notamment les excellents escargots de Corinne Rubod à Briant, mais aussi la langoustine, le ris de veau, le faux filet de charolais.

APICULTEUR

L'Essaim

10 rue de la République - T. 06 77 47 36 56

Timothée et Estelle Mazille, qui produisent le miel de leur ruche dans leur ferme apicole de Dyo, au sud de Charolles, ont ouvert cette boutique et «bar à miel» en centre-ville. Tous les produits transformés sont présents à côté des miels, pains d'épice, crèmes miel et noisette, etc., à déguster avec un thé ou une tisane.

BOUCHER

L'Assiette est dans le Pré

12 place Guignault - T. 03 85 81 11 57

Cédric Jolivet et Justin Lacroix, artisans bouchers et charcutiers-traiteurs, spécialistes en viande charolaise, ont créé de belles boutiques dans la région (également présent à Gueugnon, Dompierre-les-Ormes, Tramayes et sur le marché à Saint-Étienne) pour valoriser la production régionale. À Paray comme ailleurs, l'étal est vraiment appétissant, en plein centre, présentant les belles viandes et les spécialités charcutières, andouillette, jambon persillé, boudin noir...

REMIGNY 71150

L'Escale

10/20

2 route de Chassey le Camp - T. 03 85 87 07 03 - Menu(s) 17-32 €

Une charmante escale au bord du canal, tout près de Chagny, à la lisière des deux départements Côte-d'Or et Saône-et-Loire. Le propos est simple, l'ambiance familiale et la petite terrasse est la bienvenue pour profiter du paysage de verdure. La bonne formule est à 32 €, du choix et du travail soigné, le jambon persillé maison crème de Bresse à la graine de moutarde Fallot, grenouilles en persillade ou pintade au chorizo, profiteroles, île flottante, crème brûlée... Du classique dans les verres (Diconne, Amiot, Borgeot...).

ROMANÈCHE THORINS 71570

Rouge et Blanc

13/20

513 route de Fleurie - T. 03 85 35 51 70 - Carte 50 € - Menu(s) 28-60 €

Le bel hôtel 3 étoiles Les Maritonnes avec spa profite de la griffe Georges Blanc, avec cette élégante maison en rouge et blanc, comme la salle, et sa cuisine traditionnelle et bourgeoise, qui prouve encore et toujours que les adresses du chef sont des valeurs sûres pour le registre. On y croise les meilleurs plaisirs, les incontournables œufs en meurette, les escargots de Bourgogne dans un velours de champignons cressonnière, les cuisses de grenouilles comme en Dombes, la fameuse sole meunière, la volaille de Bresse à la crème de la Mère Blanc. Desserts classiques.

RULLY 71150

VIGNERON

Domaine Vincent Dureuil-Janthial

10 rue de la Buisserolle - T. 03 85 87 26 32

En côte chalonnaise, le domaine Dureuil-Janthial s'étend sur 20 ha de vignes à Rully et Mercurey. Héritiers de la famille Janthial, présente à Rully depuis le XIIIe siècle, Céline et Vincent Dureuil ont repris le domaine en 1994 et produisent régulièrement parmi les plus beaux vins de la région. Parce que le vin se fait d'abord à la vigne, certifiée bio depuis 2009, ils réussissent à élaborer des cuvées précises, d'une grande pureté et d'une franche personnalité. Des vins qui leur ressemblent.

Paul et Marie Jacqueson

12 rue Saint-Laurent - T. 03 85 43 26 05

Voici trois générations que la famille Jacqueson contribue largement à la renommée de l'appellation rully, dans la côte chalonnaise. Les membres de la famille se sont révélés au fil des années comme des vignerons et des vinificateurs hors pair. En 2006, Paul Jacqueson passe le relais à sa fille Marie et, en 2015, à son fils Pierre, qui s'appliquent désormais à pérenniser le savoir-faire familial. Aujourd'hui, le domaine est composé de 18 ha, situés majoritairement à Rully, ainsi qu'à Mercurey et Bouzeron. Tous les vins sont hautement recommandables. Saône-et-Loire

SAINT AMOUR BELLEVUE 71570

Au 14 Février

14,5/20

Le Plâtre Durand - T. 03 85 37 11 45 - Menu(s) 87-110 €

Seconde adresse de Masafumi Hamano après celle de Lyon, la version mâconnaise de ce concept franco-japonais est tout aussi réjouissant, une jolie maison bourguignonne décorée dans un style chic et contemporain, parquet foncé, tables noires, murs blancs et banquettes rouges. On y retrouve les belles recettes qui ont fait la renommée du chef, un travail minutieux sur le produit, typique de l'art culinaire nippon, un dressage absolument remarquable, qui met en scène le terroir comme des jardins fleuris, pleins de couleurs, aussi vertical qu'horizontal, pour redécouvrir le caviar, le homard, les herbes, le saumon et le dôme chocolat blanc. Cave à la hauteur. Prix logiques.

Auberge du Paradis - Lucienne

14/20

Le Plâtre Durand - T. 03 85 37 10 26 - Carte 13 € - Menu(s) 28 €

Cette maison rose recouverte de lierre au cœur du vignoble mâconnais est un havre de paix à la fois insolite et raffiné. L'hôtel-restaurant vogue entre classicisme et modernité, et Cyril Laugier y joue autant qu'il y travaille, avec les espaces, les produits et l'art de recevoir. Le décor est particulièrement étudié, dans un mélange baroque plein de contrastes, des éléments nouveaux et anciens. Les assiettes font la preuve d'une même fantaisie, s'inscrivant dans un registre presque tapas, avec des petites portions, à mi-chemin de la street food et de la gastronomie, un kebab de volaille aux herbes, marinade au piment d'Espelette et sauce yaourt aux épices, les asperges vertes de Frédéric Poupard, sauce gribiche au ras el-hanout et noisettes du Piémont, des brochettes de paleron de Black Angus cuites comme une fondue, tagliatelles de carottes, échalotes confites et jus réduit au tandoori... Menu à 28 € le midi.

Auberge du Paradis - Joséphine

12/20

Le Plâtre Durand - T. 03 85 37 10 26 - Menu(s) 20 €

Version bistrot de Lucienne, Joséphine est un hommage à la grand-mère du chef. Dans ce cadre chaleureux et inspiré des bouchons, on y retrouve une cuisine traditionnelle et ménagère, qui crée la nostalgie et réconforte. La carte est concise, avenante, un pâté en croûte, une soupe de saison, un œuf meurette, des plats du jour comme un petit farci ou une brochette de poulet au thym citron, un poulet au vin jaune et morilles le soir... Formule du jour à 20 €.

HÔTEL

Auberge du Paradis - 3 étoiles

Le Plâtre Durand - T. 03 85 37 10 26 - à partir de : 170 €

Nous sommes ici dans le fief de Cyril Laugier, chef talentueux et esprit libre qui a réuni ici sa tribu (femme et amis) pour offrir à ses hôtes cette auberge pleine de vie où la gastronomie se mêle à un art de recevoir raffiné et généreux. On vient ici pour s'attabler au restaurant gastronomique (Lucienne fait des siennes) ou au bistrot (Joséphine à table) et on pose volontiers ses valises dans l'une des 13 chambres aménagées dans le même esprit que les salles à manger : cohabitation bien pensée de mobilier chiné, tapis anciens et canapés douillets. Soucieuse d'offrir à ses hôtes le meilleur des séjours, la famille Laugier a aménagé un bassin aux lignes pures dans le jardin et a également pensé aux familles en créant un gîte aux allures de loft, nichée dans une petite dépendance prolongée d'une terrasse...

SAINT JEAN DE TRÉZY 71490

Le Domaine de Rymska

14/20

1 rue du Château de la Fosse - T. 03 85 90 01 01 - Carte 92 € - Menu(s) 32-125 €

Splendide maison de campagne 5 étoiles Relais & Châteaux plantée dans un parc de 80 ha, c'est un endroit bucolique et retiré où l'on peut profiter d'un paysage champêtre et vallonné, décoré dans un esprit à la fois familial et luxueux, et d'une assiette signée Jérémie Muller, notamment passé aux Prés d'Eugénie et aux Sources de Caudalie. Les produits, provenant de la ferme du domaine, sont d'une fraîcheur inégalée et servent à la réalisation d'une cuisine gastronomique convaincante. Au menu «Campagne Royale», on retrouvera le foie gras mi-cuit, les gambas rôties au citron avec une élégante ratatouille, une association ris de veau, morilles et asperges, avec une émulsion comté, un dessert chocolat et fruit rouge. Cave bien pourvue, principalement Bourgogne.

SAINT-LAURENT EN BRIONNAIS 71800

PRODUCTEUR

Les Condiments des Sauvages

27 route de Châteauneuf

Une reconversion réussie pour Carole, qui a aménagé sa ferme potagère et fruitière pour produire en bio toutes sortes de préparations à base de plantes, légumes, herbes et fruits : chutneys, ketchups, pestos, aromates, confitures, pâtes de fruits, crèmes de châtaigne. Goûtez la gelée de baies de sureau !

SAINT LÉGER SOUS BEUVRAY 71990

BRASSEUR

Brasserie de Bibracte

Mont Beuvray - T. 03 85 86 52 35

Au détour d'une visite au magnifique musée d'archéologie de Bibracte, vous pourrez vous mettre à l'heure gauloise en passant au Chaudron, dont les assiettes restituent au mieux les habitudes gastronomiques de nos ancêtres éduens. Et avec elle, sur place ou à emporter, la cervoise brassée sur place, dont la recette change chaque année, déclinée en 3 crus, blonde au miel, blanche au sureau et rousse à la noisette.

SAINT RÉMY 71100

L'Amaryllis 14,5/20

Chemin de Martorez - T. 03 85 48 12 98 - Menu(s) 50-150 €

L'ancienne minoterie porte beau pour la fine fleur de l'élite chalonnaise et Cédric Burtin met les petits plats dans les grands. Le service joue de protocoles cérémonieux tandis que la maison brille d'un luxe discret, avec une belle terrasse sur les bords de l'Orbize, une salle véranda ultramoderne en extension contrastante de la vieille bâtisse, une mise de table recherchée. «Last but not least», la cuisine du chef est fort bien élaborée, avec de nombreuses bonnes idées, sur la forme et sur le fond, faisant la promotion du terroir. Les amuse-bouche introduisent à la fantaisie du chef, sur une tartelette langue de bœuf et un cromesquis d'escargots, avant de partir d'une asperge superbe, avec une simple mayonnaise citronnée et ail des ours, une belle déclinaison sur le fenouil, un pigeon au xérès, mousse de petits pois et petits pois, tartine des abats, un prédessert au miel, un final sur la pêche. Les accords mets-vins sont recommandés.

SAINT VÉRAND 71570

Le Moulin de Saint-Vérand 12/20

La Roche - T. 03 85 23 90 90 - Menu(s) 18-35 €

L'hôtel 3 étoiles de Natalie et Christophe Termont est un lieu bucolique et chaleureux au cœur du vignoble mâconnais. La jolie maison couverte de lierre avec piscine accueille une petite table de saison, avec des idées bien réalisées par le chef belge Mike Bravin, comme sur le menu à 35 € et ses escargots de Bourgogne, tomate confite et pesto de cresson, son filet de sébaste aux légumes d'été, sa noix de veau au romarin et crème de laitue fumée, pommes darphin, sa tartelette crème citron et framboises.

SAINTE CÉCILE 71250

L'Embellie 12,5/20

Le Bourg - T. 03 85 50 81 81 - Menu(s) 20-52 €

Cette grande maison bourguignonne en pierre locale, proche de Cluny, a belle allure, au milieu d'une nature verdoyante, constituant une étape campagnarde de charme. Céline et Sébastien Mazoyer embellissent chaque jour leur Embellie, et le chef sait traduire son terroir dans des plats de saison aux idées bien appliquées : tartelette de légumes crème de petits pois écrevisses à l'huile de noisette, asperges blanches charolais séché viennoise à l'échalote et sabayon aux herbes, ris de veau poêlé au beurre mousseux, baba fraise... Attractif menu à 35 € et cave bien constituée.

TOURNUS 71700

Aux Terrasses 16/20

CHEF : JEAN-MICHEL CARRETTE

18 avenue du 23 Janvier - T. 03 85 51 01 74 - Menu(s) 33-125 €

La terrasse est en réalité un jardin japonais, taillé patiemment par Amandine et cultivé par Jean-Michel Carrette, qui en ont fait le lieu d'une réjouissance permanente, non pas une étape en Bourgogne, mais tout à la fois un point de départ vers d'autres horizons et une destination-monde. On y vit bien entouré, d'un service sur mesure et de tablées heureuses, autant pour les célébrations qui les amènent que pour le cadre naturel qui invite à la contemplation, le bois brut, la pierre dépolie, les décorations végétales et la sensation satisfaisante de tout trouver à sa place. Ce qui fait la force de la maison, c'est sans doute l'étonnant naturel qui se dégage d'un travail dont on ne peut que reconnaître a posteriori la rigueur et la complexité, du détail parfois imperceptible qui distingue les grandes tables. Le menu en 6 services, imposé au bon vouloir d'un chef nourri au besoin de se réinventer, est un voyage inattendu où les cultures se mêlent joyeusement, une entrée iodée de crustacés et de petit pois dans un consommé merveilleux, plein d'équilibre, une pause végétale autour de l'asperge, un détour par la côte et le feu avec cette langoustine sur la bûche et l'oxalys, un retour en forêt par ce pigeon riche d'une sauce cassis et d'une déclinaison de navets, un bouquet de petites douceurs qui vient clore en couleur, le riz au lait mentholé, la crêpe croustillante, le carré de chocolat estragon, le bonbon croquant à la liqueur. Les accords mets-vins sont recommandés, avec des idées bien trouvées, du saké, de l'arbois, du pétillant cerdon. Cave remarquable.

Greuze Yohann Chapuis

15/20

CHEF : YOHANN CHAPUIS

1 rue Albert Thibaudet - T. 03 85 51 13 52 - Carte 165 € - Menu(s) 80-170 €

En Yohann Chapuis, Jean Ducloux a trouvé le bon successeur pour cette institution emblématique, qui a aujourd'hui retrouvé de sa superbe et offre aux Tournusiens le privilège d'une très grande table. Loin des grands classiques, le chef a développé une gastronomie et une expérience tournées vers la modernité, avec ce cadre certes bourgeois, mais parfaitement contemporain, avec d'élégants contrastes, une atmosphère feutrée et des lignes épurées, qui dépoussièrent le genre. À partir de 80 €, les assiettes montrent des produits nobles bien traités : une truite du Jura, petits pois, pain soufflé, crème d'Étrez, huile verveine et œufs de truite marinés à l'aligoté, un homard bleu, mousserons des prés, grenailles nouvelles, verjus, sabayon beurre de homard et safran, un filet de bœuf, queue de bœuf, caviar osciètre, jasmin, genièvre et carotte des sables farcie, miel de pissenlit et sauce au pinot noir, enfin un soufflé chaud à la rhubarbe et pralines roses, sorbet et granité rhubarbe. La cave est une des plus belles de la région.

Le Rempart - Quartier Gourmand

12/20

2-4 avenue Gambetta - T. 03 85 51 10 56 - Carte 48 € - Menu(s) 29,90-55 €

L'ancien poste de garde du XVe siècle est aujourd'hui aux mains de David Séchet, offrant une brasserie traditionnelle installée sous le patio romain couvert. Le chef y réalise une cuisine bourguignonne de grande tradition, idéale pour faire découvrir aux voyageurs les incontournables de la région, les œufs en meurette, la quenelle de brochet sauce écrevisses, le paleron de bœuf bourguignon, légumes et pommes de terre, le fondant au chocolat. Service bien rodé.

HÔTEL

Aux Terrasses - 4 étoiles

18 avenue du 23 Janvier - T. 03 85 51 01 74 - à partir de : 130 €

Une pépite contemporaine dans une région largement ancrée dans ses traditions... Restauré en 2019, ce boutique-hôtel permet de prolonger la découverte de la cuisine de Jean-Michel Carrette, le maître des lieux. Spacieuses et confortables, les

20 chambres et suites, souvent prolongées de terrasses, font la part belle aux matières nobles (verre et pierre taillée, bois et acier) et dégagent une atmosphère chaleureuse et apaisante. Passionnés par le design, Jean-Michel et sa femme Amandine ont également ouvert, à deux pas de la maison, une boutique dédiée à l'art de la table, qui présente de vraies trouvailles : instruments de cuisine, éléments de décoration et même une petite épicerie fine. À ne pas manquer !

UCHON 71190

Auberge de la Croix Messire Jean

10/20

La Croix Messire Jean - T. 03 85 54 42 06 - Menu(s) 26 €

Dans une campagne encore presque sauvage, Julie a repris cette ancienne maison pour en faire un hôtel-restaurant pittoresque et chaleureux. L'intérieur est composé d'éléments paysans, outils agricoles aux murs, poutres et mobilier bistrotier, introduisant justement une cuisine accessible et issue du terroir morvandiau. Le menu à 26 € est dans le bon esprit, avec une salade de chèvre chaud au miel, un filet de saint-pierre basilic et citron, une cuisse de lapin bien nappée d'une sauce chasseur. Service souriant.

VERDUN SUR LE DOUBS 71350

L'Hostellerie Bourguignonne

14/20

2 avenue du Président Borgeot - T. 03 85 91 51 45 - Menu(s) 25-75 €

Le plaisir de retrouver cette tradition, et cette merveilleuse pochouse, spécialité de la ville, et spécialité tout court de Didier Denis, est toujours intense. Une belle maison, une belle table, et un excellent chef qui a reçu cette année le prix Tradition d'Aujourd'hui lors du Gault&Millau Tour en Bourgogne. Des formules adaptées aux voyageurs, le sens de l'hospitalité comme dans les hostelleries de naguère, et une belle cave bourguignonne pour compléter le plaisir.

VERGISSON 71960

O des Vignes

13,5/20

Route du Bourg - T. 03 85 38 33 40 - Menu(s) 36-89 €

C'est au pied de la roche de Solutré que l'on retrouve le MOF Sébastien Chambru, qui a ouvert sa maison à tous les bons vivants. La belle bâtisse du XIXe siècle abrite un restaurant, un bistrot-bar à vins, ainsi qu'un fumoir pour les amateurs de cigares, mais encore une épicerie, pour prolonger les plaisirs toujours un peu plus. La table offre un bel aperçu des savoir-faire du chef, mis au service d'un produit choisi et d'une cuisine actuelle bien conçue. Le menu à 60 € est une réussite, avec l'omble chevalier servi froid, jus lacté au genièvre et aubergine confite, condiment au piment de Bresse, le dos de merlu au naturel, petits pois, fraise et basilic, socca et beurre nantais, une selle d'agneau sur la peau et panoufle confite, pommes nouvelles et olives de Kalamata, pistou d'ail des ours, enfin un vacherin fraise et rhubarbe. Cave pointue et bien lotie en vins du Mâconnais.

Auberge des Deux Roches

11/20

2 place de l'Église - T. 03 85 21 33 41 - Menu(s) 36 €

Au départ du pèlerinage à la roche de Solutré, la petite auberge de Sylvie et Bertrand Maillard est l'occasion de se rassasier d'une cuisine régionale et accessible. Les propositions sont traditionnelles, s'apprécient dans une ambiance familiale et populaire. Le menu à 36 € est bien pourvu, feuilleté d'asperges sauce mousseline, pavé de cabillaud et crème de persil, rognons de veau et jus au porto. Desserts classiques.

VIGNERON

Domaine Barraud

3 place de la Mairie - T. 03 85 35 84 25

Situé à proximité de la roche de Vergisson, le domaine Barraud a reçu la passion du vin en héritage. Depuis 1912, elle se transmet au gré des générations dont l'objectif commun a toujours été de valoriser un savoir-faire et des terroirs uniques. Aujourd'hui, Martine, Daniel et Julien Barraud sont les propriétaires d'une des adresses les plus sûres du Mâconnais, avec des vins remarquables, d'un style intemporel, qu'il faut absolument découvrir.

Éric Forest

56 rue du Martelet - T. 06 22 41 42 55

À la tête de l'exploitation viticole transmise de père en fils depuis huit générations, sur des parcelles de vignes plantées entre 1930 et 1979, Éric Forest élabore 7 cuvées confidentielles. Il exploite ses 7 ha sur les terroirs de Vergisson. Il s'est forgé une philosophie de la vigne sous l'influence de son grand-père, qui lui a transmis ses connaissances sur la nature et la biodynamie. À découvrir.

Domaine Jacques Saumaize

746 route des Bruyères - T. 03 85 35 82 14

Viticulteurs dans le village de Vergisson, dans le Mâconnais, entre la roche de Vergisson et celle de Solutré, Nathalie et Jacky Saumaize, avec leur fils Anthony, sont à la tête du domaine Saumaize, créé au début des années 1980. Ils exploitent aujourd'hui 12,5 ha de vignes en viticulture raisonnée. Ils élaborent des vins blancs minéraux et parfaitement équilibrés. Des vins impressionnants à tous les niveaux.

Carte

Addition moyenne d'un prix à la carte englobant le prix d'une entrée + plat + dessert

VINZELLES 71680

VIGNERON

Domaine La Soufrandière-Bret Brothers

125 rue aux Bourgeois - T. 03 85 35 67 72

Le domaine La Soufrandière est situé à Vinzelles, dans le Mâconnais. Acquis par Jules Bret en 1947, ses petits-enfants, les fameux frères Bret, gèrent désormais ce domaine de 11 ha certifié en bio et biodynamie depuis 2006. Leurs vignes donnent des vins toujours purs et gourmands, faciles à boire. À découvrir sans faute ! Ils ont aussi créé Bret Brothers en 2001, dans le but d'élaborer des vins issus de raisins achetés sur pied exclusivement certifiés bio, donnant 14 cuvées sur un total de 8 ha.

VIRÉ 71260

Restaurant Frédéric Carrion 14/20

Place André Lagrange - T. 03 85 33 10 72 - Menu(s) 86€

Ce magnifique hôtel-spa 4 étoiles est un moment de luxe et de charme au cœur du vignoble mâconnais, avec en prime la table gastronomique de Frédéric Carrion. L'expérience est complète et s'achève sur des assiettes maîtrisées de bout en bout. Le menu à 86 € est éloquent, avec la crevette Obsiblue aux zestes d'agrumes, langoustine concassée à l'échalote, tartare d'avocat, petits légumes et crémant de Bourgogne, merlu rôti en cannelloni de courgettes et aromates, olives noires de Kalamata en pulpe, céleri palet et navet glacé, ris de veau braisé, artichaut, velours de cassis et carottes au miel, un soufflé chaud Grand Marnier. Service professionnel. Cave bien pourvue sur la Bourgogne.

HÔTEL

Hôtel & Spa Frédéric Carrion - 4 étoiles

Place André Lagrange - T. 03 85 33 10 72 - à partir de : 125€

Posée sur la place de Viré, cette maison bourguignonne fut autrefois le relais de poste de la ville. Réaménagée en hôtel-restaurant, elle est aujourd'hui la propriété du chef Frédéric Carrion, qui a voulu créer ici un art de vivre global, mêlant intimement gastronomie, hospitalité et bien-être. Adossé au restaurant, l'hôtel se déploie autour de 10 chambres dotées chacune de leur style : champêtre avec charpentes apparentes ou plus contemporain avec mobilier design et lignes pures. Le spa invite les hôtes à savourer les délices du hammam, du jacuzzi et des cabines de soins et massages. Entre Mâcon et Cluny, une halte parfaite pour découvrir les vignobles de viré-clessé et, plus au sud, de pouilly-fuissé.

89

YONNE

AILLANT SUR THOLON 89110

Domaine et Golf du Roncemay 12/20

Chassy - T. 03 86 73 50 50 - Menu(s) 45-69 €

Dans un environnement où la nature règne en maître, le domaine et Golf du Roncemay trace bien son chemin. Le chef Pascal Guellec privilégie les circuits courts et mène le terroir avec brio avec l'andouillette 5A au chablis, échine de porc confite ou le burger maison, pour terminer avec un cheese cake dans une formule bistrot qui démarre à 20 € (entrée-plat-dessert). À la carte, asperges en gelée et serrano, œuf coulant, bar sauce citron ou roulé de volaille au foie gras. Les saisons sont respectées au pied de la lettre. La carte des vins honore la Bourgogne, tout comme le Domaine bien campé dans la verdure.

HÔTEL

Domaine et Golf du Roncemay - 4 étoiles

Chassy - T. 03 86 73 50 50 - à partir de : 179 €

Les golfeurs ne jurent que par cette belle adresse, mais ils ne sont pas les seuls, car le domaine du Roncemay possède ce luxe rare de réunir tous les atouts. Un parc de 140 ha alternant prairies et sous-bois, une piscine extérieure, un court de tennis et un spa (griffé Biologique Recherche et Kos Paris) de 800 m^2 avec hammam, sauna, cabines de soins et massages, salle de fitness et même des sessions de yoga. Autant de privilèges qui font de cette gentilhommière du XIXe siècle une destination à part entière, pourvue de 21 chambres et suites mêlant touches contemporaines et boiseries anciennes. Dernières pépites des lieux, un bistrot et une table gastronomique prolongée d'une jolie terrasse, Le Roncemay, emmené par le chef Pascal Guellec, qui fait la part belle aux produits du Puisaye.

AUXERRE 89000

Le Jardin Gourmand 14/20

56 boulevard Vauban - T. 03 86 51 53 52 - Menu(s) 60-139 €

Pierre Bousserau et Olivier Laplaine : un duo immuable, dont la seule évocation n'appelle qu'une seule réponse : le Jardin Gourmand, à Auxerre. Dans leur belle demeure du XIXe siècle, installée sur le boulevard qui enserre le centre historique, ils rassemblent tous les connaisseurs, les bons mangeurs qui savent qu'un repas entre ces murs n'est jamais décevant. Un coup de cœur pour le filet de lotte cuit sous vide à basse température, servi avec de la pastèque et un jus framboise-tomate bien équilibré, et pour le millefeuille praliné, crème anglaise au café et sorbet cacao. Les prix ne laissent en revanche guère de place à la rêverie (60 € pour la formule déjeuner plat-dessert ou entrée-plat, c'est assez peu motivant), le meilleur choix étant évidemment le menu-carte à 77 €. Vaste cave bourguignonne.

Bistro l'Aspérule

12/20

34 rue du Pont - T. 03 86 33 24 32 - Menu(s) 27-38 €

Au pied de l'église Saint-Pierre et du quartier ancien, la deuxième Aspérule de Keigo Kimura (15 et 3 toques à Dijon), mais la première chronologiquement, poursuit sa route avec la jeune équipe qu'il a formée. Dans cette petite salle modeste de 20 couverts (murs gris, mobilier tristoune), les atouts sont justement ce qui n'est pas évident, le beau choix de vins (chablis, irancy, et toute la Bourgogne) dans une carte à la présentation vieillotte, la cuisine simple et réalisée avec précision (un frais gravlax de truite crème curry et fenouil, le lieu jaune sauce chablisienne sucrine émulsion pain brûlé...) et dans les tarifs bien serrés pour une qualité certaine. Offre à deux niveaux, limitée le midi, à 27 € la séquence complète, plus ample le soir avec deux menus dégustation, à 38 et 58 €. Aimable service, assuré en partie par les jeunes cuisiniers eux-mêmes.

Le Rendez-Vous

11/20

37 rue du Pont - T. 03 86 51 46 36 - Carte 53 € - Menu(s) 26-39 €

Une bonne maison de tradition, bien implantée dans la rue menant à la rivière, à l'ambiance rassurante et familiale. Jean-Pierre Saunier travaille avec sérieux et les habitués sont choyés, sa fille Claire assurant leur bien-être autour d'une cuisine vertueuse et régionale : jambon persillé maison, œufs pochés meurette, fricassée de rognons de veau à l'aligoté, bourguignon de joue de bœuf, autant de recettes maintes fois répétées et largement maîtrisées d'un bon menu à 39 €. On termine avec les fromages de la région, le nougat glacé au miel de Bourgogne ou le carpaccio de fruits au poivre de Sichuan. Bon choix de chablis au côté des chitrys, coulanges, sans oublier l'excellent irancy de Colinot.

Le Saint Pélerin

10/20

56 rue Saint-Pèlerin - T. 03 86 52 77 05 - Menu(s) 30,90 €

Près des bords de l'Yonne, un bistrot tranquille et traditionnel aux tarifs doux pour une qualité régulière. L'accueil est franc, la carte généreuse. Elle offre toute la tradition régionale dans un large menu-carte à 30,90 € : œufs meurette, salade bourguignonne, jambon à la chablisienne, rognon de veau entier persillade, bavette d'aloyau charolaise. Desserts simples, la tarte aux pommes est recommandée, tout comme les vins des vignerons proches, irancys, coulanges-la-vineuse, chitrys...

BOULANGER

Maison Roy

21 place Charles Lepère - T. 03 86 52 14 08

Implanté depuis 1989, Éric Roy, sa boutique et son salon de thé, sont de véritables institutions. Son fils Pierre-Édouard le seconde désormais, avec un titre de Meilleur apprenti de France, dans la réalisation de nouvelles créations et le développement de la maison. De belles spécialités en grand format, dans la fraîcheur du fruit (framboisier, pavlova, capucine...) ou chocolatées («Charlie», «Saul»...). On conseille également le pain. Une deuxième boutique près du pont, sur l'Yonne.

CAVISTE

La Cave du Maréchal

5 rue de l'Horloge - T. 03 86 33 00 75

Une grande cave traditionnelle, très réputée, où l'on aime le bourgogne et toutes les grandes régions, sans ostracisme, offrant un large choix d'alcools, whiskys, rhums et vodkas de toutes les provenances. En vin, l'accent est mis sur la variété, tous les vignobles sont représentés, avec nombre de grandes références, le point fort restant la région.

PÂTISSIER

Olivier Vidal

3 place Charles Surugue - T. 03 86 52 04 25

Un bel emplacement en plein centre. Ce pâtissier-chocolatier à l'étalage chic n'aligne pas des kilomètres de gâteaux, mais propose le meilleur dans le raffinement pour une clientèle connaisseuse. «Suprême» noisette, «Floride» au pamplemousse, «Tropical» framboise mousse litchi biscuit joconde ou, parmi les classiques, la religieuse ou la tarte «pom'cassis». Macarons et bonbons chocolatés aux nombreux parfums.

TRAITEUR

Plan B

9 rue de l'Horloge - T. 03 86 51 30 75

Du fait maison à emporter dans cette nouvelle et pimpante boutique traiteur bleu roi du quartier de l'Horloge. Tout est appétissant, en particulier la déclinaison de pâtés en croûte (cochon volaille morilles asperges, chorizo volaille et piquillos...), le foie gras, et toutes les bonnes idées du moment, comme les fraîches entrées de saison (tartare de concombre, tomate mozza...), la quenelle de brochet, le parmentier de joue de bœuf, la tarte fraise pistache... Un bon rayon de bières artisanales icaunaises pour accompagner.

Menu(s)

Fourchette de prix mentionnant le menu le moins cher et le menu le plus cher proposant à la fois entrée, plat et dessert sans les boissons, qui n'exclut pas les prix intermédiaires

Le Relais d'Asnières

CHEZ OLIVIER, AU CŒUR DE LA BOURGOGNE

Envie d'une cuisine authentique, traditionnelle et inventive ? Au Relais d'Asnières, le chef Olivier Dizien vous régalera avec ses savoureuses créations, inspirées du terroir bourguignon. Tout est fait maison. Au menu : œufs en meurette, tourte à l'époisses, fricassée d'escargots crème aillée, andouillette gratinée, assiette mix-grill et sa pomme-de-terre au four crémeuse. Parmi les salades, la césar, la vézelienne, l'entre terre et mer... Toutes rivalisant de saveurs et de créativité ! Côté desserts, la tarte fine aux pommes, la crème brûlée et les glaces enchanteront vos papilles. En salle ou en terrasse, à deux pas de Vézelay, le Relais d'Asnières est une étape bourguignonne incontournable.

Le + : Location de salle pour vos événements privés comme professionnels.

4, route de Crai,
89660 ASNIÈRES-SOUS-BOIS
Tél. : 03-45-45-12-07 / 06-82-82-14-47
lerelaisdasnieres.com

> *Cuisiner. C'est l'art le plus beau et le plus complet. Il engage nos cinq sens, plus un : le besoin de donner le meilleur de nous-mêmes*

Paulo Coelho (1947-)

Shiva Nagar

UNE ADRESSE À GARDER

Ce restaurant est un bel hommage à la subtile et savoureuse cuisine indienne. Manpreet Singh, chef et propriétaire du Shiva Nagar, a créé un espace au décor contemporain, doux et épuré pour faire la part belle à ses délicieux plats raffinés, joliment présentés. S'il respecte les recettes ancestrales familiales, il n'hésite pas à les revisiter avec parcimonie. On salue son travail des épices particulièrement juste et subtil. Aussi, émerveillez vos papilles avec les samoussas et pani puri suivis des spécialités au four tandoor tel le poulet, le saumon ou encore les gambas tikka. Vous aimerez aussi le butter chicken, l'agneau vindaloo et les biryani.
Les végétariens trouveront, ici, des délices traditionnels comme les beignets d'aubergine, daal tarka, aloo gobi, biryani vege...
Les + : Sur place ou à emporter. Terrasse.

23, rue d'Orbandelle, 89000 AUXERRE
Tél. : 09-53-78-76-70
shivanagar.com –

Le Relais de Chablis

LE BONHEUR

Vous aimerez la savoureuse cuisine d'antan, concoctée dans cet adorable restaurant par la chef, Martine. Entre les propositions à la carte – œufs en meurette, escargots, bœuf bourguignon, pot-au-feu, jambon au Chablis*, coq au vin, filet de sandre –, et les propositions du jour, réalisées en fonction de ses envies, le régal est toujours au rendez-vous ! Martine prépare aussi, maison, une belle gamme de snacking : pizzas, burgers, croques...
Vous apprécierez l'ambiance familiale.

26, route Nationale, 89800 BEINE
Tél. : 03-86-42-10-11
www.lerelaisdechablis.fr

*L'ABUS D'ALCOOL EST DANGEREUX POUR LA SANTÉ.

AVALLON 89200

Les Capucins 11/20

6 avenue Paul Doumer - T. 03 86 34 06 52 - Menu(s) 20-45 €

À côté de la gare, cet hôtel 3 étoiles est d'un confort classique, une maison ancienne qui a le charme du suranné, et qui propose une cuisine hôtelière d'un niveau honorable, autour du répertoire bourguignon. À partir de 24 €, bavarois d'asperges et tartine de jambon du Morvan, poisson au beurre blanc, joue de bœuf confite à la bourguignonne, profiteroles maison.

Le Relais des Gourmets 10,5/20

47 rue de Paris - T. 03 86 34 18 90 - Menu(s) 29,50-44 €

À la sortie du centre-ville, la table des Hamelin est une adresse sûre, bien connue des locaux. La belle salle aux oliviers, qui se présente comme un jardin couvert où trônent trois beaux oliviers, plante une atmosphère plutôt sudiste, tandis que le chef Mickaël Pantaléon ne sort pas de la Bourgogne, restituant notamment dans le menu «Bazoches» un solide répertoire, les œufs pochés en meurette, le dos de sandre au beurre de piquillos, la poêlée de rognons de veau sauce moutarde à l'ail des ours, le croustillant chocolat au lait et au caramel. Première formule à 29,50 €.

Les Cocottes 10/20

84 rue de Lyon - T. 03 86 81 93 81 - Menu(s) 18 €

À l'entrée d'Avallon, cette grande maison avec véranda donnant sur la rue est une brasserie fréquentée, pratique pour son accessibilité, ses assiettes de bon standard et ses prix abordables. Les plats sont à l'ardoise et changent régulièrement, les escargots de Bourgogne, une salade océane, une andouillette de Troyes, une coupe de fraises. Service dynamique.

Le Relais Fleuri 10/20

1 la Cerce - T. 03 86 34 02 85 - Menu(s) 27 €

Grand hôtel 3 étoiles installé dans un parc de 5 ha à quelques minutes d'Avallon, c'est une agréable pause familiale, avec sa piscine chauffée, son cadre bucolique et sa table de tradition. Le menu «Terroir» à 27 € est une option adéquate, avec son jambon persillé, ses escargots de Bourgogne, son filet de truite du Morvan et tagliatelles de courgettes à l'origan, un demi-coquelet et écrasé de pommes de terre, un crumble aux poires et fruits rouges.

BISCUITIER

Les Macarons de Charlou

40 rue de Lyon - T. 06 99 67 80 26

En plein centre d'Avallon, cette biscuiterie familiale ouverte en 2004 est une boutique épurée et design, avec sol en dalles fleuries et impression pierres sur les murs. La maison est spécialisée dans la production de macarons, qu'elle réalise selon la recette traditionnelle. On trouvera des coffrets de 12 ou 25 macarons, ainsi que des pièces montées.

L'Horloge

LE BONHEUR

Ce bar-restaurant est l'adresse de merveilleux moments de convivialité autour de saveurs gourmandes. Du café à 9h au dernier breuvage à 2h du matin, L'Horloge est le rendez-vous de l'amitié, à l'image de la hardiesse du patron, Jérôme, qui crée ses propres whiskies et gins*. Venez découvrir les cocktails d'Anthony, champion de France de Mixologie, et la savoureuse cuisine de David, réalisée maison avec des produits locaux en circuit court. Si la carte change toutes les trois semaines, quelques plats emblématiques demeurent comme le gratiné à l'époisses, le burger créé avec un pain au charbon ou l'onglet de bœuf (400 g!), accompagnés de frites maison. P.-L. Bersan, vigneron talentueux, vous aidera à choisir le rouge ou le blanc délicieux.
« Ce succès est le fruit des talents de l'équipe », conclut le patron.

✉ 2, rue de la Vachère, 89200 AVALLON
Tél. : 03-86-46-75-24
Facebook : @LHorlogeCafeRestaurant

L'auberge de la poterne

UNE NOUVELLE JEUNESSE

On s'attable avec bonheur dans ce restaurant de Brienon. Sous la direction de Mélanie, il bénéficie d'une nouvelle jeunesse qui séduit les épicuriens. Toujours son cadre authentique, avec pierres apparentes, mais une cuisine de saison plus élaborée grâce aux créations du chef, comme les saint-jacques flambées*, et au succulent foie gras maison. Sans oublier les déjeuners et soirées à thème ainsi que les concerts, tous les 3e jeudi du mois. **Le + :** Pizzas à emporter.

✉ 6, avenue Joséphine Normand, 89210 BRIENON-SUR-ARMANÇON
Tél. : 03-86-56-12-92
Facebook : L'Auberge De La Poterne

BÉRU 89700

VIGNERON

Château de Béru

32 Grande Rue - T. 03 86 75 90 43

Le château de Béru est au cœur du vignoble de Chablis. Il appartient à la même famille depuis 450 ans ! Athénaïs de Béru gère le domaine avec sa mère Laurence, qui s'occupe des visites et des chambres d'hôtes, Athénaïs conduisant les vinifications. Le domaine est certifié en biodynamie depuis 2014. Il faut noter que leurs vignes bénéficient, grâce à leur emplacement au sommet de la colline de Béru, d'un microclimat unique, marqué par des amplitudes thermiques importantes et une exposition au vent. Les vins gagnent en précision en même temps qu'ils diminuent en soufre.

CHABLIS 89800

Hostellerie des Clos 14/20

18 rue Jules Rathier - T. 03 86 42 10 63 - Carte 49 €

Cette bonne hôtellerie 3 étoiles à l'entrée de Chablis a le charme des vieilles maisons, à la fois chic et historique. On y retrouve le chef Guillaume Collet, qui tient, pour la table gastronomique de l'hôtel, une cuisine bourguignonne et traditionnelle, où les classiques sont déployés avec une belle technique. À la carte, on pourra retrouver les incontournables œufs en meurette et lard confit au miel, la truite bio de Prégilbert aux amandes, le carré de porc avec une sauce chablisienne et petits légumes, avant des desserts classiques. La cave, pilotée par Thomas Charlut, est très riche, avec plus de 900 références, dont pas moins de 400 chablis.

Au Fil du Zinc 13/20

18 rue des Moulins - T. 03 86 33 96 39 - Menu(s) 42-74 €

Une très belle évolution pour cette adresse qui s'est imposée dans Chablis depuis l'arrivée de Mathieu Sagardoytho, notamment passé chez Éric Frechon et à l'Agapé. La belle salle en pierre de Bourgogne dégage une impression de raffinement contemporain, à la fois chic et rustique. Le ton naturel des lieux rend bien compte de l'intérêt du chef pour les beaux produits, qui sont au départ d'une cuisine inventive, autant sur le fond que sur la forme. Le menu à 42 € est une première balade entre terre et mer, des asperges vertes grillées, fraises et fleur de sureau, un merlu de Quiberon en croûte de pain de campagne, asperges blanches fumées, ail des ours et vin jaune, une pintade de la ferme des Chocats à la seiche de Quiberon, fenouil, aillets et bonnotte de Noirmoutier, un beau dessert de rhubarbe de l'Yonne, sapin blanc et amaretto. Service impeccable. Très belle cave.

Les Trois Bourgeons

13/20

10 rue Auxerroise - T. 03 86 46 63 23 - Menu(s) 24 €

Un cuisinier japonais au pays de l'andouillette et du kimmeridgien, voilà qui n'est pas banal. Takeshi Otomura, installé depuis cinq ans est un jeune chef engagé au parcours complet : huit ans à Tokyo, un passage chez Dutournier au Trou Gascon, et puis chez ses compatriotes Masashi Ijichi (La Cahette à Valence) et Kei à Nice. Indiscutablement, il connaît le poisson (un joli et aromatique carpaccio de daurade) mais peut aussi glisser son savoir-faire dans les plats emblématiques de la région, comme une jolie pôchouse sur une truite bio et légumes du moment (pak choï asperges), gnocchi, rillettes de crevettes, flanquée d'une crème savoureuse. Les desserts sont aussi un point fort (chocolat et thé matcha glace sésame blanc) les tarifs tout doux et la cave déjà bien fournie avec les caciques de l'appellation, Droin, Dauvissat, Fèvre ou encore Brocard. Dans cette petite salle si bien placée et au cadre modeste, le chef et sa petite équipe (mais s'il le faut, il est capable d'envoyer douze couverts tout seul en assurant le service) déploient une belle énergie en apportant un souffle vivifiant à cette très gourmande commune.

Bistrot des Grands Crus

11/20

10 rue Jules Rathier - T. 03 86 42 19 41 - Menu(s) 28 €

C'est l'annexe bistronomique de l'Hostellerie des Clos, plus accessible et dans un cadre plus actuel. Le menu à 28 € à la discrétion du chef est d'un bon rapport prix-plaisir.

Au Vrai Chablis

10/20

8 rue du Général de Gaulle - T. 03 86 42 11 43 - Carte 36 €

Grand classique local, ce bistrot central est un point de chute logique, pour sa bonne ambiance traditionnelle, avec la cheminée, les petites nappes vichy et son atmosphère populaire. Dans l'assiette, les classiques locaux sont légion, jambon persillé, escargots, œufs meurette, jambon à l'os comme à Chablis, coq au vin blanc de petit chablis, tarte tatin. Tarifs abordables.

BRASSEUR

Brasserie Maddam

4 rue des Vendanges - T. 03 45 45 25 62

Voilà la preuve qu'on ne fait pas que du vin à Chablis, avec cette brasserie artisanale. Cette aventure familiale lancée par deux cousins a accouché aujourd'hui d'une jolie brasserie en périphérie de la ville, qui compte à la fois l'atelier et un bar, pour pouvoir déguster les cuvées sur place ou à emporter. La gamme classique compte actuellement 7 bières, en plus de séries limitées vieillies en fût de chêne ou au moût de raisin.

Tables de Chef – 13/20 à 14,5/20

VIGNERON

Samuel Billaud

8 boulevard Tacussel - T. 03 86 31 06 75

Le domaine Samuel Billaud est récent. Il voit le jour en 2009 à la suite de la vente de la maison familiale Billaud-Simon. Samuel, qui signait les vins, prend donc son indépendance et nous livre sur quelques hectares seulement de grands chablis, à la fois tendres et précis, juteux et minéraux. La maîtrise de chaque cru est manifeste et nous vous recommandons une visite rapide.

La Chablisienne

8 boulevard Pasteur - T. 03 86 42 89 89

La Chablisienne est née en 1928. Comptant parmi les meilleures caves coopératives de France, c'est l'un des acteurs majeurs du vignoble chablisien avec un pourcentage important de l'AOC. Ainsi, La Chablisienne regroupe 300 producteurs pour environ 1200 ha répartis sur 6 des 7 grands crus, 15 premiers crus, sans parler des centaines de parcelles en chablis et petit-chablis, résumant à merveille l'appellation. Depuis 1999, elle est également propriétaire du monopole Château Grenouilles. Une cave coopérative de très haut niveau à visiter sans hésiter.

Domaine William Fèvre

21 avenue d'Oberwesel - T. 03 86 98 98 98

Le domaine William Fèvre, propriété du groupe Henriot depuis 1998, possède un vaste vignoble de 77 ha, dont 15 ha de grands crus sur les 100 existants. En 1959, William Fèvre fonda le domaine de la Maladière et fit sa première récolte. Depuis son rachat, le groupe Henriot a confié à Didier Séguier le soin de signer des vins qui atteignent la pureté et l'intensité chablisiennes. Un domaine de référence.

Domaine Louis Michel et Fils

9 boulevard de Ferrières - T. 03 86 42 88 55

Le domaine est une propriété familiale depuis 1850, cultivant 25 ha de vignes sur les coteaux historiques de l'appellation de Chablis, mis en valeur au XIe siècle par les moines cisterciens. Autant dire que l'on maintient un certain goût pour la tradition dans ce domaine aujourd'hui dirigé par Guillaume Michel. Depuis 40 ans maintenant, les vinifications ne se font qu'en cuves, sans bois. Elles donnent naissance à des chablis purs et droits. Comme souvent, nous conseillons de les attendre quelques années.

Domaine Christian Moreau Père et Fils

26 avenue d'Oberwesel - T. 03 86 42 86 34

Après avoir vécu au Canada, Christian Moreau est revenu à Chablis avec Christine, son épouse canadienne, et leurs trois enfants, Philippe, Patrick et Fabien. Christian a donc appris le métier de vigneron et de vinificateur avec son père, Guy. Son fils Fabien, de la 6e génération de vignerons, est arrivé au domaine en 2001, son diplôme d'œnologie en poche. Il en reprend la responsabilité et la direction, avec 12 ha certifiés bio dès 2013. Les vins produits sont toujours équilibrés entre vivacité tranchante et toucher soyeux.

CHAMPIGNELLES 89350

Relais Poyaudin

12/20

5 place du 4 Septembre - T. 03 86 45 12 63 - Menu(s) 33-44 €

En plein cœur de la Puisaye, ce joli restaurant à façade ocre et volets bleus propose des assiettes du terroir poyaudin revisitées avec adresse par le chef Christophe Grenon qui allie savoir-faire et précision. Escalope de foie gras poêlé, miel balsamique et jus de canard. Homard au four avec sa bisque, noix de veau rôti basse température déglacé à l'irancy, pigeonneau de Racan rôti au four... Tout ceci est beau et bon. Carte des vins bien construite et service avenant.

CHEVANNES 89240

VIGNERON

Domaines David Duband - François Feuillet

12 rue du Lavoir - T. 03 80 61 41 16

François Feuillet David Duband, c'est le vigneron, très talentueux. François Feuillet, c'est le propriétaire, un homme d'affaires (il possède également un domaine à son nom). Le domaine se déploie aujourd'hui sur 20,5 ha, situés sur les plus beaux terroirs de la côte de Nuits (notamment à Nuits-Saint-Georges, Vosne-Romanée, Clos-de-la-Roche, Charmes-Chambertin, etc.). Il offre un compromis idéal entre le respect des terroirs et une vinification moderne.

CHITRY 89530

VIGNERON

Domaine Olivier Morin

2 chemin de Vaudu - T. 03 86 41 47 20

C'est à Chitry-le-Fort, un petit village dans l'Yonne dans une vallée plantée de vignes, qu'Olivier Morin exploite 12 ha des appellations chitry et bourgogne-aligoté. Le domaine travaille les trois cépages emblématiques de la Bourgogne : le chardonnay, l'aligoté et le pinot noir. Olivier Morin est sans doute l'un des meilleurs producteurs de l'appellation chitry, avec des vins juteux, croquants, fruités et très fins.

Tables Gourmandes – 11/20 à 12,5/20

COURGIS 89800

VIGNERON

Alice et Olivier de Moor

17 rue Jacques Ferrand - T. 03 86 41 47 94

C'est dans le village de Courgis qu'Alice et Olivier de Moor élaborent des vins dans le plus profond respect de la nature. Avec 10 ha certifiés bio depuis 2008, la vigne est gentiment accompagnée, afin de livrer des raisins bien mûrs. Leurs vins sont vibrants et pleins d'énergie ! En plus des superbes vins chablis, ils vinifient aussi des aligotés à se damner, des saint-bris et des chitrys.

Domaine Pattes Loup

2 grande rue Nicolas Droin - T. 03 86 41 46 38

L'histoire de ce jeune domaine de Chablis se confond avec celle de son propriétaire. Fils et petit-fils de vignerons, Thomas Pico arrive en 2004 avec son diplôme en poche. Il récupère 8 ha du domaine familial pour créer le sien, qu'il a immédiatement converti en bio et qui est certifié depuis 2009. Les premières cuvées du domaine apparaissent en 2006. Le domaine compte aujourd'hui 15 ha. Thomas est également chargé des vinifications du domaine familial. Les vins sont vibrants et vivants, avec un toucher de bouche remarquable.

FLEYS 89800

VIGNERON

Domaine Corinne et Jean-Pierre Grossot

4 route de Mont de Milieu - T. 03 86 42 44 64

Le Domaine Grossot est ancré sur les coteaux du village de Fleys, avec 18 ha de vignes répartis sur des parcelles de Chablis et de Chablis 1ers Crus. Ils sont aujourd'hui certifiés en culture biologique. Le domaine a vu le jour dans les années 1920. Corinne et Jean-Pierre Grossot ont pris la suite et, en 2007, leur fille Eve les a rejoints. Ils portent tous leurs efforts sur l'expression des terroirs afin d'élaborer des vins élégants dans le pur respect des typicités du vignoble chablisien.

IRANCY 89290

VIGNERON

Domaine Colinot

1 rue des Chariats - T. 03 86 42 33 25

Le domaine Colinot, dans la famille depuis plus de dix générations, a été créé par Jean-Pierre Colinot et son épouse Anita. Parmi ses ascendants, Jacques-Germain Soufflot, qui fut l'architecte du Panthéon. Le domaine comporte 13 ha de vignes dans les meilleurs climats dans l'AOC irancy. Véritable référence de cette appellation méconnue, le domaine privilégie les cuvées parcellaires avec des différences marquées en fonction des sols et de l'âge des vignes. Les vins doivent souvent être longuement attendus pour se révéler pleinement.

JOIGNY 89300

La Côte Saint-Jacques

17/20

CHEF : JEAN-MICHEL LORAIN - *CHEF PÂTISSIER :* BRICE BÉCHARD - *SOMMELIER :* THOMAS NOBLE

14 faubourg de Paris - T. 03 86 62 09 70 - Carte 230 € - Menu(s) 94-258 €

Un accueil de grande maison marquée par le naturel, l'enthousiasme et la prévenance. Tout cela met les clients dans des conditions optimales pour savourer intensément tous les instants passés dans cette institution familiale de grand confort surplombant les rives de l'Yonne. Jean-Michel Lorain en est toujours le capitaine en chef, désormais secondé par la nouvelle génération, en l'occurrence son neveu, Alexandre Bondoux. Comme le marqueur de la tradition et de la simplicité, l'amuse-bouche boudin-purée-pomme n'a rien d'incongru dans cet établissement de prestige. C'est ça aussi la gastronomie ! C'est aussi cette très esthétique composition printanière autour d'une association asperges (vertes et blanches) et morilles relevée d'un sabayon au café qui contrebalance tout en finesse la légère et agréable amertume des asperges. Très belle idée ! Pour suivre, un filet d'omble (cousin du chevalier) de la ferme aquacole de Crisenon d'une cuisson exemplaire. L'accompagnement tout en douceur est remarquable de fraîcheur avec de délicieux petits pois un poil croquants, de l'amande fraîche nature et en émulsion... L'ensemble étant nimbé d'une heureuse touche anisée apportée par l'agastache. Quant au spectaculaire bavarois coco, crème légère au jasmin et fruits exotiques, il constitue un modèle d'équilibre dans tous les sens du terme. Il nous faut encore saluer toute l'équipe de salle, et notamment l'excellent sommelier Thomas Noble qui sait si bien faire vivre les vignerons et les vins, avec une profonde connaissance, mais sans affèterie. Il puise avec discernement dans une immense cave dans laquelle la Bourgogne se trouve en majesté incarnée par de prestigieux domaines et de jeunes vignerons prometteurs.

Le Rive Gauche

13,5/20

Chemin du Port-au-Bois - T. 03 86 91 46 66 - Carte 42 € - Menu(s) 37-56 €

L'annexe se porte bien et propose aux visiteurs une alternative à la Côte Saint-Jacques qui ne dépare pas le tableau. Un accueil et un service très pro, une carte équilibrée mettant la Bourgogne à l'honneur, et des prix bien cadrés par des menus attrayants : fricassée d'escargots et gnocchis à la persillade, sandre en duo (dos cuit vapeur, quenelle aux petits légumes) crème écrevisse, sablé figue sirop d'érable crème spéculoos pain d'épices glace crème brûlée dans une bonne formule à 41 €. Et l'on peut se faire plaisir dans la cave avec les bourgognes issus de la grande cave Lorain.

HÔTEL

La Côte Saint-Jacques - 5 étoiles

14 faubourg de Paris - T. 03 86 62 09 70 - à partir de : 335€

On ne présente plus Jean-Michel Lorain, ce chef de légende qui a succédé à son père Michel aux commandes de la Côte Saint-Jacques ; l'une des tables françaises les plus prestigieuses, symbole de la richesse d'un terroir, mais aussi de sa capacité à se réinventer... La découverte de ce temple de la gastronomie constitue un voyage en soi, voilà pourquoi la famille invite ses hôtes à prolonger l'expérience en séjournant dans ce bel hôtel posé sur les rives de l'Yonne. Membre Relais & Châteaux, le lieu abrite un salon-bar réchauffé d'une cheminée et 32 chambres et suites prolongées de balcons ou terrasses qui surplombent le jardin ou la rivière. Le spa de 800 m^2 abrite une piscine intérieure, un hammam, un sauna et des cabines de soins griffés, notamment de la marque Paoma, naturelle, végane et non testée sur les animaux. Une offre hôtelière de haut vol qui s'enrichit désormais d'un autre refuge, La Maison de Famille, située à deux pas de l'hôtel et qui réunit une dizaine de chambres, plus simples, mais pleines de charme.

LEUGNY 89130

HÔTEL

Hôtel La Borde - 5 étoiles

La Borde - T. 03 86 47 69 01 - à partir de : 400€

Cette demeure historique a séduit Marieke et Rik Klomp, couple néerlandais qui l'a restaurée en conservant précieusement ses colombages, ses grandes cheminées et ses tomettes anciennes... Sans oublier le parc de 7 ha, classé Jardin remarquable, qui réunit une roseraie, un potager et un bois rafraîchi de son étang. À l'intérieur, le lieu se compose de 6 suites seulement, mais offrant de beaux espaces (jusqu'à 120 m2) et un parfait accord entre meubles anciens et confort contemporain. En contrebas, la cour du château abrite une grande piscine chauffée, parfaite pour faire ses longueurs, à moins que l'on ne préfère rejoindre les courts de tennis, le terrain de basket ou la salle de fitness et le spa nichés dans le pigeonnier. Une mention, enfin, pour les dîners (sur demande) servis dans la grande salle à manger du château, avec une cuisine qui fait la part belle aux produits du potager.

NITRY 89310

Auberge de la Beursaudière 11/20

9 chemin de Ronde - T. 03 86 33 69 69 - Menu(s) 40-55€

Cette splendide maison de campagne offre le gîte et le couvert, pour un moment de chic paysan, sous les poutres ou la charpente massive. À 3 minutes de la sortie de l'A6, la cuisine est régionale et personnelle, pleine d'agrément. Le menu à 40 € est une bonne option : œufs en meurette, salade de tomates au chèvre frais, bavaroise de tomate au raifort, maquereau mariné passé au grill et pommes de terre persillées, andouillette de Chablis, fraisier...

POINCHY 89800

VIGNERON

Domaine Isabelle et Denis Pommier

31 rue de Poinchy - T. 03 86 42 83 04

Isabelle et Denis Pommier sont les propriétaires-exploitants de ce domaine familial monté de toutes pièces en 1990 en plein cœur du vignoble chablisien avec 2 ha de vignes familiales. Ils exploitent aujourd'hui 23 ha, avec une certification bio depuis 2014. L'ensemble de la production affiche une qualité irréprochable en petit-chablis, chablis et chablis premier cru, dans un style généreux et ouvert.

PONTAUBERT 89200

HÔTEL

Le Moulin des Templiers

10 route de Cousin - T. 03 86 34 10 80 - à partir de : 80€

Sur les rives de la rivière du Cousin, cette bâtisse du XIIe siècle a été transformée en hôtel en 1925, multipliant depuis les restaurations pour devenir le lieu chaleureux et plein de charme que l'on connaît aujourd'hui. Parfaitement aménagées, les 14 chambres déclinent pierres de Bourgogne, meubles et parquets anciens, tout comme le délicieux salon qui se prolonge par une terrasse suspendue au-dessus de la rivière. Réhabilité avec talent, l'ancien moulin abrite désormais la salle du restaurant (ouverte sur une deuxième terrasse) où l'on déguste une cuisine locale qui célèbre les produits locaux et bio. Parfaitement intégré dans le paysage, l'espace bien-être (sauna, hammam, jacuzzi) prend place dans un nouveau bâtiment en bois surmonté d'une toiture végétale. Engagé dans une vraie démarche écoresponsable, l'hôtel multiplie les actions visant à protéger l'environnement, participant notamment à la remise de la rivière dans son lit naturel, en collaboration avec les équipes du parc naturel du Morvan.

PRÉHY 89800

VIGNERON

Domaine Jean-Marc Brocard

3 route de Chablis - T. 03 86 41 49 00

Le domaine Jean-Marc Brocard est situé à Préhy. Sur les 144 ha du domaine, 60 sont cultivés en bio et 40 en biodynamie. Toutes les appellations de l'Yonne, de saint-bris au chitry de Bourgogne, sont produites par le domaine, ainsi que toutes les appellations de Chablis. Jean-Marc, personnage sympathique et attachant, réussit, avec son fils Julien, à faire rimer quantité et qualité. Tous les vins sont tranchants et purs, mais on recommande de ne pas les boire trop tôt, car ils gagnent en complexité avec le temps.

QUARRÉ LES TOMBES 89630

Auberge de l'Âtre

14/20

Les Lavaults - T. 03 86 32 20 79 - Menu(s) 36-68 €

La tradition morvandelle et bourgeoise dans ce qu'elle a de plus sincère, à la limite du kitsch, et pourtant si attachante. Les bonnes viandes, les belles sauces signées par l'expérimenté Francis Salamolard sont les constantes vertueuses de cette auberge à la française comme il en reste trop peu. Cave constituée avec des références classiques d'époque, tarifs justes.

Le Morvan

13,5/20

6 rue des Écoles - T. 03 86 32 29 29 - Menu(s) 19,80-62 €

À la sortie du village, cette bâtisse remplit son office de bonne auberge de province au décor bourgeois d'époque et service stylé. Étienne Robbé et son équipe mettent en avant le terroir. Mignon de porc ibérique bière de chablis et pains d'épices, asperge, champignons rapée morvandelle, skrei cuit sur peau maltaise piment d'Espelette safran d'Iran compote de piperade. Le chef prouve son inspiration de l'entrée au dessert préparant de jolies assiettes, copieuses et bien tournées. Le chariot d'une vingtaine de fromages parfaitement affinés est la récompense d'un repas rondement mené. Un vin de la région bouclera cette agréable expérience d'un chef expérimenté.

SAINT BRIS LE VINEUX 89530

VIGNERON

Domaine J.H. et G.Goisot

30 rue Bienvenu Martin - T. 03 86 53 35 15

Du Domaine Jean-Hugues et Guilhem Goisot on retrouve les premières traces au 14e siècle. Située dans le village de Saint-Bris le Vineux, dans l'Yonne, l'exploitation de 30 ha s'étend sur les communes de Saint-Bris, Irancy et Chablis. En 1979, Ghislaine et Jean-Hugues reprenne le domaine familial et le vignoble est certifié bio en 2001. En 2005, leur fils Guilhem et son épouse Marie, intègrent le domaine qui obtient cette même année la certification en biodynamie. Les prix restent très sages.

SAINT MARTIN DU TERTRE 89100

La Table du Martin Bel Air

12,5/20

3 place du 19 Mars 1962 - T. 03 86 66 47 95 - Menu(s) 21-55 €

Dans ce petit village du bord de l'Yonne au nord de Sens, sur la place du village, le chef Jean-Raphaël Persano a installé sa charmante table traditionnelle, endroit fédérateur où les amis, les collègues, un père et son fils, se retrouvent pour le déjeuner. On est accueilli avec une bienveillance qui accompagne tout le repas, avec le sourire et le plaisir de recevoir ; la cuisine suit les saisons et le marché avec des références régionales bien appuyées, aussi présentes à la carte qu'au menu du marché, très compétitif. On retrouvera des vieux amis, sur des escargots bien relevés au chablis dans une crème de persil bien montée, des premières saint-jacques parfaitement cuites, une fondante joue de bœuf au pinot noir et potimarron aux châtaignes. Et comme on ne serait pas vraiment en Bourgogne sans une vraie cave, la carte propose 300 références, de la Bourgogne à la vallée du Rhône principalement.

SENS 89100

La Madeleine

14,5/20

Quai Boffrand - T. 03 86 65 09 31 - Menu(s) 53-145 €

Il y a quelques années, Patrick Gauthier avait pris le risque, forcément calculé, de déménager sa table depuis le centre-ville de Sens vers la pointe de l'île d'Yonne. Les habitués l'ont suivi, de nouveaux se sont ajoutés, et nous avons nous-mêmes apprécié ce nouveau cadre, ce décor contemporain qui se marie idéalement à la cuisine de l'ancien élève de Claude Terrail à la Tour d'Argent : foie gras de canard et girolles, langoustines et artichauts, pêche blanche et granité verveine, des intitulés concis, qui claquent et vont à l'essentiel, à l'image de ce cuisinier qui a su prendre le virage de la modernité. Cave imposante et très bien commentée.

Menu(s)

Fourchette de prix mentionnant le menu le moins cher et le menu le plus cher proposant à la fois entrée, plat et dessert sans les boissons, qui n'exclut pas les prix intermédiaires

L'ardoise

RETOUR À L'ESSENTIEL

Indépendants avant de rallier « Poivre Rouge », Savine et Frédéric sont revenus à leurs premières amours. Savine et Frédéric ont effectué un retour aux sources et travaillent, comme à leurs débuts, une cuisine de saison au goût du jour. Les produits frais proviennent de Rungis et de producteurs locaux. Frédéric fait le confit de canard et le cassoulet de A à Z, plébiscités par les gourmands. La viande des burgers vient du boucher (la noix d'entrecôte notamment), le pain du boulanger. Pavé de thon miel moutarde, blanquette de saint-jacques au Chablis*, foie gras de canard à la fève tonka... Tout est fait maison, même les frites. L'offre diversifiée est à même de contenter toutes les générations ! Savine accueille la clientèle régionale avec une équipe rodée, souriante et efficace, et conseille sur les bons vins locaux.

ZAC de la Fontaine d'Azon,
89100 SAINT-CLÉMENT
Tél. : 03-86-66-61-16

La vraie cuisine est une forme d'art.
Un cadeau à partager.

Oprah Winfrey (1954-)

La Soucoupe VOYAGE CULINAIRE

Caroline a eu un coup de cœur pour ce bâtiment atypique, de forme octogonale, avec un bar au centre, et y a ouvert son restaurant en en septembre 2021. La cuisine du chef n'a elle, rien d'un OVNI. Le cabillaud en croûte d'herbes, la pièce du boucher, le tiramisu et le cœur fondant faits maison ont fidélisé la clientèle, de même que la gaieté de l'équipe, soucieuse de l'accueil. Les personnes à mobilité réduite se sentent tout autant à l'aise pour passer un délicieux moment.

22, rue des Longues Raies, 89100 SENS
Tél. : 06-44-06-85-68

*L'ABUS D'ALCOOL EST DANGEREUX POUR LA SANTÉ.

Monette

LES PETITS PLATS MITONNÉS

La grand-mère de Séverine lui a transmis le goût des plats patiemment mijotés, une cuisine de réconfort, comme à la maison, qui remporte un vif succès. Cette cuisine accessible, faite de produits de qualité et cuisinée sur place dans ce restaurant populaire abordable, s'accompagne de bien-être et de convivialité. La déclinaison du poulet Gaston Gérard remaniée façon Monette, est très demandée : un filet de poulet fermier cuit au vin blanc*, comté, paprika et crème.

Le + : Propositions végétariennes élaborées à la carte.

75, Grande Rue, 89100 SENS
Tél. : 03-86-88-43-51

Dans les souvenirs d'enfance
de chaque bon cuisinier
se trouve une grande cuisine,
une cuisinière en marche, un gâteau
qui cuit et une maman.

Barbara Costikyan (1928-2020)

*L'ABUS D'ALCOOL EST DANGEREUX POUR LA SANTÉ.

VAULT DE LUGNY 89200

Château de Vault-de-Lugny

12,5/20

11 rue du Château - T. 03 86 34 07 86 - Menu(s) 69-149 €

Pour ces seigneurs d'un week-end, ce splendide château XVe siècle se doit d'offrir une hostellerie 5 étoiles et une table gastronomique à la hauteur de l'instant. Sur la terrasse devant le plus majestueux des platanes ou dans les anciennes cuisines, le moment est rare, prestigieux, d'un charme fou. Dans l'assiette, le chef mauricien Franco Bowanee opère une liaison originale entre la France et l'océan Indien, les grandes traditions françaises venant se frotter aux fruits et aux épices insulaires, cultivées dans le potager du château. Un moment recherché et élégant, avec une truite de Crisenon en carpaccio, roulé d'herbes et agrumes, salade de courgettes, basilic et coriandre, un maigre de ligne rôti sur les écailles, cannelloni de chou vert farci aux épices satay, une canette des Dombes à l'orange et curcuma, cuisse confite au pain d'épices et carottes en texture. Côté douceur, la cheffe pâtissière Karine Laval assure une belle conclusion. Bonne sélection en cave.

Auberge des Chenets

11,5/20

10 route Nationale - Valloux - T. 03 86 34 23 34 - Menu(s) 32-66 €

Adresse idéale pour une partie de campagne à la sortie d'Avallon, cette auberge chic et de grand passage est un rendez-vous prisé et sage qui traverse les années avec constance et rigueur. Le chef réalise des classiques qui ont toujours autant de succès, le foie gras de canard mi-cuit, les escargots de Bourgogne, une pièce de bœuf de la ferme de Come et réduction de vin rouge au poivre de Sichuan, une crème brûlée à la bergamote. Menus de 32 à 66 €.

HÔTEL

Château de Vault-de-Lugny - 5 étoiles

11 rue du Château - T. 03 86 34 07 86 - à partir de : 280 €

Si la Bourgogne recèle de somptueux châteaux, celui-ci remporte aisément la palme avec son donjon bâti en 1120, sa demeure principale du XVe siècle, ses douves et ses spectaculaires murailles. Mieux encore, le lieu a réussi à préserver ce patrimoine médiéval en réunissant tous les atouts d'un séjour réussi. Les 16 chambres et suites restituent l'ambiance du château avec lits à baldaquin, toile de Jouy, parquets anciens et plafonds en bois (et même des fleurs de lys dans la chambre autrefois réservée au roi de France), tout en étant pourvues de belles salles de bains contemporaines... Vieilles pierres, cheminées d'époque et plafonds à la française ornent toujours la salle à manger, mais on y déguste désormais la cuisine d'auteur du chef mauricien Franco Bowanee, qui célèbre les fruits et légumes du potager bio. D'une superficie de 8000 m^2, celui-ci mérite la visite, tout comme l'immense parc avec ses paons et ses animaux en liberté que l'on observe depuis les hamacs et les transats installés dans les clairières, parfaits pour le farniente.

VENOY 89290

Le Moulin de la Coudre

10,5/20

8 rue des Gravottes - T. 03 86 40 23 79 - Carte 65 €

À proximité de l'autoroute au niveau d'Auxerre, c'est une bonne étape que cet hôtel 3 étoiles bien équipé à la restauration traditionnelle. Le chef Jean-Pierre Vaury est aux commandes, pour des assiettes de bonne facture, des œufs meurette au sauvignon de Saint-Bris, un pavé de sandre sur la peau et beurre blanc au chablis, un carré d'agneau avec une purée à l'ail des ours et jus réduit. Desserts classiques.

VÉZELAY 89450

L'Éternel - Hôtel de la Poste et du Lion d'Or

14,5/20

Place du Champ de Foire - T. 03 73 53 03 20 - Menu(s) 55-95 €

Nous l'avions notamment connu à la Bastides des Lys, à Gordes, où nous lui avions donné un très beau 16/20. Éric Balan a pas mal bourlingué depuis, avant de se fixer au cœur du Morvan, dans cet ancien relais de poste parfaitement rénové. Il met à profit ses nombreuses expériences pour proposer une belle prestation à une clientèle qui apprécie l'histoire, les vieilles pierres et la cuisine d'aujourd'hui : ravioles de langoustines, langoustines rôties et perles de hareng fumé, poitrine de pigeon rôti sur le coffre, cuisse farcie et cazette du Morvan, sablé breton et crémeux au chocolat Valrhona, sorbet aux fruits rouges.

VINCELOTTES 89290

Auberge les Tilleuls

12/20

12 quai de l'Yonne - T. 03 86 42 22 13 - Menu(s) 22,50-66 €

Le plaisir d'une bonne cuisine traditionnelle allié à la bonne humeur d'Alain Renaudin, qui passe autant de temps avec ses clients qu'en cuisine, car il sait que la convivialité est un ingrédient incontournable d'un bon dîner, donnant toute sa confiance à ses équipes. Tout en profitant d'une jolie vue depuis la terrasse au bord de l'Yonne, on pourra apprécier une carte assez complète, au classique réconfortant, des menus qui vont de 22,50 € à 66 € : cervelle de canut et saumon fumé sur place, un beau pavé de truite de Crisenon avec un velouté à la dijonnaise, une superbe cuisson du bœuf à la crème de morille et purée de printemps, une crème caramel à la vanille Bourbon. Très belle cave principalement bourguignonne.

Tables Gourmandes – 11/20 à 12,5/20

90

TERRITOIRE DE BELFORT

AUXELLES BAS 90200

Le Vieux Relais

12/20

3 rue du Général de Gaulle - T. 03 84 29 31 80 - Carte 18 € - Menu(s) 35-58 €

Le Vieux Relais est sans surprise. Ambiance rustique, atmosphère détendue et bien tranquille pour goûter à la tarte fine de fromage et blettes, parmentier de confit de canard et crème brûlée à la vanille, dans un menu de départ à 35€. Rognons de veau à l'échalote, suprême de volaille aux morilles à la carte démontrent que les recettes traditionnelles ont encore de beaux jours dans les assiettes. La carte des vins ne manque ni d'audace ni de pépites, et l'on s'emploie avec gentillesse à vous la faire découvrir. Un moment plaisant et gourmand, tout simple.

BELFORT 90000

Hôtel des Capucins

12,5/20

20 Faubourg de Montbeliard - T. 03 84 28 04 60 - Menu(s) 39 €

En face d'un parking et tout près de la gare, ce grand restaurant-hôtel, maison cossue des anciennes brasseries Wagner, affiche son imposante façade ocre aux voyageurs de passage sur le Territoire. La salle de restaurant du début du XXe, ses beaux miroirs vénitiens où règne une atmosphère élégante et surannée sert d'écrin à une cuisine de tradition actualisée. Chapon désossé farci aux giroles, filet de daurade royale riz noir au gingembre confit, macaron ganache vin chaud poire au vin chaud. cave classique.

La Fontaine des Saveurs

12/20

1 rue du Général Roussel - T. 03 84 22 45 38 - Menu(s) 28-39 €

Faux-filet de bœuf et crème de cèpes pommes de terre rates, noix de saint-jacques risotto chorizo émulsion jus de moule, œuf poché... Le chef Christian Greffier, Jeune Talent 2018, déroule son savoir-faire dans des assiettes qui traduisent une cuisine sincère, rondement menée. La carte des vins reste dans un registre classique et sans déconvenue. Le service attentif.comble le client

Le Pot-au-Feu

12/20

27 bis Grand Rue - T. 03 84 28 57 84 - Menu(s) 21-36 €

Dans la vieille ville, au pied du fameux lion, un restaurant qui fait du bien pour qui aime un cadre rustique d'ancienne cave voûtée. Les spécialités franc-comtoises sont joliment conduites et bien tournées comme le pot-au-feu bien sûr, mais aussi le coq au vin jaune et morilles ou la potée aux choux et produits fumés de la région. La carte des vins affiche plus de 450 références et mérite qu'on s'y attarde, en format bouteilles ou verres élargir les choix. Le service est souriant et efficace.

Maison Demeusy & Cie

DEPUIS 1922

Pierre Demeusy représente la 3e génération de boulangers-pâtissiers après son grand-père et son père. Avec ses équipes, il travaille ses produits avec passion, dans une démarche de perpétuelle recherche de la plus belle qualité. Affilié au Collège Culinaire de France pour la sélection des producteurs locaux, Pierre s'entoure de chefs reconnus pour travailler des produits Signature comme le chausson à la pomme Rubinette, l'éclair au café ou l'Opéra pour lesquels il intègre des grands crus de café dans ses crèmes. Les viennoiseries et les sandwichs sont également revisités pour offrir le meilleur. D'abord connu pour son pain élevé en très longue fermentation, le boulanger propose les savoureuses baguettes telles la 1922 et la Demeusine, dotées d'un bel alvéolage intérieur.

45, Grande Rue François Mitterrand,
90800 BAVILLLIERS
Tél. : 03-84-28-02-19
www.boulangerie-demeusy.fr

La Fleur de Lys

UNE NOUVELLE SIGNATURE EST NÉE !

Dans son bel et intimiste restaurant, William Legros vous invite à une délicieuse expérience culinaire, traduction de ses émotions.
Sa gastronomie dédiée à tous, jeu de différentes techniques (basse température, moléculaire, fleurs, germes et cresses – petites herbes aromatiques –...), saveurs et textures est ludique et réveille les sens.
Il en est ainsi de ses amuses-bouches, de sa salade sans salade verte (*« Pourquoi devrait-elle être toujours verte ? »*) et de sa belle combinaison de poissons aux accents aromatiques différents – roche, iode, mer – rehaussée selon son inspiration et son marché, de salicornes, fleurs de bourrache, poutargue, écume de betterave... En dessert, sa déclinaison de mousses autour de chocolats grands crus, intégrant des surprises pour donner du relief, illustre aussi son talent créatif.

2, rue Christophe Keller, 90000 BELFORT
Tél. : 09-50-14-64-63
www.lafleurdelysbelfort.com

DANJOUTIN 90400

Le Pot d'Étain

15/20

CHEF : PHILIPPE ZEIGER

4 avenue de la République - T. 03 84 28 31 95 - Carte 114 € - Menu(s) 45-110 €

Installé depuis près de quinze ans, Philippe Zeiger ne change pas une virgule à l'esprit maison : rigueur, produit, finesse. On trouve, chez cet ancien de Bernard Loiseau, Jean Bardet et Christian Willer, moins d'omnivores en quête de découvertes que de gourmets en mal de repères. La gastronomie, au classicisme éprouvé, s'installe en quatre menus, changeant au gré du marché et annoncés à table par Florence Zeiger. Au menu «Balade savoureuse» : marbré de caille et foie gras élégamment présenté, langoustines bretonnes poêlées soulignées par une admirable bisque enrichie par une touche de vin jaune et de poudre de cazette, divin carré de veau de lait à la chair fondante servi avec de fins légumes et un jus bien réduit. Pour finir, un joli croustillant chocolat-cacahuètes, petite émulsion au lait avec une touche de badiane. On aime la régularité de cette table campée sur ses fondamentaux. Tous les produits sont transcendés, les jus sont bien réduits (on aurait préféré qu'ils soient versés à table), le chef privilégie la distinction aux cumuls. Florence Zeiger participe activement au service, tandis qu'un jeune sommelier conseille avec verve une cave bien armée. Le Pot d'Étain demeure sans conteste une véritable institution belfortaine.

LES AOP ET AOC DES VINS DE BOURGOGNE-FRANCHE-COMTÉ

Arbois, beaune, bourgogne, chablis, chagny, château-chalon, cluny, côtes-du-jura, fixin, gevrey-chambertin, givry, irancy, mâcon-villages, macvin, mercurey, meursault, nuits-saint-georges, pommard, pouilly-fuissé, puligny-montrachet, saint-bris, santenay, savigny-lès-beaune, viré-clessé, volnay...

L'Escapade

À DÉCOUVRIR !

Faire une pause gourmande dans ce restaurant à la décoration actuelle et doté d'une terrasse est un vrai moment de plaisir.

Comme la clientèle d'habitués, vous aimerez profiter de l'atmosphère familiale des lieux tout en savourant les suggestions de la jeune Cheffe, Laetitia Candido. Si l'on craque pour la friture de carpe et la pierrade, les deux incontournables de la maison, on savoure aussi les plats traditionnels comme le cœur de rumsteck flambé au cognac* en salle et le filet de truite sauce au vin, avant de conclure avec un dessert régressif à l'image de la crème brûlée ou le vacherin.

Laetitia réalise tout sur place avec des produits frais de qualité issus de fournisseurs locaux comme la pisciculture Beaume, la boucherie Babé et Promocash pour les légumes. Elle profite de cet article pour remercier ses clients pour leur confiance.

✉ 4, rue de la Charmeuse, 90400 DANJOUTIN
Tél. : 03-84-22-05-32
Facebook : @Lescapade90

Cuisiner. C'est l'art le plus beau et le plus complet. Il engage nos cinq sens, plus un : le besoin de donner le meilleur de nous-mêmes

Paulo Coelho (1947-)

*L'ABUS D'ALCOOL EST DANGEREUX POUR LA SANTÉ.

DELLE 90100

Hostellerie des Remparts 12/20

1 place Raymond Forni - T. 03 84 56 32 61 - Menu(s) 30-56 €

L'annexe de la célèbre et ancestrale Maison des Remparts tient sa place avec une cuisine de marché et de saison qui permet de renouveler la carte chaque trimestre dans une salle convenue. Les recettes élaborées par le chef Enrico Caruso remplissent leur office où le terroir local. Elles s'expriment avec inventivité et talent : médaillons de porc farcis aux figues, suprême de volaille jaune et crème, filet de saint-pierre meunière en croûte de parmesans. Agréable terrasse d'été.

Membres de l'Académie Gault&Millau

Tables Exceptionnelles – 19/20 à 19,5/20

Tables de Prestige – 17/20 à 18,5/20

Tables Remarquables – 15/20 à 16,5/20

Tables de Chef – 13/20 à 14,5/20

Tables Gourmandes – 11/20 à 12,5/20

Tables Originales – 10/20 à 10,5/20

INDEX DES ÉTABLISSEMENTS

A

B

RESTAURANT HÔTEL ARTISAN ANNONCEUR

C

RESTAURANT HÔTEL ARTISAN ANNONCEUR

D

RESTAURANT HÔTEL ARTISAN ANNONCEUR

E

F

RESTAURANT HÔTEL ARTISAN ANNONCEUR

■ RESTAURANT ■ HÔTEL ■ ARTISAN ■ ANNONCEUR

I

J

L

M

RESTAURANT HÔTEL ARTISAN ANNONCEUR

N

O

P

Q

R

RESTAURANT HÔTEL ARTISAN ANNONCEUR

S

T

U

V

W

Z

RESTAURANT HÔTEL ARTISAN ANNONCEUR

INDEX DES VILLES

A

B

C

D

E

F

G

I

J

L

M

N

O

P

Q

R

S

T

U

V

PRÉSIDENT-DIRECTEUR GÉNÉRAL PATRICK HAYOUN

DIRECTEUR GÉNÉRAL ZAKARI BENKHADRA

RÉDACTION

DIRECTEUR DE LA RÉDACTION STÉPHANE BRÉHIER, sbrehier@gaultmillau.fr

RÉDACTEUR EN CHEF, PÔLE VINS, ALCOOLS & SPIRITUEUX LAURENT VUILLAUME

RÉDACTEUR EN CHEF, PÔLE HÔTELLERIE LYDIA BACRIE

DIRECTRICE ARTISTIQUE INGRID MAUPOUX

RÉDACTRICE EN CHEF ADJOINTE FLORENCE SAINT-MARTIN

CHARGÉE DE PRODUCTION MAUD LOLIA

ASSISTANTE DE LA RÉDACTION & ICONOGRAPHIE JULIE VANAZZI

ASSISTANT ICONOGRAPHIE ANTOINE DUTHION

SECRÉTAIRES DE RÉDACTION BRIGITTE ROUX & FANNY JACQUET

MAQUETTISTES – PRÉPRESSE MARIE-HÉLÈNE MARTIN & DIDIER NAULEVADE

ASSISTANTE MAQUETTE CANNELLE PETIT

RESPONSABLE DE LA BASE DE DONNÉES ARMAND BOLZER

SOCIAL MEDIA MANAGER JÉRÔME PELEYRAS, jpeleyras@gaultmillau.fr

CARTOGRAPHIE LÉGENDES CARTOGRAPHIE, à Chatou

ILLUSTRATIONS BETTY CARICATURES

ENQUÊTES

DIRECTEUR DES GUIDES & DES ENQUÊTES MARC ESQUERRÉ

PUBLICITÉ & PARTENARIATS

DIRECTEUR COMMERCIAL NICOLAS MOLINA, nmolina@gaultmillau.fr

RESPONSABLE TÉLÉMARKETING DAVID CHAMARD, dchamard@gaultmillau.fr

RESPONSABLE PARTENARIATS LAURA JACQUIN, ljacquin@gaultmillau.fr

RÉGIE PUBLICITAIRE

COM'EN RÉGIONS SAMUEL BARUK & JOSEPH BARUK

40, rue de l'Est – 92100 Boulogne-Billancourt – T. 01 83 90 66 90

ÉVÉNEMENTS

RESPONSABLE FRANCE FERNANDES, ffernandes@gaultmillau.fr

CHEFFE DE PROJET EMMA LACHÈVRE, elachevre@gaultmillau.fr

CHEFFE DE PROJET LISA DIRAISON, ldiraison@gaultmillau.fr

AUDIT & CONSEIL

RESPONSABLE FRANCK TESSON, ftesson@gaultmillau.fr – T. 01 41 40 03 93

COMPTABILITÉ

DIRECTRICE ADMINISTRATIVE ET FINANCIÈRE LAETITIA NAHUM, finance@gaultmillau.fr

ÉDITIONS GAULT&MILLAU – 37-39, rue Boissière – 75016 Paris – france@gaultmillau.fr

Gault&Millau SA au capital de 250 000 €

DÉPOT LÉGAL août 2022

IMPRESSION Dupliprint à Mayenne, France

ISBN 978-2-37557-074-6

PEFC 10-31-1318

FABRIQUÉ EN FRANCE